中华典藏

全注全译本

国际儒学联合会教育系列丛书

史记

（四）

表三／书

〔西汉〕司马迁　著

张新科　赵望秦　译注

丛书指导委员会主任

——滕文生　牟钟鉴　董金裕

总主编

——钱　逊　郭齐家

汉唐书局专家委员会审定

济南出版社　汉唐书局

图书在版编目（CIP）数据

史记．四 /（西汉）司马迁著；张新科，赵望秦译注．—济南：济南出版社，2023.4
（中华典藏）
ISBN 978-7-5488-5588-0

Ⅰ．①史… Ⅱ．①司… ②张… ③赵… Ⅲ．①中国历史—古代史—纪传体 ②《史记》—研究 Ⅳ．① K204.2

中国国家版本馆 CIP 数据核字（2023）第 061313 号

出 版 人　田俊林
丛书策划　付晓丽　冀春雨
责任编辑　孙育臣
专家审读　赵生群　马世年
装帧设计　王铭基　谭　正

出版发行　济南出版社
地　　址　济南市二环南路 1 号（250002）
编辑热线　0531-86131747　82926535（编辑室）
发行热线　82709072　86131701　86131729　82924885（发行部）
印　　刷　山东彩峰印刷股份有限公司
版　　次　2023 年 8 月第 1 版
印　　次　2023 年 8 月第 1 次印刷
成品尺寸　170 mm × 240 mm　16 开
印　　张　21
字　　数　297 千
定　　价　88.00 元

目录

篇章体例

◎题解
◎原文
◎注释
◎大意
◎知识拓展

（四）

汉兴以来将相名臣年表第十

《汉兴以来将相名臣年表》谱列的是汉高祖元年（前206年）直到汉成帝鸿嘉元年（前20年）间汉代的大事与诸将相名臣。司马迁所作《史记》的时间断限是汉武帝在位时，因此本表若确为司马迁所作，那么武帝之后昭帝、宣帝、元帝、成帝在位时的大事与将相情况的记录，定是后人所补录无疑。此《汉兴以来将相名臣年表》与《史记》其他九篇表相比，缺了表前的序文，晋代的张晏说此篇乃是班固所谓《史记》“十篇缺，有录无书”的其中一篇，所以也有人认为此表通篇都非司马迁所作。

《汉兴以来将相名臣年表》表头共分五格。第一格是时间，由“高皇帝元年”开始，逐年排列，直至“鸿嘉元年”止。第二格是“大事记”，记录的是当年汉王朝所发生的各类重要事件。杨燕起在《史记全译》中评此“大事记”乃是这篇表的“创新和殊异处”，称：“这是史书所见大事这种形式的正式发端，依年记大事。所谓大事，《索隐》云：‘谓诛伐、封建、薨、叛。’‘大事记’是表现历史进程的一种形式，有重要价值。”清人汪越根据《史记索隐》总结的“大事记”的内容对表中所记一一分析，发现除司马贞所谓“诛伐、封建、薨、叛”外，“如破项籍，春践皇帝位，如尊太公为太上皇，其后如城长安，赦无复作，赦齐除诸侯丞相为相，置孝悌力田，行八铢钱，除收孥相坐律，除诽谤律，除肉刑，郊见上帝，见渭阳五帝，地动、河决，改历，以夏正为岁首，皆《索隐》所未该”，而这些也是对汉王朝产生重要影响的事件。

从第三格开始，便是对汉兴以来将相名臣的记录了。

第三格是“相位”，依次记录在汉王朝担任丞相的人员，其中所列数字，乃是某人担任丞相的年数。若有左右两位丞相，则在同一格中分上下列出，如“高后元年”时“徙平为右丞相。辟阳侯审食其为左丞相”，于是其后一年的“相位”一格便分别有数字“四”与“二”，且在“四”下书“平”，“二”下书“食其”加以说明，后面诸年格中则不再说明，上面的数字下所记录的便是陈平的事件，下面的数字下记录的则是审食其的事件。

第四格是“将位”。《史记索隐》对“将位”的解释是“命将兴师”。就表中具体的内容而言，此格记录的主要有两方面的内容：其一是汉代所任用的重要武将如太尉、各类将军等；其二则是汉代在各场主动或被动的战争中所派遣的诸位将领及具体从何处出兵、攻打何处、战争结果等。

最后一格是“御史大夫位”，记录的是汉代历年担任御史大夫一职的人员。西汉的御史大夫一职，其实相当于副丞相，因此我们可以从此表中看到，若丞相位上有人去世或被罢免，继任丞相一职的往往是担任御史大夫的人员。

《汉兴以来将相名臣年表》还有一个重要的特征，就是表格中每每有倒书的文字。（出于方便阅读的考虑，本书中的倒文仍正常排版，在后面用方头括号标注“倒书”二字以示区别。）通过仔细阅读这些倒书的内容我们可以发现，倒书在“大事记”一格中的文字，写的是“相位”一格中人物的情况；倒书在“相位”一格中的文字，写的是“将位”一格中人物或事件的情况；而倒书在“将位”一格中的文字，写的则是“御史大夫位”一格中人物的情况。关于此表中的倒书，不少学者都有所论述，详细内容我们将在“知识拓展”中讨论。

	前206年	前205年
	高皇帝元年	二
大事记	**春，沛公为汉王，之南郑。秋，还定雍。** 春季，沛公刘邦被封为汉王，去南郑。秋季，回军平定雍王章邯所统辖的地区。	**春，定塞、翟、魏、河南、韩、殷国。夏，伐项籍，至彭城。立太子。还据荥阳。** 春季，高祖平定塞国、翟国、魏国、河南国、韩国、殷国。夏季，攻伐项羽，到达彭城。定立太子。返回据守荥阳城。
相位	一 **丞相萧何守汉中。** 丞相萧何镇守关中。	二 **守关中。** 丞相萧何镇守关中。
将位		一 **太尉长安侯卢绾。** 太尉是长安侯卢绾。
御史大夫位	**御史大夫周苛守荥阳。** 御史大夫周苛据守荥阳城。	

	前204年	前203年	前202年
	三	四	五
大事记	**魏豹反。使韩信别定魏，伐赵。楚围我荥阳。** 魏王魏豹反叛。高祖派遣韩信去平定魏国，攻伐赵国。楚军围攻我荥阳城。	**使韩信别定齐及燕，太公自楚归，与楚界洪渠。** 高祖派遣韩信另外去平定齐国及燕国，高祖的父亲太公刘瑞从楚军中回归，汉和楚以洪渠为界。	**冬，破楚垓下，杀项籍。春，王践皇帝位定陶。入都关中。** 冬季，汉军在垓下打败楚军，杀了项羽。春季，汉王在定陶登上皇帝位。并进入关中建都。
相位	三	四	五 **罢太尉官。【倒书】** 撤销太尉官职。
将位	二	三 **周苛守荥阳，死。【倒书】** 周苛据守荥阳城，战死。	四 **后九月，绾为燕王。** 闰九月，卢绾为燕王。
御史大夫位		**御史大夫汾阴侯周昌。** 御史大夫是汾阴侯周昌。	

	前201年	前200年
	六	七
大事记	**尊太公为太上皇。刘仲为代王。立大市。更命咸阳曰长安。** 高祖尊奉其父太公为太上皇。高祖的二哥刘喜被封为代王。在郡国以外选择重要都市而改为大市。改称咸阳为长安。	**长乐宫成，自栎阳徙长安。伐匈奴，匈奴围我平城。** 长乐宫建成，朝廷从栎阳迁移至长安。攻伐匈奴，匈奴围困我平城。
相位	六 **封为酂侯。** **张苍为计相。** 萧何被封为酂侯。 张苍任计相。 ◎注释　《史记索隐》："计相，主天下书计及计吏。"	七
将位		
御史大夫位		

	前199年	前198年
	八	九
大事记	**击韩信反虏于赵城。贯高作乱，明年觉，诛之。匈奴攻代王，代王弃国亡，废为郃阳侯。** 到赵城攻打反叛的韩王信。赵国臣子贯高作乱，第二年高祖发觉，诛杀了贯高。匈奴攻打代王，代王刘喜丢弃代国逃亡，因此被废除王位成为郃阳侯。	**未央宫成，置酒前殿，太上皇辇上坐，帝奉玉卮上寿，曰："始常以臣不如仲力，今臣功孰与仲多？"太上皇笑，殿上称万岁。徙齐田，楚昭、屈、景于关中。** 未央宫建成，在前殿摆设酒宴，太上皇乘帝王的辇车到来而就上座，高祖捧着玉制酒杯向太上皇献酒祝寿，说："当初您常常认为我不如二哥勤苦努力，如今我的功绩与二哥相比谁的多？"太上皇大笑，殿上群臣呼喊万岁。迁移原来的齐国贵族田氏，原来的楚国贵族昭氏、屈氏、景氏到关中。
相位	八	九 **迁为相国。** 改任萧何为相国。
将位		
御史大夫位		**御史大夫昌为赵丞相。** 御史大夫周昌任赵国丞相。

	前197年	前196年	前195年
	十	十一	十二
大事记	**太上皇崩。陈豨反代地。** 太上皇崩逝。陈豨在代地反叛。	**诛淮阴、彭越。黥布反。** 诛杀淮阴侯韩信、彭越。黥布反叛。	**冬，击布。还过沛。夏，上崩，葬长陵。** 冬季，高祖出击英布。返回经过沛县。夏季，高祖崩逝，葬在长陵。
相位	十	十一	十二
将位		**周勃为太尉。攻代。后官省。** 周勃任太尉。周勃攻打代地的叛乱者。后来取消太尉官职。	
御史大夫位	**御史大夫江邑侯赵尧。** 御史大夫是江邑侯赵尧。		

	前194年	前193年	前192年
	孝惠元年	二	三
大事记	**赵隐王如意死。始作长安城西北方。除诸侯丞相为相。** 赵隐王刘如意死去。开始修筑长安城西北方向的一段。改称诸侯王的丞相为相。	**楚元王、齐悼惠王来朝。** 楚元王刘交、齐悼惠王刘肥前来朝见皇帝。 **七月辛未，何薨。【倒书】** 七月辛未日，丞相萧何薨逝。	**初作长安城。蜀湔氐反，击之。** 开始修建长安城。蜀湔氐反叛，攻打它。
相位	十三	十四 **七月癸巳，齐相平阳侯曹参为相国。** 七月癸巳日，齐国相平阳侯曹参任相国。	二
将位			
御史大夫位			

	前191年	前190年	前189年
	四	五	六
大事记	**三月甲子，赦，无所复作。** 三月甲子日，颁发赦令，被赦的犯人不用再受罚做苦役。	**为高祖立庙于沛城成，置歌儿一百二十人。** 为高祖在沛县建立祠庙而筑城完工，在里面安排了一百二十个歌唱的人。 **八月乙丑，参卒。【倒书】** 八月乙丑日，丞相曹参去世。	**七月，齐悼惠王薨。立太仓、西市。八月赦齐。** 七月，齐悼惠王刘肥薨逝。在京城建立堆积谷物的粮仓、西市。八月赦免齐国。
相位	三	四	一 **十月乙巳，安国侯王陵为右丞相。曲逆侯陈平为左丞相。** 十月乙巳日，安国侯王陵任右丞相。曲逆侯陈平任左丞相。
将位			**尧抵罪。【倒书】** 赵尧被判罪。
御史大夫位			**广阿侯任敖为御史大夫。** 广阿侯任敖任御史大夫。

	前188年	前187年	前186年
	七	高后元年	二
大事记	**上崩。大臣用张辟彊计，吕氏权重，以吕台为吕王。立少帝。己卯，葬安陵。** 汉惠帝崩逝。大臣采用张辟彊的计策，使吕氏的权势加重，封吕台为吕王。立少帝。九月己卯日，惠帝被葬在安陵。	**王孝惠诸子。置孝悌力田。** 封惠帝的各位儿子为王。设置孝敬父母、和睦兄弟、努力耕作等选举人才的科目。	**十二月，吕王台薨，子嘉代立为吕王。行八铢钱。** 十二月，吕王吕台薨逝，吕台的儿子吕嘉代立为吕王。发行八铢钱。
相位	二	三 **十一月甲子，徙平为右丞相。辟阳侯审食其为左丞相。** 十一月甲子日，改任陈平为右丞相。任辟阳侯审食其为左丞相。	四 **平。** 二 **食其。** 右丞相陈平。 左丞相审食其。
将位			
御史大夫位			**平阳侯曹窋为御史大夫。** 平阳侯曹窋任御史大夫。

	前185年	前184年	前183年
	三	四	五
大事记		**废少帝，更立常山王弘为帝。** 吕太后废除少帝，改立常山王刘弘为皇帝。	**八月，淮阳王薨，以其弟壶关侯武为淮阳王。令戍卒岁更。** 八月，淮阳王刘彊薨逝，封他的弟弟壶关侯刘武为淮阳王。下令屯戍边地的兵卒每年更换。
相位	五 三	六 四 **置太尉官。【倒书】** 设置太尉官职。	七 五
将位		一 **绛侯周勃为太尉。** 绛侯周勃任太尉。	二
御史大夫位			

	前182年	前181年	前180年
	六	七	八
大事记	**以吕产为吕王。四月丁酉，赦天下。昼昏。** 封吕产为吕王。四月丁酉日，大赦天下。白天昏暗。	**赵王幽死，以吕禄为赵王。梁王徙赵，自杀。** 赵王刘友被幽禁而死，封吕禄为赵王。梁王刘恢被迁到赵国，自杀。	**七月，高后崩。九月，诛诸吕。后九月，代王至，践皇帝位。** 七月，吕太后崩逝。九月，诛杀诸吕。闰九月，代王刘恒到来，登上皇帝位。 **后九月，食其免相。【倒书】** 闰九月，审食其被免去丞相。
相位	八 六	九 七	十 八　　**七月辛巳，为帝太傅。九月丙戌，复为丞相。** 七月辛巳日，审食其任皇帝的太傅。九月丙戌日，审食其又被任命为丞相。
将位	三	四	五 **隆虑侯灶为将军，击南越。** 隆虑侯周灶任将军，出击南越。
御史大夫位			**御史大夫苍。** 御史大夫是张苍。

	前179年 孝文元年	前178年 二
大事记	**除收孥相坐律。立太子。赐民爵。** 废除一人有罪而牵连收捕他的妻子儿女和一人犯罪而株连他的邻居这两条律令。定立太子。赏赐平民爵位。	**除诽谤律。皇子武为代王，参为太原王，胜为梁王。** 废除诽谤这条律令。皇子刘武被封为代王，刘参被封为太原王，刘胜被封为梁王。 **十月，丞相平薨。【倒书】** 十月，丞相陈平薨逝。
相位	十一 **十一月辛巳，平徙为左丞相。太尉绛侯周勃为右丞相。** 十一月辛巳日，陈平改任左丞相。太尉绛侯周勃任右丞相。	一 **十一月乙亥，绛侯勃复为丞相。** 十一月乙亥日，绛侯周勃又任丞相。
将位	六 **勃为相，颍阴侯灌婴为太尉。** 周勃任丞相，颍阴侯灌婴任太尉。	一
御史大夫位		

	前177年 三	前176年 四
大事记	**徙代王武为淮阳王。上幸太原。济北王反。匈奴大入上郡。以地尽与太原，太原更号代。** 迁封代王刘武为淮阳王。文帝临幸太原。济北王反叛。匈奴大举入侵上郡。把那里的土地全部归属太原，太原改号称为代。 **十一月壬子，勃免相，之国。【倒书】** 十一月壬子日，周勃被免去丞相，前往自己的封国。	**十二月乙巳，婴卒。【倒书】** 十二月乙巳日，丞相灌婴去世。
相位	一 **十二月乙亥，太尉颍阴侯灌婴为丞相。** 十二月乙亥日，太尉颍阴侯灌婴任丞相。 **罢太尉官。【倒书】** 撤销太尉官职。	一 **正月甲午，御史大夫北平侯张苍为丞相。** 正月甲午日，御史大夫北平侯张苍任丞相。
将位	二 **棘蒲侯陈武为大将军，击济北。昌侯卢卿、共侯卢罢师、宁侯遬、深泽侯将夜皆为将军，属武，祁侯贺将兵屯荥阳。** 棘蒲侯陈武任大将军，攻打反叛的济北王。昌侯卢卿、共侯卢罢师、宁侯魏遬、深泽侯赵将夜都任将军，隶属陈武，祈侯缯贺率兵屯守荥阳。	**安丘侯张说为将军，击胡，出代。** 安丘侯张说任将军，出击胡人，从代地出师。
御史大夫位		**关中侯申屠嘉为御史大夫。** 关中侯申屠嘉任御史大夫。

	前175年	前174年	前173年
	五	六	七
大事记	**除钱律，民得铸钱。** 废除私人不得铸钱币的律令，民间得以私自铸钱。	**废淮南王，迁严道，道死雍。** 废除淮南王刘长的王位，流放至严道，他半路上死在了雍地。	**四月丙子，初置南陵。** 四月丙子日，开始建造文帝生母薄太后的陵墓南陵。
相位	二	三	四
将位			
御史大夫位			

	前172年	前171年	前170年
	八	九	十
大事记	**太仆汝阴侯滕公卒。【倒书】** 太仆汝阴侯滕公夏侯婴去世。	**温室钟自鸣。以芷阳乡为霸陵。** 温室宫中的钟自己鸣响。把芷阳乡作为文帝的陵园霸陵。	**诸侯王皆至长安。** 诸侯王都来到京城长安。
相位	五	六	七
将位			
御史大夫位		**御史大夫敬。** 御史大夫是冯敬。	

	前169年	前168年	前167年
	十一	十二	十三
大事记	**上幸代。地动。** 文帝临幸代国。发生地震。	**河决东郡金堤。徙淮阳王为梁王。** 黄河在东郡的金堤处决口。改封淮阳王为梁王。	**除肉刑及田租税律、戍卒令。** 废除肉刑和农田的租税律令、兵卒的戍边律令。
相位	八	九	十
将位			
御史大夫位			

	前166年	前165年
	十四	十五
大事记	**匈奴大入萧关，发兵击之，及屯长安旁。** 匈奴大举入侵萧关，发兵抗击匈奴，并驻兵在长安附近。	**黄龙见成纪。上始郊见雍五帝。** 黄龙在成纪出现。文帝初次出郊外到雍县祭祀五帝。
相位	十一	十二
将位	**成侯董赤、内史栾布、昌侯卢卿、隆虑侯灶、宁侯遬皆为将军，东阳侯张相如为大将军，皆击匈奴。中尉周舍、郎中令张武皆为将军，屯长安旁。** 成侯董赤、内史栾布、昌侯卢卿、隆虑侯周灶、宁侯魏遬都任将军，东阳侯张相如任大将军，都出击匈奴。中尉周舍、郎中令张武都任将军，在长安附近屯驻军队。	
御史大夫位		

	前164年	前163年	前162年
	十六	后元年	二
大事记	**上郊见渭阳五帝。** 文帝到郊外的渭水北岸祭祀五帝。	**新垣平诈言方士，觉，诛之。** 新垣平诈称自己是方士，文帝发现真相后，诛杀了他。	**匈奴和亲。地动。** 匈奴前来与汉和亲。发生地震。 **八月戊辰，苍免相。【倒书】** 八月戊辰日，张苍被免去丞相职位。
相位	十三	十四	十五 **八月庚午，御史大夫申屠嘉为丞相，封故安侯。** 八月庚午日，御史大夫申屠嘉被任命为丞相，封为故安侯。
将位			
御史大夫位			**御史大夫青。** 御史大夫是陶青。

	前161年	前160年	前159年
	三	四	五
大事记	**置谷口邑。** 设置谷口邑。		**上幸雍。** 文帝临幸雍地。
相位	二	三	四
将位			
御史大夫位			

	前158年	前157年
	六	七
大事记	**匈奴三万人入上郡，二万人入云中。** 匈奴三万人入侵上郡，二万人入侵云中郡。	**六月己亥，孝文皇帝崩。其年丁未，太子立。民出临三日，葬霸陵。** 六月己亥日，汉文帝崩逝。丁未日，太子刘启被立为皇帝。百姓哭吊三日，汉文帝被安葬在霸陵。 ◎注释　张文虎《札记》卷二："'其年'二字疑衍。"
相位	五	六
将位	**以中大夫令免为车骑将军，军飞狐；故楚相苏意为将军，军句注；将军张武屯北地；河内守周亚夫为将军，军细柳；宗正刘礼军霸上；祝兹侯徐厉军棘门：以备胡。数月，胡去，亦罢。** 使中大夫令免任车骑将军，驻军飞狐关；原楚国相苏意任将军，驻军句注山；将军张武屯守北地郡；河内郡守周亚夫任将军，驻军细柳；宗正刘礼驻军霸上；祝兹侯徐厉驻军棘门：用来防备胡人。几个月后，胡人退去，各处的驻军也撤了回来。	**中尉亚夫为车骑将军，郎中令张武为复土将军，属国捍为将屯将军。詹事戎奴为车骑将军，侍太后。** 中尉周亚夫任车骑将军，郎中令张武任复土将军，典属国徐捍任将屯将军。詹事戎奴任车骑将军，侍卫太后。
御史大夫位		

	前156年 孝景元年	前155年 二
大事记	**立孝文皇帝庙郡国，为太宗庙。** 在各郡各国建立汉文帝的祠庙，并为汉文帝建太宗庙。	**立皇子德为河间王，阏为临江王，馀为淮阳王，非为汝南王，彭祖为广川王，发为长沙王。四月中，孝文太后崩。** 立皇子刘德为河间王，刘阏为临江王，刘馀为淮阳王，刘非为汝南王，刘彭祖为广川王，刘发为长沙王。四月中旬，汉文帝的母亲薄太后崩逝。 **嘉卒。【倒书】** 丞相申屠嘉去世。
相位	七 **置司徒官。【倒书】** 设置司徒官职。	八 **开封侯陶青为丞相。** 开封侯陶青任丞相。
将位		
御史大夫位		**御史大夫错。** 御史大夫是晁错。

	前154年	前153年
	三	四
大事记	**吴楚七国反，发兵击，皆破之。皇子端为胶西王，胜为中山王。** 吴楚七国反叛，朝廷发兵出击，将他们全部打败。皇子刘端被封为胶西王，刘胜被封为中山王。	**立太子。** 立刘荣为太子。
相位	二 **置太尉官。【倒书】** 设置太尉官职。	三
将位	**中尉条侯周亚夫为太尉，击吴楚；曲周侯郦寄为将军，击赵；窦婴为大将军，屯荥阳；栾布为将军，击齐。** 中尉条侯周亚夫任太尉，出击吴楚两国；曲周侯郦寄任将军，出击赵国；窦婴任大将军，屯守荥阳；栾布任将军，出击齐国。	二 **太尉亚夫。** 太尉是周亚夫。
御史大夫位		**御史大夫蚡。** 御史大夫是田蚡。

	前152年	前151年	前150年
	五	六	七
大事记	**置阳陵邑。** 设置阳陵邑。 **丞相北平侯张苍卒。【倒书】** 丞相北平侯张苍去世。	**徙广川王彭祖为赵王。** 改封广川王刘彭祖为赵王。	**废太子荣为临江王。四月丁巳，胶东王立为太子。** 废掉太子刘荣而封他为临江王。四月丁巳日，胶东王刘彻被立为太子。 **青罢相。【倒书】** 陶青被免去丞相职位。
相位	四	五	**六月乙巳，太尉条侯亚夫为丞相。** 六月乙巳日，太尉条侯周亚夫任丞相。 **罢太尉官。【倒书】** 撤销太尉官职。
将位	三	四	五 **迁为丞相。** 周亚夫改任丞相。
御史大夫位		**御史大夫阳陵侯岑迈。** 御史大夫是阳陵侯岑迈。	**御史大夫舍。** 御史大夫是刘舍。

	前149年	前148年	前147年
	中元年	二	三
大事记		**皇子越为广川王，寄为胶东王。** 皇子刘越被封为广川王，刘寄被封为胶东王。	**皇子乘为清河王。** 皇子刘乘被封为清河王。 **亚夫免相。【倒书】** 周亚夫被免去丞相一职。
相位	二	三	四 **御史大夫桃侯刘舍为丞相。** 御史大夫桃侯刘舍任丞相。
将位			
御史大夫位			**御史大夫绾。** 御史大夫是卫绾。

	前146年	前145年	前144年
	四	五	六
大事记	**临江王征，自杀，葬蓝田，燕数万为衔土置冢上。** 临江王被征召至京城，自杀，被葬在蓝田县，几万只燕子衔土堆积在他的坟墓上。	**皇子舜为常山王。** 皇子刘舜被封为常山王。	**梁孝王武薨。分梁为五国，王诸子：子买为梁王，明为济川王，彭离为济东王，定为山阳王，不识为济阴王。** 梁孝王刘武薨逝。将梁国分割为五国，封他的各位儿子为王：儿子刘买为梁王，刘明为济川王，刘彭离为济东王，刘定为山阳王，刘不识为济阴王。
相位	二	三	四
将位			
御史大夫位			

	前143年	前142年	前141年
	后元年	二	三
大事记	**五月，地动。七月乙巳，日蚀。** 五月，发生地震。七月乙巳日，发生日食。 **舍免相。【倒书】** 刘舍被免去丞相职务。		**正月甲子，孝景皇帝崩。二月丙子，太子立。** 正月甲子日，孝景帝崩逝。二月丙子日，太子刘彻被立为皇帝。
相位	五 **八月壬辰，御史大夫建陵侯卫绾为丞相。** 八月壬辰日，御史大夫建陵侯卫绾任丞相。	二	三
将位		**六月丁丑，御史大夫岑迈卒。【倒书】** 六月丁丑日，御史大夫岑迈去世。	
御史大夫位	**御史大夫不疑。** 御史大夫是直不疑。		

	前140年	前139年	前138年
	孝武建元元年	二	三
大事记	绾免相。【倒书】 卫绾被免去丞相职位。	置茂陵。 建造茂陵。 婴免相。【倒书】 窦婴被免去丞相职位。	东瓯王广武侯望率其众四万余人来降，处庐江郡。 东瓯王广武侯望率领他的百姓四万多人前来归降，被安置在庐江郡。
相位	四 魏其侯窦婴为丞相。 魏其侯窦婴任丞相。 置太尉。【倒书】 设置太尉官职。	二月乙未，太常柏至侯许昌为丞相。 二月乙未日，太常柏至侯许昌任丞相。 蚡免太尉。【倒书】 罢太尉官。【倒书】 田蚡被免去太尉职位。 撤销太尉官职。	二
将位	武安侯田蚡为太尉。 武安侯田蚡任太尉。		
御史大夫位	御史大夫抵。 御史大夫是牛抵。	御史大夫赵绾。 御史大夫是赵绾。	

	前137年	前136年	前135年
	四	五	六
大事记		**行三分钱。** 发行三分钱币。	**正月，闽越王反。孝景太后崩。** 正月，闽越王反叛。汉景帝的母亲窦太后崩逝。 **昌免相。【倒书】** 许昌被免去丞相职位。
相位	三	四	五 **六月癸巳，武安侯田蚡为丞相。** 六月癸巳，武安侯田蚡任丞相职位。
将位			**青翟为太子太傅。【倒书】** 庄青翟任太子太傅。
御史大夫位	**御史大夫青翟。** 御史大夫是庄青翟。		**御史大夫安国。** 御史大夫是韩安国。

	前134年	前133年	前132年
	元光元年	二	三
大事记		**帝初之雍，郊见五畤。** 当今皇上初次到雍地，在五座祭祀天神的坛台分别祭祀天神。	**五月丙子，河决于瓠子。** 五月丙子日，黄河在瓠子决口。
相位	二	三	四
将位		**夏，御史大夫韩安国为护军将军，卫尉李广为骁骑将军，太仆公孙贺为轻车将军，大行王恢为将屯将军，太中大夫李息为材官将军，篡单于马邑，不合，诛恢。** 夏季，御史大夫韩安国任护军将军，卫尉李广任骁骑将军，太仆公孙贺任轻车将军，大行王恢任将屯将军，太中大夫李息任材官将军，在马邑伏击匈奴单于，没有成功，诛杀了王恢。	
御史大夫位			

	前131年	前130年	前129年
	四	五	六
大事记	**十二月丁亥，地动。** 十二月丁亥日，发生地震。 **蚡卒。【倒书】** 丞相田蚡去世。	**十月，族灌夫家，弃魏其侯市。** 十月，族灭灌夫全家，魏其侯窦婴被处死在街市上示众。	**南夷始置邮亭。** 在南夷开始设置传递公文的驿站。
相位	五 **平棘侯薛泽为丞相。** 平棘侯薛泽任丞相。	二	三
将位			**太中大夫卫青为车骑将军，出上谷；卫尉李广为骁骑将军，出雁门；大中大夫公孙敖为骑将军，出代；太仆公孙贺为轻车将军，出云中：皆击匈奴。** 太中大夫卫青任车骑将军，从上谷郡出发；卫尉李广任骁骑将军，从雁门郡出发；大中大夫公孙敖任骑将军，从代郡出发；太仆公孙贺任轻车将军，从云中郡出发：都出击匈奴。
御史大夫位	**御史大夫欧。** 御史大夫是张欧。		

	前128年	前127年	前126年
	元朔元年	二	三
大事记	**卫夫人立为皇后。** 卫夫人被立为皇后。		**匈奴败代太守友。** 匈奴人打败了代郡太守共友。 ◎注释　梁玉绳曰："'败'乃'杀'字之误。"《卫将军骠骑列传》作"匈奴入杀代郡太守友"。
相位	四	五	六
将位	**车骑将军青出雁门，击匈奴。卫尉韩安国为将屯将军，军代，明年，屯渔阳卒。** 车骑将军卫青从雁门郡出发，出击匈奴。卫尉韩安国任将屯将军，驻军在代郡，第二年，屯军渔阳。	**春，车骑将军卫青出云中，至高阙，取河南地。** 春季，车骑将军卫青从云中郡出发，到达高阙要塞，夺取河南地。	**御史大夫弘。** 御史大夫是公孙弘。
御史大夫位			

	前125年	前124年
	四	五
大事记	**匈奴入定襄、代、上郡。** 匈奴入侵定襄郡、代郡、上郡。	**匈奴败代都尉朱英。** 匈奴人打败了代郡都尉朱英。 ◎注释　“败”疑为“杀”字之误。参见《卫将军骠骑列传》《匈奴列传》。 **泽免相。【倒书】** 薛泽被罢免丞相职位。
相位	七	八 **十一月乙丑，御史大夫公孙弘为丞相，封平津侯。** 十一月乙丑日，御史大夫公孙弘任丞相，被封为平津侯。
将位		**春，长平侯卫青为大将军，击右贤。卫尉苏建为游击将军，属青。左内史李沮为强弩将军，太仆贺为车骑将军，代相李蔡为轻车将军，岸头侯张次公为将军，大行息为将军：皆属大将军，击匈奴。** 春季，长平侯卫青任大将军，出击匈奴右贤王。卫尉苏建任游击将军，隶属卫青。左内史李沮任强弩将军，太仆公孙贺任车骑将军，代国相李蔡任轻车将军，岸头侯张次公任将军，大行李息任将军：都隶属大将军卫青，出击匈奴。
御史大夫位		

	前123年	前122年
	六	元狩元年
大事记		**十月中，淮南王安、衡山王赐谋反，皆自杀，国除。** 十月中，淮南王刘安、衡山王刘赐谋反，都自杀了，封国被废除。
相位	二	三
将位	**大将军青再出定襄击胡。合骑侯公孙敖为中将军，太仆贺为左将军，郎中令李广为后将军。翕侯赵信为前将军，败降匈奴。卫尉苏建为右将军，败，身脱。左内史沮为强弩将军。皆属青。** 大将军卫青再次由定襄郡这条路出军攻打匈奴。合骑侯公孙敖任中将军，太仆公孙贺任左将军，郎中令李广任后将军。翕侯赵信任前将军，战败后投降匈奴。卫尉苏建任右将军，战败，独自逃脱。左内史李沮任强弩将军。都隶属卫青。	
御史大夫位		**御史大夫蔡。** 御史大夫是李蔡。

	前121年	前120年
	二	三
大事记	**匈奴入雁门、代郡。江都王建反。胶东王子庆立为六安王。** 匈奴侵入雁门郡、代郡。江都王刘建反叛。胶东王的儿子刘庆被立为六安王。 **弘卒。【倒书】** 丞相公孙弘去世。	**匈奴入右北平、定襄。** 匈奴入侵右北平郡、定襄郡。
相位	**四** **御史大夫乐安侯李蔡为丞相。** 御史大夫乐安侯李蔡任丞相。	二
将位	**冠军侯霍去病为骠骑将军，击胡，至祁连；合骑侯敖为将军，出北地；博望侯张骞、郎中令李广为将军，出右北平。** 冠军侯霍去病任骠骑将军，出击匈奴，到达祁连山；合骑侯公孙敖任将军，由北地郡出兵；博望侯张骞、郎中令李广任将军，由右北平郡出兵。	
御史大夫位	**御史大夫汤。** 御史大夫是张汤。	

	前119年	前118年	前117年
	四	五	六
大事记		**蔡坐侵园堧，自杀。【倒书】** 丞相李蔡因侵占皇帝陵园的空地而获罪，自杀了。	**四月乙巳，皇子闳为齐王，旦为燕王，胥为广陵王。** 四月乙巳日，皇子刘闳被封为齐王，刘旦被封为燕王，刘胥被封为广陵王。
相位	三	四 **太子少傅武彊侯庄青翟为丞相。** 太子少傅武彊侯庄青翟任丞相。	二
将位	**大将军青出定襄，郎中令李广为前将军，太仆公孙贺为左将军，主爵赵食其为右将军，平阳侯曹襄为后将军：击单于。** 大将军卫青从定襄郡出军，郎中令李广任前将军，太仆公孙贺任左将军，主爵赵食其任右将军，平阳侯曹襄任后将军：出击匈奴单于。		
御史大夫位			

	前116年	前115年	前114年
	元鼎元年	二	三
大事记		青翟有罪，自杀。【倒书】 丞相庄青翟有罪，自杀了。	
相位	三	四 太子太傅高陵侯赵周为丞相。 太子太傅高陵侯赵周任丞相。	二
将位		汤有罪，自杀。【倒书】 张汤有罪，自杀了。	
御史大夫位		御史大夫庆。 御史大夫是石庆。	

	前113年	前112年
	四	五
大事记	**立常山宪王子平为真定王，商为泗水王。六月中，河东汾阴得宝鼎。** 封立常山宪王的儿子刘平为真定王，刘商为泗水王。六月中，河东郡汾阴县得到宝鼎。	**三月中，南越相嘉反，杀其王及汉使者。** 三月中，南越国相吕嘉反叛，杀了南越王和汉朝廷的使者。 **八月，周坐酎金，自杀。【倒书】** 八月，丞相赵周因进贡的助祭金成色不好、分量不足而获罪，自杀了。
相位	三	四 **九月辛巳，御史大夫石庆为丞相，封牧丘侯。** 九月辛巳日，御史大夫石庆任丞相，被封为牧丘侯。
将位		**卫尉路博德为伏波将军，出桂阳；主爵杨仆为楼船将军，出豫章：皆破南越。** 卫尉路博德任伏波将军，由桂阳郡出兵；主爵杨仆任楼船将军，由豫章郡出兵：都打败了南越。
御史大夫位		

	前111年	前110年	前109年
	六	元封元年	二
大事记	**十二月，东越反。** 十二月，东越反叛。		
相位	二	三	四
将位	**故龙额侯韩说为横海将军，出会稽；楼船将军杨仆出豫章；中尉王温舒出会稽：皆破东越。** 原龙额侯韩说任横海将军，从会稽郡出军；楼船将军杨仆从豫章郡出军；中尉王温舒从会稽郡出军：都打败了东越。		**秋，楼船将军杨仆、左将军荀彘出辽东，击朝鲜。** 秋季，楼船将军杨仆、左将军荀彘从辽东出军，向东出击朝鲜。
御史大夫位	**御史大夫式。** 御史大夫是卜式。	**御史大夫宽。** 御史大夫是兒宽。	

	前108年	前107年	前106年	前105年
	三	四	五	六
大事记				
相位	五	六	七	八
将位				
御史大夫位				

	前104年	前103年	前102年
	太初元年	二	三
大事记	**改历，以正月为岁首。** 修改历法，把正月作为岁首。	**正月戊申，庆卒。【倒书】** 正月戊申日，丞相石庆去世。	
相位	九	十 **三月丁卯，太仆公孙贺为丞相，封葛绎侯。** 三月丁卯日，太仆公孙贺任丞相，被封为葛绎侯。	二
将位			
御史大夫位			**御史大夫延广。** 御史大夫是延广。

	前101年	前100年	前99年	前98年
	四	天汉元年	二	三
大事记				
相位	三	四	五	六
将位				
御史大夫位		**御史大夫卿。** 御史大夫是王卿。		**御史大夫周。** 御史大夫是杜周。

	前97年	前96年	前95年
	四	太始元年	二
大事记			
相位	七	八	九
将位	**春，贰师将军李广利出朔方，至余吾水上；游击将军韩说出五原；因杅将军公孙敖：皆击匈奴。** 春季，贰师将军李广利从朔方郡出兵，到达余吾水上；游击将军韩说从五原郡出兵；因杅将军公孙敖：都出击匈奴。		
御史大夫位			

	前94年 三	前93年 四	前92年 征和元年
大事记			**冬，贺坐为蛊死。【倒书】** 冬季，丞相公孙贺因参与用巫术在暗地里诅咒人的事而获死罪。
相位	十	十一	十二
将位			
御史大夫位	**御史大夫胜之。** 御史大夫是暴胜之。		

	前91年	前90年
	二	三
大事记	**七月壬午，太子发兵，杀游击将军说、使者江充。** 七月壬午日，卫太子刘据发兵，杀了游击将军韩说、使者江充。	**六月，刘屈氂因蛊斩。【倒书】** 六月，丞相刘屈氂因用巫术在暗地里诅咒人而被斩杀。
相位	**三月丁巳，涿郡太守刘屈氂为丞相，封彭城侯。** 三月丁巳日，涿郡太守刘屈氂任丞相，被封为彭城侯。	二
将位		**春，贰师将军李广利出朔方，以兵降胡。重合侯莽通出酒泉，御史大夫商丘成出河西，击匈奴。** 春季，贰师将军李广利从朔方郡出兵，带领兵士投降匈奴。重合侯莽通从酒泉郡出兵，御史大夫商丘成从河西出兵，出击匈奴。
御史大夫位	**御史大夫成。** 御史大夫是商丘成。	

	前89年 四	前88年 后元元年	前87年 二
大事记			
相位	**六月丁巳，大鸿胪田千秋为丞相，封富民侯。** 六月丁巳日，大鸿胪田千秋任丞相，被封为富民侯。	二	三
将位			**二月己巳，光禄大夫霍光为大将军，博陆侯；都尉金日磾为车骑将军，秺侯；太仆安阳侯上官桀为大将军。** 二月己巳日，光禄大夫霍光任大将军，被封博陆侯；都尉金日磾任车骑将军，被封秺侯；太仆安阳侯上官桀任大将军。
御史大夫位			

	前86年	前85年	前84年
	孝昭始元元年	二	三
大事记			
相位	四 九月，日磾卒。【倒书】 九月，金日磾去世。	五	六
将位			
御史大夫位			

	前83年	前82年	前81年
	四	五	六
大事记			
相位	七	八	九
将位	**三月癸酉，卫尉王莽为左将军，骑都尉上官安为车骑将军。** 三月癸酉日，卫尉王莽任左将军，骑都尉上官安任车骑将军。		
御史大夫位			

	前80年	前79年	前78年
	元凤元年	二	三
大事记			
相位	十	十一	十二
将位	**九月庚午，光禄勋张安世为右将军。** 九月庚午日，光禄勋张安世任右将军。		**十二月庚寅，中郎将范明友为度辽将军，击乌丸。** 十二月庚寅日，中郎将范明友任度辽将军，出击乌丸。
御史大夫位	**御史大夫䜣。** 御史大夫是王䜣。		

	前77年	前76年	前75年
	四	五	六
大事记	**三月甲戌，千秋卒。【倒书】** 三月甲戌日，丞相田千秋去世。	**十二月庚戌，䜣卒。【倒书】** 十二月庚戌日，丞相王䜣去世。	
相位	**三月乙丑，御史大夫王䜣为丞相，封富春侯。** 三月乙丑日，御史大夫王䜣任丞相，被封为富春侯。	二	**十一月乙丑，御史大夫杨敞为丞相，封安平侯。** 十一月乙丑日，御史大夫杨敞任丞相，被封为安平侯。
将位			**九月庚寅，卫尉平陵侯范明友为度辽将军，击乌丸。** 九月庚寅日，卫尉平陵侯范明友任度辽将军，出击乌丸。
御史大夫位	**御史大夫杨敞。** 御史大夫是杨敞。		

	前74年	前73年	前72年
	元平元年	孝宣本始元年	二
大事记	**敞卒。【倒书】** 丞相杨敞去世。		
相位	**九月戊戌，御史大夫蔡义为丞相，封阳平侯。** 九月戊戌日，御史大夫蔡义任丞相，被封为阳平侯。	二	三
将位	**四月甲申，光禄大夫龙额侯韩曾为前将军。五月丁酉，水衡都尉赵充国为后将军，右将军张安世为车骑将军。** 四月甲申日，光禄大夫龙额侯韩曾任前将军。五月丁酉日，水衡都尉赵充国任后将军，右将军张安世任车骑将军。		**七月庚寅，御史大夫田广明为祁连将军，龙额侯韩曾为后将军，营平侯赵充国为蒲类将军，度辽将军平陵侯范明友为云中太守，富民侯田顺为虎牙将军：皆击匈奴。** 七月庚寅日，御史大夫田广明任祁连将军，龙额侯韩曾任后将军，营平侯赵充国任蒲类将军，度辽将军平陵侯范明友任云中郡太守，富民侯田顺任虎牙将军：都出击匈奴。
御史大夫位	**御史大夫昌水侯田广明。** 御史大夫是昌水侯田广明。		

	前71年	前70年	前69年
	三	四	**地节元年**
大事记	**三月戊子，皇后崩。** 三月戊子日，宣帝的许皇后崩逝。 **六月乙丑，义薨。【倒书】** 六月乙丑日，丞相蔡义薨逝。	**十月乙卯，立霍后。** 十月乙卯日，立霍光之女为霍皇后。	
相位	**六月甲辰，长信少府韦贤为丞相，封扶阳侯。** 六月甲辰日，长信少府韦贤任丞相，被封为扶阳侯。 **田广明、田顺击胡还，皆自杀。充国夺将军印。【倒书】** 田广明、田顺出击匈奴后返回，都自杀了。赵充国的将军印被朝廷收回并被免去将军之职。	二	三
将位			
御史大夫位	**御史大夫魏相。** 御史大夫是魏相。		

	前68年	前67年	前66年
	二	三	四
大事记		**立太子。** 定立太子。 **五月甲申，贤老，赐金百斤。【倒书】** 五月申甲日，丞相韦贤年老退休，赏赐黄金一百斤。	
相位	四 **三月庚午，将军光卒。【倒书】** 三月庚午日，大将军霍光去世。	**六月壬辰，御史大夫魏相为丞相，封高平侯。** 六月壬辰日，御史大夫魏相任丞相，被封为高平侯。	二 **七月壬寅，禹腰斩。【倒书】** 七月壬寅日，霍禹被腰斩。
将位	**二月丁卯，侍中、中郎将霍禹为右将军。** 二月丁卯日，侍中、中郎将霍禹任右将军。	**七月，安世为大司马、卫将军。禹为大司马。** 七月，张安世任大司马、卫将军。霍禹任大司马。	
御史大夫位		**御史大夫邴吉。** 御史大夫是邴吉。	

	前65年	前64年	前63年
	元康元年	二	三
大事记			
相位	三	四	五
将位			
御史大夫位			

	前62年	前61年	前60年
	四	神爵元年	二
大事记		**上郊甘泉太畤、汾阴后土。** 皇上去甘泉的太畤祭坛祭祀天神，去汾阴的后土社坛祭祀地神。	**上郊雍五畤。祋祤出宝璧玉器。** 皇上到雍的五畤祭祀五帝。祋祤县出现宝璧玉器。
相位	六 **八月丙寅，安世卒。【倒书】** 八月丙寅日，大司马、卫将军张安世去世。	七	八
将位		**四月，乐成侯许延寿为强弩将军。后将军充国击羌。酒泉太守辛武贤为破羌将军。韩曾为大司马、车骑将军。** 四月，乐成侯许延寿任强弩将军。后将军赵充国出击羌人。酒泉郡太守辛武贤任破羌将军。韩曾任大司马、车骑将军。	
御史大夫位			

	前59年	前58年	前57年
	三	四	五凤元年
大事记	**三月，相卒。【倒书】** 三月，丞相魏相去世。		
相位	**四月戊戌，御史大夫邴吉为丞相，封博阳侯。** 四月戊戌日，御史大夫邴吉任丞相，被封为博阳侯。	二	三
将位			
御史大夫位	**御史大夫望之。** 御史大夫是萧望之。		

	前56年	前55年	前54年
	二	三	四
大事记		**正月，吉卒。【倒书】** 正月，丞相邴吉去世。	
相位	四 **五月己丑，曾卒。【倒书】** 五月己丑日，大司马、车骑将军韩曾去世。	**三月壬申，御史大夫黄霸为丞相，封建成侯。** 三月壬申日，御史大夫黄霸任丞相，被封为建成侯。	二
将位	**五月，延寿为大司马、车骑将军。** 五月，许延寿任大司马、车骑将军。		
御史大夫位	**御史大夫霸。** 御史大夫是黄霸。	**御史大夫延年。** 御史大夫是杜延年。	

	前53年	前52年	前51年
	甘露元年	二	三
大事记		**赦殊死，赐高年及鳏寡孤独帛，女子牛酒。** 赦免那些没有触犯死罪的犯人，赏赐布帛给老年人和鳏寡孤独者，赏给女子牛肉和酒。	**三月己丑，霸薨。【倒书】** 三月己丑日，丞相黄霸薨逝。
相位	三 **三月丁未，延寿卒。【倒书】** 三月丁未日，大司马车骑将军许延寿去世。	四	**七月丁巳，御史大夫于定国为丞相，封西平侯。** 七月丁巳日，御史大夫于定国任丞相，被封为西平侯。
将位			
御史大夫位		**御史大夫定国。** 御史大夫是于定国。	**太仆陈万年为御史大夫。** 太仆陈万年任御史大夫。

	前50年	前49年	前48年
	四	黄龙元年	孝元初元元年
大事记			
相位	二	三	四
将位		**乐陵侯史子长为大司马、车骑将军。太子太傅萧望之为前将军。** 乐陵侯史子长任大司马、车骑将军。太子太傅萧望之任前将军。	
御史大夫位			

	前47年	前46年	前45年
	二	三	四
大事记			
相位	五	六	七
将位		**十二月，执金吾冯奉世为右将军。** 十二月，执金吾冯奉世任右将军。	
御史大夫位			

	前44年	前43年	前42年
	五	永光元年	二
大事记		**十月戊寅，定国免。【倒书】** 十月戊寅日，于定国被免去丞相。	**三月壬戌朔，日蚀。** 三月壬戌朔日，发生日食。
相位	八	九 **七月，子长免，就第。【倒书】** 七月，大司马、车骑将军史子长被免职，归家休养。	**二月丁酉，御史大夫韦玄成为丞相，封扶阳侯。丞相贤子。** 二月丁酉日，御史大夫韦玄成任丞相，被封为扶阳侯。他是丞相韦贤的儿子。
将位	**二月丁巳，平恩侯许嘉为左将军。** 二月丁巳日，平恩侯许嘉任左将军。	**九月，卫尉平昌侯王接为大司马、车骑将军。** 九月，卫尉平昌侯王接任大司马、车骑将军。 **二月，广德免。【倒书】** 二月，御史大夫薛广德被罢免。	**七月，太常任千秋为奋武将军，击西羌；云中太守韩次君为建威将军，击羌。后不行。** 七月，太常任千秋任奋武将军，出击西羌；云中郡太守韩次君任建威将军，出击羌人。后来并未成行。
御史大夫位	**中少府贡禹为御史大夫。十二月丁未，长信少府薛广德为御史大夫。** 中少府贡禹任御史大夫。十二月丁未日，长信少府薛广德任御史大夫。	**七月，太子太傅韦玄成为御史大夫。** 七月，太子太傅韦玄成任御史大夫。	**二月丁酉，右扶风郑弘为御史大夫。** 二月丁酉日，右扶风郑弘任御史大夫。

	前41年	前40年	前39年
	三	四	五
大事记			
相位	二	三	四
将位	**右将军平恩侯许嘉为车骑将军，侍中、光禄大夫乐昌侯王商为右将军，右将军冯奉世为左将军。** 右将军平恩侯许嘉任车骑将军，侍中、光禄大夫乐昌侯王商任右将军，右将军冯奉世任左将军。		
御史大夫位			

	前38年	前37年	前36年	前35年
	建昭元年	二	三	四
大事记			**六月甲辰，玄成薨。【倒书】** 六月甲辰日，丞相韦玄成薨逝。	
相位	五	六	**七月癸亥，御史大夫匡衡为丞相，封乐安侯。** 七月癸亥日，御史大夫匡衡任丞相，被封为乐安侯。	二
将位		**弘免。【倒书】** 御史大夫郑弘被罢免。		
御史大夫位		**光禄勋匡衡为御史大夫。** 光禄勋匡衡任御史大夫。	**卫尉繁延寿为御史大夫。** 卫尉繁延寿任御史大夫。	

	前34年	前33年	前32年	前31年
	五	竟宁元年	孝成建始元年	二
大事记				
相位	三	四	五	六
将位		**六月己未，卫尉杨平侯王凤为大司马、大将军。** 六月己未日，卫尉杨平侯王凤任大司马、大将军。 **延寿卒。【倒书】** 御史大夫繁延寿去世。		
御史大夫位		**三月丙寅，太子少傅张谭为御史大夫。** 三月丙寅日，太子少傅张谭任御史大夫。		

	前30年	前29年	前28年
	三	四	河平元年
大事记	**十二月丁丑，衡免。【倒书】** 十二月丁丑日，匡衡被免去丞相职位。		
相位	七 **八月癸丑，遣光禄勋诏嘉上印绶免，赐金二百斤。【倒书】** 八月癸丑日，派遣光禄勋传诏让车骑将军许嘉交上印绶免其职，并赐金二百斤。	**三月甲申，右将军乐昌侯王商为右丞相。** 三月甲申日，右将军乐昌侯王商任右丞相。	二
将位	**十月，右将军乐昌侯王商为光禄大夫、左将军，执金吾弋阳侯任千秋为右将军。** 十月，右将军乐昌侯王商任光禄大夫、左将军，执金吾弋阳侯任千秋任右将军。 **谭免。【倒书】** 御史大夫张谭被罢免。	**任千秋为左将军，长乐卫尉史丹为右将军。** 任千秋任左将军，长乐卫尉史丹任右将军。 **十月己亥，尹忠自刺杀。【倒书】** 十月己亥日，御史大夫尹忠自杀。	
御史大夫位	**廷尉尹忠为御史大夫。** 廷尉尹忠任御史大夫。	**少府张忠为御史大夫。** 少府张忠任御史大夫。	

	前27年	前26年	前25年	前24年
	二	三	四	阳朔元年
大事记			**四月壬寅，丞相商免。【倒书】** 四月壬寅日，丞相王商被罢免。	
相位	三	四	**六月丙午，诸吏散骑光禄大夫张禹为丞相。** 六月丙午日，诸吏散骑光禄大夫张禹任丞相。	二
将位		**十月辛卯，史丹为左将军，太仆平安侯王章为右将军。** 十月辛卯日，史丹任左将军，太仆平安侯王章任右将军。		
御史大夫位				

	前23年 二	前22年 三	前21年 四	前20年 鸿嘉元年
大事记				**三月，禹卒。【倒书】** 三月，丞相张禹去世。
相位	三		**七月乙丑，右将军光禄勋平安侯王章卒。【倒书】** 七月乙丑日，右将军光禄勋平安侯王章去世。	**四月庚辰，薛宣为丞相。** 四月庚辰日，薛宣任丞相。
将位	**张忠卒。【倒书】** 御史大夫张忠去世。	**九月甲子，御史大夫王音为车骑将军。** 九月甲子日，御史大夫王音任车骑将军。	**闰月壬戌，永卒。【倒书】** 闰月壬戌日，御史大夫于永去世。	
御史大夫位	**六月，太仆王音为御史大夫。** 六月，太仆王音任御史大夫。	**十月乙卯，光禄勋于永为御史大夫。** 十月乙卯日，光禄勋于永任御史大夫。		

◎知识拓展

有关《汉兴以来将相名臣年表》的争论主要集中在两个方面，一是此篇是否为司马迁所作，二是表中的倒书到底是何用意。

班固称《史记》“十篇缺，有录无书”，而颜师古作注引张晏曰：“迁没之后，亡《景纪》《武纪》《礼书》《乐书》《兵书》《汉兴以来将相年表》《日者列传》《三王世家》《龟策列传》《傅靳列传》。元成之间褚先生补缺，作《武帝纪》《三王世家》《龟策》《日者传》，言辞鄙陋，非迁本意也。”由此条史料可知，《汉兴以来将相名臣年表》昔日被认为是班固所称说的“十篇缺”中的一篇。不过，后世学者一般不认为此表全非司马迁的手笔，而是认为至少武帝以前的部分乃是司马迁所作，唯时间断限到底是至“元狩”“太初”甚或“征和”，尚多有争论。

而对于此表中的“倒书”，后世更是众说纷纭，莫衷一是。不过，值得注意的是，有关“倒书”问题的讨论，乃是清代康熙年间的学者汪越首先提出的，自汉代直到明代，都未发现有文字论及此事。汪越在《读史记十表》中称：“凡表相薨卒免自杀于大事记，皆变文倒置者何？古之人未尝言及此也。窃臆揣之，此记中表太上皇崩，表高帝曰上崩，孝文皇后崩，孝文太后崩，孝景太后崩及诸王薨，而丞相薨卒亦书如故，是无别也。虽辍朝临祭大臣有异数而书之，遂同恤可乎？然则太尉置罢，表于相位而倒置，御史大夫死抵罪自杀，表于相位而亦倒置何也？恐此或便观览，未必有深义也。存以质史学淹通之君子。”汪越提出了这个问题，然而对此并没有给出确实的解释，只是说“恐此或便观览，未必有深义也”，并期待有更博学的人对此有所讨论。后又有刘咸炘曰：“此篇有倒书者不知何意，又不画一，似写误。”直接否定了倒书存在的正确性。陈直则以为倒书是太史公为了使读者便于阅读的特创，并对于学者没有注意到这一点表示不满。他说：“倒书之例为太史公所特创，学者从未注意，亦从未有人阐明其体例；而后代史家亦无仿效之者。一顺一倒，使学者易于分明。当日设用朱墨颜色顺写固无不可，然在竹简用两色比较复杂，故改创倒书之例。”另外周尚木《史记识误》中称：“按本表，凡将、相、御史大夫薨、卒、罢免、迁调例皆倒书。此倒书各条均当列入‘大事记’栏内，今本皆分析而散见于各栏。原其所以倒书之故，以下栏各官此免彼任，恐读者难明，故特倒书出之，俾读者一见即知前后递嬗之由。今惟涉丞相者尚在‘大事记’栏，余则将占‘相位’，御史大夫占

‘将位’，纷纭糅杂，失其统系。此盖后人传写图省篇幅，故移易其位置耳。”而张大可在其《史记新注》中，充分强调了司马迁创造出倒书这一体例的重要意义：“倒书升栏，与顺书形成鲜明对照，恰似两表之重合。顺书是记载将、相的治行，倒书是揭示将相的危境和不平际遇的下场。不创倒书这一层意义就不明显。可以说倒书就是《将相表》的无字之序。因当世多忌讳，故司马迁特出此创造。”

还有学者从出土文献中发现了一些端倪。王志勇在《据出土简牍考察〈史记·汉兴以来将相名臣年表〉中的倒书》一文中指出，在已出土的简牍文献中，发现了一些倒书的情况：其中有“被动倒书”，即因为竹简的空间有限，只好将下一栏书写不下的文字倒着写在了上一栏中；另有“主动倒书”，依旧是将下一栏的文字倒着写在上一栏中，作者推测有可能是因为后来补记，倒书用以“区别于正书，表示不是同一时间书写，或者不是同一人书写，或者表示所书内容不属于一类”。而写就于西汉的《史记》，最初应当也是写在竹简上，而此《汉兴以来将相名臣年表》中的各倒书例，也符合作者所指出的简牍文献中倒书的规律。这个观点可供大家参考。

礼书第一

在中国古代，历朝统治阶级都很讲究和强化礼制。所谓礼制，就是从社会和阶级属性的角度，明确区分人们在日常生活中应遵循的贵贱尊卑等级以稳固国家政权、维护社会秩序的一种制度。其中的主要内容是所谓的三纲五常，即君为臣纲、父为子纲、夫为妻纲和君臣有义、父子有亲、兄弟有序、夫妇有别、朋友有信，这在社会生活中的衣食住行等各个方面都有具体的表现。而在司马迁看来，人们只要遵守礼制，社会就能有序发展；一旦违背礼制，社会就会无序混乱。所以，司马迁不仅撰写了《礼书》，而且将其作为“八书”之首，从排序上凸显了礼的重要性，也体现了他的礼制思想。全篇对礼的论述，既有若干理论的探讨，又有若干实践的举证，可大体分为七大段落。从“太史公曰”至“吾不欲观之矣”是第一个段落，论述礼的产生是顺应人性和满足人性的需要。从“周衰”至“垂之于后云”是第二个段落，论述西周以来至西汉前期的礼制沿革变化及其功用。从“礼由人起”至“是儒墨之分”是第三个段落，论述礼的道德调节作用在于养护人的性情，以及明确区分贵贱名分、上下等级，进而指出儒家和墨家的不同理论主张：儒家认为人们的欲望应按照名分等级加以节制，墨家则认为人们的欲望应一概得到尽情任性的满足。从“治辨之极也”至“刑措而不用”是第四个段落，论述礼义的重要作用，并引实例予以证明，进而论述礼义与刑罚的关系，即礼义可使威令、刑罚无须施行，天下便无战乱了。从“天地者”至“一也”是第五个段落，论述礼尊崇本原而亲近实用的特征，即“天地”“先祖”和“君师”为三大根本，辨明贵贱上下、尊卑大小就是尊崇三大根本的具体表现，并举礼仪活动中的实例为证，以说明亲近实用的道理。从“凡礼始乎脱”至“以为上则明”是第六个段落，在对以上所述的内容进行概括总结的同时，也强调礼仪的形式要能够表现质朴平实和尊崇原始自然的精神。从“太史公曰”至“礼之尽也”是第七个段落，论述礼的博大精深，并把礼归结为人一切行为的最高准则。

太史公曰：洋洋美德①乎！宰制万物，役使群众，岂人力也哉？余至大行②礼官，观三代损益，乃知缘人情而制礼③，依人性而作仪④，其所由来尚矣。

◎**注释**　①〔美德〕指礼的美德。这里因承篇名《礼书》而省略“礼”字。②〔大行〕朝廷主管礼仪的官署。③〔缘人情而制礼〕人情，人所具有的各种情感。礼，维护社会等级和秩序的规定或制度。④〔依人性而作仪〕人性，人的天性，即人的情感中天生的部分。仪，法则标准，行为规范。

◎**大意** 太史公说：礼的美德盛大啊！主宰万物，役使万众，难道是人的力量吗？我访问过大行官府，观览夏、商、周三代对礼仪的删减增加，于是知道依据人的本来性情制定礼仪制度，这种做法由来已久了。

人道①经纬万端，规矩无所不贯，诱进以仁义，束缚以刑罚，故德厚者位尊，禄重者宠荣，所以总一海内而整齐万民也。人体安驾乘，为之金舆错衡②以繁其饰；目好五色③，为之黼黻文章④以表其能；耳乐钟磬⑤，为之调谐八音⑥以荡其心；口甘五味⑦，为之庶羞⑧酸咸以致其美；情好珍善，为之琢磨圭璧⑨以通其意。故大路越席⑩，皮弁布裳，朱弦洞越，大羹玄酒，所以防其淫侈，救其凋敝。是以君臣朝廷尊卑贵贱之序，下及黎庶车舆衣服宫室饮食嫁娶丧祭之分，事有宜适，物有节文。仲尼曰："禘自既灌⑪而往者，吾不欲观之矣。"

◎**注释** ①〔人道〕为人处世的原则道理。②〔金舆错衡〕金舆，用金子装饰的车子。错衡，镶嵌花纹的车轭。衡，车轭，车辕前面的横木。③〔五色〕红、黄、蓝、白、黑。泛指各种悦目的色彩。④〔黼黻（fǔ fú）文章〕黼黻，古代礼服上刺绣的花纹。黼是礼服上黑白相间的斧形图案，黻是礼服上黑青相间的"亞"字形图案。文章，指错杂的色彩或花纹。文是青与红相配的色彩，章是红与白相配的色彩。⑤〔钟磬〕两种乐器名。这里泛指乐器。⑥〔八音〕用八种材料（金、石、丝、竹、匏、土、革、木）制作的乐器发出的声音。这里泛指乐声。⑦〔五味〕酸、辣、苦、甜、咸五种味道。这里泛指各种美味。⑧〔庶羞〕庶，众多。羞，美味的食品。⑨〔圭璧〕古代诸侯在朝会或祭祀活动中使用的两种玉器。圭是上尖下方的长条形玉器，璧是中间有孔的圆形玉器。⑩〔大路越（huó）席〕大路，天子乘坐的一种装饰质朴的大车。越席，用蒲草编织的席子。⑪〔禘（dì）自既灌〕禘，古代天子祭祀祖先的一种隆重典礼。灌，用酒灌地，是禘礼中的一道程序。

◎**大意** 为人处世的原则道理千头万绪，用礼仪制度就无不贯通，用仁义之道劝导人们上进，用刑罚来约束犯罪行为，所以，道德高的人地位尊显，俸禄多的人享受荣耀，因而用来统一全国、治理百姓。人的身体以驾马乘车为舒适，所以就在车厢上镶金、在车衡上涂彩，用来增添车子的装饰；眼睛喜好绚丽的色彩，所以就在衣服上绘绣各种图案，用来表现人的仪态；耳朵喜欢听音乐，所以就调和各种乐器的音响，用来涤荡人的心灵；口舌喜爱品尝各种滋味，所以就烹制或酸或咸的各种佳肴，用来满足人的口味；人之常情是爱好珍贵美好的器物，所以就雕刻圭璧等玉器，用来通畅人的心意。因此，古时帝王祭天时用铺着蒲席的大路车，上朝时穿戴白鹿皮冠和白布衣裳，演奏的乐器是红色丝弦而瑟底两孔相通，祭祀时用不调五味的肉汁，并以水代酒，为的是防止过分奢侈，纠正过分雕饰的弊病。因此，上至君臣在朝廷上尊卑贵贱的次序，下至普通百姓的车舆、服饰、房屋、饮食、嫁娶、丧葬、祭祀的名分，做事情要分寸恰当，修饰器物要有节制。孔子说："举行祭祖典礼时，从第一次行献酒之礼后，我就不愿再看下去了。"

周衰，礼废乐坏，大小相逾，管仲之家，兼备三归[①]。循法守正者见侮于世，奢溢僭差者谓之显荣。自子夏，门人之高弟也，犹云"出见纷华盛丽而说（悦），入闻夫子之道而乐，二者心战，未能自决"，而况中庸以下，渐渍于失教，被服于成俗乎？孔子曰"必也正名"，于卫所居不合。仲尼没（殁）后，受业之徒沉湮而不举，或适齐、楚，或入河、海，岂不痛哉！

◎**注释**　①〔三归〕娶三姓女子。或说指三处家庭，或说为台名。

◎**大意**　周朝衰微，礼废乐坏，官员都僭越等级名分。管仲家中，兼娶三姓女子。遵守礼法守正不阿的人被世人轻视，奢侈僭越的人被视为显贵尊荣。即便是子夏，身为孔门高徒，尚且说"出去看见纷繁华美盛大壮丽的事物就喜悦，回来聆听老师的道理就快乐，二者在心中争斗，我自己不能裁断取舍"，又何况中等才能以下的人，逐渐受不良教化影响，被社会积习笼罩呢？孔子说"一定要辨正名分"，和他所居处卫国的现实情况不相合。孔子死后，他的受业门徒埋没不显，有的前往齐国、楚国，有的到了黄河、海滨一带，难道不令人痛惜吗！

至秦有天下，悉内（纳）六国礼仪，采择其善，虽不合圣制，其尊君抑臣，朝廷济济，依古以来。至于高祖，光（广）有四海，叔孙通颇有所增益减损，大抵皆袭秦故。自天子称号下至佐僚及宫室官名，少所变改。孝文即位，有司议欲定仪礼，孝文好道家之学，以为繁礼饰貌，无益于治，躬化谓何耳，故罢去之。孝景时，御史大夫晁错明于世务刑名，数干谏孝景曰："诸侯藩辅，臣子一例，古今之制也。今大国专治异政，不禀京师，恐不可传后。"孝景用其计，而六国畔（叛）逆，以错首名，天子诛错以解难。事在《袁盎》语中。是后官者养交安禄而已，莫敢复议。

◎**大意** 到秦朝统一全国，完备地收集了六国的礼仪制度，采择其中较好的内容，虽不完全符合圣王的制度，但尊崇君主，抑制臣下，使朝廷威仪盛大，依托远古以来的仪法。到汉高祖广有天下，叔孙通对前代礼法稍做增删，大都沿袭秦朝旧制。上自天子称号，下至臣僚、宫室、职官名称，少有改变。文帝即位后，有关官员建议制定礼仪，文帝喜好道家学说，认为繁缛的礼节只能装饰外表，于治理国家无益，如果繁缛的礼节有用，躬行教化又是什么呢？所以不再讨论此事。景帝时，御史大夫晁错精通时事政务和刑名之说，屡次直言进谏景帝说："诸侯藩国，一律是天子的臣子，这是古今相同的制度。现今诸侯大国专权自治，颁行异政，不禀报朝廷，这种做法恐怕不可传到后世。"景帝采用他的计策，从而致使六国叛乱，认为晁错是始作俑者，景帝于是诛杀晁错，以解除危难。此事记载在《袁盎晁错列传》之中。此后，为官的只是致力交际、保全禄位而已，无人敢再议论此事。

今上即位，招致儒术之士，令共定仪，十余年不就。或言古者太平，万民和喜，瑞应辨（遍）至，乃采风俗，定制作。上闻之，制诏御史曰："盖受命而王，各有所由兴，殊路而同归，谓因民而作，追俗为制也。议者咸称太古，百姓何望？汉亦一家之事，典法不传，谓

子孙何？化隆者闳博，治浅者褊狭，可不勉与！”乃以太初之元改正朔，易服色，封太山，定宗庙百官之仪，以为典常，垂之于后云。

◎**大意**　武帝即位后，招致精通儒学的士人，命令他们一起制定礼仪，十多年也没完成。有人说，古代太平之世，百姓和乐欢喜，祥瑞普遍降临，于是采集风俗，制定礼仪制度。武帝听到这种说法，就给御史大夫下令说：“承受天命而成为帝王，各有兴起的缘由，虽道路不同但有共同的原则，就是顺应民情而兴起，依据风俗而制定。议事的人都称道上古，百姓还能指望什么呢？汉朝也是一家的帝业，没有礼仪制度流传后世，如何向子孙交代？教化深远的恢宏博大，治绩平庸的偏颇狭隘，能不努力吗？”于是在太初元年改变历法，变易崇尚的服饰颜色，在泰山上筑坛祭天，制定宗庙、百官的礼仪，作为常法，流传后世。

礼由人起。人生有欲，欲而不得则不能无忿，忿而无度量则争，争则乱。先王恶其乱，故制礼义以养人之欲，给人之求，使欲不穷于物，物不屈于欲，二者相待而长，是礼之所起也。故礼者养也。稻粱五味，所以养口也；椒兰芬茝[①]，所以养鼻也；钟鼓管弦，所以养耳也；刻镂文章，所以养目也；疏房床笫[②]几席，所以养体也：故礼者养也。

◎**注释**　①〔椒兰芬茝（chǎi）〕香草名。②〔疏房床笫（zǐ）〕疏，窗户。床笫，床席。

◎**大意**　礼仪是因人而兴起的。人生来就有欲望，欲望不能满足就不能不愤恨，愤恨没有节制就要争斗，争斗就会造成纷乱。古代帝王厌恶纷乱，所以制定礼仪来调理人们的欲望，供给人们的需求，使欲望不至于要求穷尽所有之物，使物的供应面对欲望不至于枯竭，让二者协调增长，这是礼仪兴起的原因。所以礼仪就是调养。稻粱五味，是用来养口的；椒兰芬茝，是用来养鼻的；钟鼓管弦，是用来养耳的；雕琢刻镂的纹彩，是用来养目的；有窗的房子、床席几垫，是用来养身体的：所以说礼就是调养。

君子既得其养，又好其辨也。所谓辨者，贵贱有等，长少有差，贫富轻重皆有称也。故天子大路越席，所以养体也；侧载臭[①]茝，所以养鼻也；前有错衡，所以养目也；和鸾[②]之声，步中《武》《象》[③]，骤中《韶》《濩》[④]，所以养耳也；龙旂九斿[⑤]，所以养信也；寝兕持（跱）虎[⑥]，鲛韅弥（弭）龙[⑦]，所以养威也。故大路之马，必信至教顺（训），然后乘之，所以养安也。孰知夫出死要节之所以养生也，孰知夫轻费用之所以养财也，孰知夫恭敬辞让之所以养安也，孰知夫礼义文理之所以养情也。

◎**注释** ①〔臭〕疑当作“臭”，同“泽”。《说文》：“臭，古文以为泽字。”②〔和鸾〕车铃。和在轼，鸾在衡。③〔步中《武》《象》〕步，缓行。《武》，即《大武》，周武王之乐。《象》，周武王之舞。④〔骤中《韶》《濩（hù）》〕骤，疾行。《韶》，舜乐。《濩》，汤乐。⑤〔龙旂（qí）九斿（liú）〕龙旂，亦作“龙旗”，古代天子仪仗用旗。九斿，又作“九旒”，古代旗帜上的九条丝织垂饰。⑥〔寝兕（sì）持虎〕指在车上画伏着的兕和蹲着的虎作为装饰。寝，伏。兕，古代指犀牛（一说雌性犀牛）。持，通“跱”，踞，蹲。⑦〔鲛韅（xiǎn）弥龙〕鲛，鲨鱼。韅，马腹带。弥龙，车轭末端的龙头装饰。弥，通“弭”，末。

◎**大意** 君子既得到礼的调养，又喜好礼的分别。所谓分别，就是贵贱有等级，长幼有差异，贫富轻重都各当其宜。所以天子乘坐大路，铺着蒲席，是用来养体的；身边放置香草，是用来养鼻的；前面有涂饰文彩的车衡，是用来养目的；和铃与鸾铃的声音，车缓行时与《武》《象》相应和，车疾行时与《韶》《濩》相应和，是用来养耳的；龙旗九旒这样的旗帜，是用来养信的；画有伏兕踞虎的车子，用鲨鱼皮做的马腹带、车轭两端装饰的龙头，是用来养威的。所以拉大路的马，一定要极为驯良，训练有素，然后乘驾，这是用来养安的。谁知道志士献出生命邀立名节正是用来养生的呢？谁知道节省费用正是用来养财的呢？谁知道恭敬谦让正是用来养安的呢？谁懂得礼仪文理正是用来颐养性情的呢？

人苟生之为见，若者必死；苟利之为见，若者必害；怠惰之为安，若者必危；情胜之为安，若者必灭。故圣人一之于礼义，则两得之矣；一之于情性，则两失之矣。故儒者将使人两得之者也，墨者将使人两失之者也。是儒墨之分。

◎**大意** 人如果苟且偷生，这样一定不能保全生命；如果唯利是图，这样必遭祸害；以懈怠懒惰为安适，这样必蒙危难；以恣意任性为安适，这样必遭灭亡。所以圣人把情性统一于礼义，那么情性和礼义就都能得到；如果把礼义统一于情性，那么情性和礼义都要失去。所以儒家是要使人们二者兼得的，墨家是要使人们二者俱失的。这就是儒家、墨家的区别。

治辨之极也，强固之本也，威行之道也，功名之总也。王公由之，所以一天下，臣诸侯也；弗由之，所以捐[①]社稷也。故坚革利兵不足以为胜，高城深池不足以为固，严令繁刑不足以为威。由其道则行，不由其道则废。楚人鲛革犀兕所以为甲，坚如金石；宛之巨铁施[②]，钻如蜂虿[③]，轻利剽遬[④]，卒（猝）如熛风[⑤]。然而兵殆于垂涉，唐眜[⑥]死焉；庄蹻[⑦]起，楚分而为四参（叁）。是岂无坚革利兵哉？其所以统之者非其道故也。汝颍以为险，江汉以为池，阻之以邓林，缘之以方城。然而秦师至，鄢、郢举，若振槁。是岂无固塞险阻哉？其所以统之者非其道故也。纣剖比干，囚箕子，为炮格，刑杀无辜，时臣下懔然，莫必其命。然而周师至，而令不行乎下，不能用其民。是岂令不严，刑不陵（峻）哉？其所以统之者非其道故也。

◎**注释** ①〔捐〕《荀子·议兵》作“陨”。②〔施〕矛。③〔钻如蜂虿（chài）〕钻，尖利。虿，蝎类毒虫。④〔剽遬（piāo sù）〕轻捷的样子。⑤〔熛（biāo）风〕疾风。⑥〔唐眜（mò）〕战国时楚将。曾率楚军对抗齐、魏、韩三国联兵，在垂沙大败被杀。⑦〔庄蹻（jiǎo）〕战国时楚人，曾起兵反楚。一说为大盗。

◎大意 礼是治理国家、辨别名分的最高准则，是使国家富强巩固的根本办法，是推行权威的途径，是建功立业的纲领。王公遵礼，所以统一天下，臣服诸侯；不遵礼，所以会丢掉国家政权。因此，坚甲利兵，不足以取胜；高城深沟，称不上坚固；严令繁刑，不足以立威。遵循礼义就行之有效，不遵循礼义就废而无功。楚国人用鲨鱼皮和犀牛皮来做铠甲，坚固得像金石；宛城的铁矛，尖利得像蜂尾蝎钩，轻捷利落，急促如同疾风。然而在垂涉兵败，唐昧战死在那里；庄蹻起兵反楚，楚国于是四分五裂。这难道是没有坚甲利兵吗？是他们用来统治的手段不得其道的缘故。楚国以汝水、颍水作为天险，以长江、汉水作为护城河，用邓林来阻挠敌人，沿着方城防守。然而秦军到来，攻陷鄢、郢，就像摇落枯树叶。这难道是没有坚固的要塞和险要的地势吗？是他们用来统治的手段不得其道的缘故。商纣王挖比干的心，囚禁箕子，创制炮格之刑，用刑法杀无罪的人，当时臣下恐惧，无人确定能够自保性命。然而周朝军队打来，纣不能使属下执行命令，不能役使他的民众。这难道是军令不严、刑罚不重吗？是他用来统治的手段不得其道的缘故。

古者之兵，戈矛弓矢而已，然而敌国不待试而诎。城郭不集，沟池不掘，固塞不树，机变不张，然而国晏然不畏外而固者，无他故焉，明道而均分之，时使而诚爱之，则下应之如景（影）响。有不由命者，然后俟之以刑，则民知罪矣。故刑一人而天下服。罪人不尤其上，知罪之在己也。是故刑罚省而威行如流，无他故焉，由其道故也。故由其道则行，不由其道则废。古者帝尧之治天下也，盖杀一人刑二人而天下治。传曰“威①厉而不试，刑措而不用”。

◎注释 ①〔威〕法，法度。

◎大意 古代的兵器，只有戈矛弓箭而已，然而敌国没等到用兵就屈服了。不用高筑城墙，不用深挖壕沟，不用修建坚固的要塞，不用设置作战器械，然而国家安然，不害怕外敌，而且十分稳固，这没有其他原因，显明大道而均等礼义，役使百姓得其时，而且真诚地爱护他们，那么百姓顺从命令就如同影子和回声。

有不遵守命令的，然后依法处置，那么百姓就知罪了。所以处罚一人就能使天下信服，受罚的人不怨恨上级，因为他知道罪在自己。因此刑罚减省而威权推行如流。这没有其他原因，是遵循了礼义之道。所以，遵道就能行之有效，不遵道就会废而无功。古代帝尧治理天下，只杀一人处罚二人，就天下大治了。这正是古书中说的“法度虽严厉但不试用，刑罚虽设置但不动用”。

天地者，生之本也；先祖者，类之本也；君师者，治之本也。无天地恶生？无先祖恶出？无君师恶治？三者偏亡，则无安人。故礼，上事天，下事地，尊先祖而隆君师，是礼之三本也。

◎**大意** 天地是生命的根本，祖先是种类的根本，君主和老师是治理的根本。没有天地，生命从何而出？没有祖先，种类从何而出？没有君主和老师，治理如何可得？三者缺一，就不存在安宁之人。所以礼上敬事天，下敬事地，尊崇祖先、君主和老师，这是礼的三个根本。

故王者天太祖，诸侯不敢怀，大夫士有常宗，所以辨贵贱。贵贱治，得之本也。郊畴乎天子，社至乎诸侯，函及士大夫，所以辨尊者事尊，卑者事卑，宜巨者巨，宜小者小。故有天下者事七世，有一国者事五世，有五乘之地者事三世，有三乘之地者事二世，有特牲而食者不得立宗庙，所以辨积厚者流泽广，积薄者流泽狭也。

◎**大意** 所以帝王祭祖时让太祖和上天一同享受祭祀，诸侯不敢有这种想法，大夫和士都有大宗，用来辨别贵贱。分清贵贱，是道德的根本。郊祭只有天子有资格，天子以下至诸侯得立社，包括士大夫都可以祭社，以此辨明位尊的侍奉尊贵的天神，位卑的侍奉较卑的社神，应该大的就大，应该小的就小。所以统治天下的人可以追祭七世之祖，统治一国的人可以追祭五世之祖，拥有五乘兵车采邑的人可以追祭三世之祖，拥有三乘兵车采邑的人可以追祭二世之祖，家有一牛而耕的人不得建立宗庙祭祀祖先，以此分辨德业深厚的恩泽流布广远，德业浅薄的恩泽流布狭小。

大飨上（尚）玄尊，俎上（尚）腥鱼，先大羹，贵食饮之本也。大飨上（尚）玄尊而用薄酒，食先黍稷而饭稻粱，祭哜[①]先大羹而饱庶羞，贵本而亲用也。贵本之谓文，亲用之谓理，两者合而成文，以归太一，是谓大隆。故尊之上（尚）玄尊也，俎之上（尚）腥鱼也，豆之先大羹，一也。利爵弗啐也[②]，成事[③]俎弗尝也，三侑之弗食也[④]，大昏之未废齐（斋）也，大庙之未内（纳）尸也，始绝之未小敛（殓），一也。大路之素帱[⑤]也，郊之麻絻[⑥]，丧服之先散麻，一也。三年哭之不反（返）也，《清庙》之歌一倡而三叹，县（悬）一钟尚拊膈[⑦]，朱弦而通越，一也。

◎**注释** ①〔哜（jì）〕应为衍文，当删。②〔利爵弗啐也〕利，祭礼中侍奉尸（代表死者受祭的活人）的人，亦称“佐食”。爵，献酒。弗啐，不一口饮尽。③〔成事〕指卒哭之祭。古代丧礼百日祭后，止无时之哭，改为朝夕一哭，叫作卒哭。④〔三侑之弗食也〕侑，劝，这里指劝食。按，“也”后疑脱“一也”二字。《荀子·礼论》《大戴礼记·礼三本》皆有“一也”二字。⑤〔素帱（chóu）〕素色车帷。⑥〔麻絻（miǎn）〕麻布帽。⑦〔拊膈（fǔ gé）〕拊，拍击。膈，悬钟之格。

◎**大意** 祭祀先王的大飨礼，崇尚盛放清水的酒器，木俎崇尚盛放生鱼，以未调五味的肉汁为先，表示不忘饮食的本源。大飨礼中，崇尚盛放清水的酒器而酌献薄酒；进食先进献黍子和粟，供祖先食用的则是好米饭和精细的粮食；祭食时，先尝一点没调味的肉汁，而饱享各种佳肴，这是尊重饮食的本源而亲用当今的佳肴。尊重饮食的本源是仪文，亲用当今的佳肴是生活的实用，两者结合而成文理，用以回归原始自然，这就是礼的至高境界。所以酒器崇尚盛放清水的酒樽，木俎崇尚盛放生鱼，豆器先供设未调五味的肉汁，道理相同（都是贵本）。祭祀将结束时，佐食者酌酒献尸而尸不一口饮尽，卒哭之祭将完成时尸不再尝用俎中的生鱼，劝食者三次劝食而尸不食，道理相同（都是贵本）。大婚礼迎亲前尚未斋戒告庙之际，太庙祭祀尚未迎尸入庙之际，人刚咽气尚未小敛之际，道理相同（都是贵本）。天子乘用的大路用素色车帷，天子南郊祭天时戴着麻布冠冕，孝子在父母之丧小敛后，先腰束麻带，带端散垂，道理相同（都是贵本）。服斩衰三年之丧的人，哭声若往而不返，乐工歌《清庙》时，一人领唱，三人随声应和，悬挂一钟，而崇尚打击钟架，瑟上张着朱红丝弦，瑟底两孔相通，道理相同（都是贵本）。

凡礼始乎脱，成乎文，终乎税（悦）。故至备，情文俱尽；其次，情文代胜；其下，复情以归太一。天地以合，日月以明，四时以序，星辰以行，江河以流，万物以昌，好恶以节，喜怒以当。以为下则顺，以为上则明。

◎**大意** 大凡礼在开始时粗疏简略，形成后仪文增加，最后达到和悦人情的效果。所以最完美的礼制，人情和仪文都尽善尽美；其次，是人情胜过仪文，或者仪文胜过人情；最后，将人情回到远古简约质朴的形态。然后，天地因之而调和，日月因之而明朗，四时因之而更代有序，星辰因之而正常运行，江河因之而运流通畅，万物因之而昌盛，好恶因之而节制，喜怒因之而恰当。然后用于臣民则万民和顺，用于君王则事事明察。

太史公曰：至矣哉！立隆以为极，而天下莫之能益损也。本末相顺，终始相应，至文有以辨，至察有以说（悦）。天下从之者治，不从者乱；从之者安，不从者危。小人不能则也。

◎**大意** 太史公说：达到极致啦！建立隆盛的礼仪作为最高准则，天下无人能加以增删。根本和末节互相依循，开始与结束互相照应，至善至美的仪文足以区分尊卑贵贱，极为明察的是非观念足以怡悦人心。天下遵从礼制的就能达到治平，不遵从礼制的就会产生祸乱；遵从礼制的就安定，不遵从礼制的就危险。小人是不能遵守礼规的。

礼之貌诚深矣，坚白同异之察，入焉而弱。其貌诚大矣，擅作典制褊陋之说，入焉而望。其貌诚高矣，暴慢恣睢，轻俗以为高之属，入焉而队（坠）。故绳诚陈，则不可欺以曲直；衡诚县（悬），则不可欺以轻重；规矩诚错，则不可欺以方员（圆）；君子审礼，则不可欺以诈伪。故绳者，直之至也；衡者，平之至也；规矩者，方员（圆）之至也；礼者，人道之极也。然而不法礼者不足礼，谓之无方之民；法礼足礼，谓之有方之士。礼之中，能思索，谓之能虑；能虑[1]勿易，谓之能固。能虑能固，加好之焉，圣矣。天者，高之极也；地者，下之极也；日月者，明之极也；无穷者，广大之极也；圣人者，道之极也。

◎**注释**　①〔虑〕此字疑衍。

◎**大意**　礼制的仪文实在深厚呀！“坚白”“同异”的分辨，放入礼制中来探讨，就站不住脚了。礼制的仪文实在博大呀！随意制作典制的褊狭浅薄的学说，放在礼义中来体认，就茫然不知所措了。礼制的仪文实在高明呀！傲慢狂妄、轻视世俗、自以为高的人们，放在礼制中来检验，就显出堕落了。所以只要把绳墨陈列出来，就不能用曲直来欺骗；只要把权衡悬挂出来，就不能用轻重来欺骗；只要把规矩设置起来，就不能用方圆来欺骗；君子明察礼制，就不能用诈伪来欺骗。所以，绳墨是最直的标准，权衡是最公平的标准，规矩是最圆最方的标准，礼是人类道德的最高标准。那么，不遵守礼制的人不重视礼制，是没有方向的人；遵守、重视礼制的人，是有方向的人。在礼的范围之内能够求索，叫作能够思虑；能够思虑又遵守不变，叫作能够固守。能够思虑，能够固守，再加上喜好，就是圣人了。天，是高的极致；地，是低的极致；日月，是光明的极致；无限，是广大的极致；圣人，是道德礼义的极致。

以财物为用，以贵贱为文，以多少为异，以隆杀为要。文貌繁，情欲省，礼之隆也；文貌省，情欲繁，礼之杀也；文貌情欲相为内外表里，并行而杂，礼之中流也。君子上致其隆，下尽其杀，而中处其中。步骤驰骋广骛不外是以，君子之性守宫庭也[①]。人域是域，士君子也。外是，民也。于是中焉，房皇周浃[②]，曲得其次序，圣人也。故厚者，礼之积也；大者，礼之广也；高者，礼之隆也；明者，礼之尽也。

◎**注释**　①〔“步骤驰骋”两句〕据王念孙《读书杂志·史记第二》，此句中“广骛”当作“厉骛”，“君子”前当有“是”字，“性守”当作“壇宇”。《荀子·礼论》曰“步骤驰骋厉骛不外是矣，是君子之坛宇宫廷也”可证。步骤驰骋厉骛，表示速度不同的三种运动，犹言轻重缓急。以，句末语助词，相当于“矣”。②〔房（páng）皇周浃〕房皇，徘徊。周浃，周旋。

◎**大意**　礼用财物表示心意，用贵贱作为文饰，用多少表示差异，用厚薄作为纲要。仪文形式繁富，情感成分收敛，是礼隆重的体现。仪文形式省约，情感成分浓重，是礼简约的体现。仪文与情感内外表里，并行融合，是礼适中的体现。君子对于礼，当隆重的就隆重，当减省的就减省，当适中的就适中。无论轻重缓急都不违背礼，这像君子的屋舍、宫廷一样。人能够遵守礼，就是士君子；违背礼，就是无知的庶民。在礼的范围内，徘徊周旋，普遍深入，全面掌握礼的次序，就是圣人了。所以圣人德厚，是由于学礼的积累；圣人伟大，是由于学礼的广泛；圣人高尚，是由于他的礼学修养隆厚；圣人明察，是由于他学礼尽心尽力。

◎**知识拓展**

我们现在看到的《礼书》是不是司马迁撰写的原文，自古以来争议不断，时至今日仍无定论。大致可概括为三种主要的说法。一种是说原文早已佚失，本篇为后人所补。一种是说原文仅为司马迁准备撰写《礼书》而搜集罗列的有关材料，属于草稿，未成定本。一种是说“太史公曰：洋洋美德乎！……定宗庙百官之仪，以为典常，垂之于后云”这五个自然段为司马迁所写原文，是《礼书》的绪论；“礼由人起。人生有欲……故儒者将使人两得之者也，墨者将使人两失之者也。是儒墨之分”这三个自然段出自《荀子·礼论》；“治辨之极也，强国之本也……传曰‘威厉而不试，刑措而不用’”这两个自然段出自《荀子·议兵》；“天地者，生之本也……故厚者，礼之积也；大者，礼之广也；高者，礼之隆也；明者，礼之尽也”这七个自然段出自《荀子·礼论》，其中第五段“太史公曰：至矣哉……”中的“太史公曰”四字为后人所加。当代《史记》研究界大多认同第三种说法。《礼书》的序文虽不甚长，但尚能从中看出司马迁对于礼的认识，大体上是建立在儒家礼制思想的基础上，即大到国家层面的行政管理、社会管理，小到个体层面的道德修养、行为准则，都要依循礼的规定，符合礼的原则，受到礼的约束。他又通过简略回顾西周至西汉前期礼制演变的基本史事，证明和强调人们在社会活动中严格遵守名分规定、等级制度的重要性，并指出人们一旦僭越礼制，就会导致统治衰败、社会动乱的严重后果。

乐书

第二

礼乐在现代社会是一种文化，而在古代，它们最早是作为一种政治制度存在的。儒家有“六经”，曰《诗》《书》《礼》《易》《乐》《春秋》，《礼》与《乐》皆被儒家列为经典，可见二者在当时的重要性。故而在《礼书》之后，司马迁紧接着作了《乐书》。

今存《乐书》除了最开始的序文之外，其余文字皆摘抄自《乐记》。《乐记》一书，其原作者和具体的成书时间皆难以肯定。现存《乐记》的内容被分别保存在《礼记·乐记》与《史记·乐书》之中。因《礼记》成书早于《史记》，故后世学者以为《史记·乐书》中与《礼记·乐记》中相同的文字，乃是摘抄后者所成。唐代张守节作《史记正义》，即一一注明《乐书》对《乐记》的具体引用情况。这种引用，究竟是司马迁以保存资料为目的而以《乐记》之内容阐明《乐书》之旨意，还是司马迁原作《乐书》已经丢失，后人只好找来类似的材料加以补充，目前学界还多有争议。因此，我们暂时以一种存疑的态度来看待这个问题。《乐书》序文之后的文字虽基本上引自《乐记》，但其征引内容的顺序又与《礼记》中所保存的《乐记》不尽相同，《乐书》中所引《乐记》的内容还是经过一番精心排列的。

整个《乐书》大体可以分为十五个部分。从“太史公曰：余每读《虞书》”至“世多有，故不论”为第一部分，是《乐书》中唯一被确认为司马迁手笔的文字，主要阐述了音乐的政治作用及音乐发展的历史。从“又尝得神马渥洼水中，复次以为《太一之歌》”至“黯诽谤圣制，当族”为第二部分，内容与史实多有抵牾，且与前后文有所疏离，有可能是后人增窜。

从第三部分开始，其文字皆引自《乐记》。从“凡音之起，由人心生也”至“礼乐刑政四达而不悖，则王道备矣”为第三部分，摘抄《乐记》之《乐本》。本部分论述的是音乐的创作源于人心对外物的感知，因此音乐的情调与政治的盛衰息息相关，故而先王制礼作乐，都是为了教导人民辨别善恶并保持喜怒哀乐的平衡，礼乐与刑罚本质上都是对人民行为的规范，也是施行仁政的基础。从“乐者为同，礼者为异”至“事于山川鬼神，则此所以与民同也”为第四部分，摘抄《乐记》之《乐论》。本部分论述的是乐与礼的同异以及二者在行政中相辅相成的作用。从“王者功成作乐，治定制礼”至“故圣人曰‘礼云乐云’”为第五部分，摘抄《乐记》之《乐礼》。本部分论述的是帝王大功告成后需要作乐制礼以安定天下，而礼乐的制定则可以使天地万物各得其所、和谐有序。从“昔者舜作五弦之琴，以歌《南风》”至“从之以牛羊之群，则所以赠诸侯也”为第六部分，摘抄《乐记》之《乐施》《乐象》。本部分论述的是将礼乐赏赐给诸侯的原则和作用。从“乐也者，情之不可变者也”至“其感人深，其风移俗易，故先王著其教焉”为第七部分，摘抄《乐记》之《乐情》《乐施》。本部分论述的是礼乐的本末及其所有的教化功能。从“夫人有血气心知之性，而无哀乐喜怒之常”至“感涤荡之气而灭平和之德，是以君子贱之也”为第八部分，摘抄《乐记》之《乐言》。本部分论述的是音乐所能够产生的教化功能：因为欣赏音乐能深切地体会人生，故而不同性质的音乐会对人产生不同的影响。从“凡奸声感人而逆气应之，逆气成象而淫乐兴焉”至“故曰‘生民之道，乐为大焉’”为第九部分，摘抄《乐记》之《乐象》。本部分论述的是不同的音乐会造就不同的社会风气，因此要为人民营造正乐，这样才能使人们从音乐中得到好的教化。从“君子曰：礼乐不可以斯须去身”至“先王之道，礼乐可谓盛矣”为第十部分，摘抄《乐记》之《乐化》。本部分论述的是在先王治国的过程中，礼乐发挥了重要的作用；由于礼乐片刻不会离开人们的身心，故而应该充分发挥好礼乐的作用。从“魏文侯问于子夏曰”至“君子之听音，非听其铿锵而已也，彼亦有所合之也”为第十一部分，摘抄《乐记》之《魏文侯》。本部分通过魏文侯与子夏的问答，阐述古乐与新乐的区别、音乐与音符的区别、靡靡之音从何而来等问题。从“宾牟贾侍坐于孔子，孔子与之言”至“则夫《武》之迟久，不亦宜乎”为第十二部分，摘抄《乐记》之《宾牟贾》。本部分通过孔子与宾牟贾的交谈，阐述了周代乐舞《武》的表演程序及其中所蕴含的历史内容。从“子贡见师乙而问焉”至“《子贡问乐》”为第十三部分，摘抄《乐记》之《师乙》。本部分通过子贡与师乙的问答，阐述了音乐与个人性情的关系。从“凡音由于人心，天之与人有以相通”至“听者或吉或凶。夫乐不可妄兴也”为第十四部分，摘抄《乐记》之《奏乐》。本部分通过对晋平公听乐的记录，阐述了听乐亦有吉凶，因此靡靡之音不可妄听妄奏的观点。从“太史公曰：夫上古明王举乐者”至“故君子终日言而邪辟无由入也”为第十五部分，摘抄《乐记》之《乐器》，其中的“太史公曰”为后人所加。最后一部分是对全篇内容的总结，强调了音乐可以用来治理天下的教化功用。

太史公曰：余每读《虞书》[①]，至于君臣相敕[②]，维是几安，而股肱不良，万事堕（隳）[③]坏，未尝不流涕也。成王作《颂》[④]，推己惩艾（乂）[⑤]，悲彼家难[⑥]，可不谓战战恐惧，善守善终哉？君子不为约则修德，满则弃礼，佚（逸）能思初，安能惟始，沐浴膏泽而歌咏勤苦，非大德谁能如斯！《传》[⑦]曰“治定功成，礼乐乃兴”。海内人道益深，其德益至，所乐者益异。满而不损则溢，盈而不持则倾。凡作乐者，所以节乐。君子以谦退为礼，以损减为乐，乐其如此也。以为州异国殊[⑧]，情习不同，故博采风俗，协比声律[⑨]，以补短移化，助流政教。天子躬于明堂[⑩]临观，而万民咸荡涤邪秽，斟酌饱满，以饰（饬）[⑪]厥性。故云《雅》《颂》[⑫]之音理而民正，嘄噭之声[⑬]兴而士奋，郑、卫之曲[⑭]动而心淫。及其调和谐合，鸟兽尽感，而况怀五常[⑮]，含好恶，自然之势也？

◎**注释** ①〔《虞书》〕今本《尚书》中的《尧典》《舜典》《大禹谟》《皋陶谟》《益稷》统称为《虞书》。司马迁在这里所读的《虞书》，实际是指其中的《皋陶谟》，记录舜、禹、皋陶三人讨论政务的内容。②〔敕（chì）〕告诫、勉励。

③〔堕（huī）〕通“隳”，毁坏。④〔成王作《颂》〕成王，周武王之子，名姬诵，西周第二任国王。《颂》指《诗经·周颂》中的《闵予》《访落》《小毖》等篇。详见《周本纪》。⑤〔艾（yì）〕通“乂”，惩戒，警惕。⑥〔家难〕这里指管叔、蔡叔的叛乱。事迹详见《周本纪》和《管蔡世家》。⑦〔《传》〕指《礼记·乐记》。⑧〔州异国殊〕州，这里指九州。国，这里指诸侯之国。⑨〔声律〕声，指五声，即宫、商、角、徵（zhǐ）、羽。律，指六律，即黄钟、太簇、姑洗（xiǎn）、蕤（ruí）宾、夷则、无射（yì）。⑩〔明堂〕古代建在国都的一种特殊殿堂，具有多种作用，如颁布政令、宣示教化、朝会诸侯、举行庆典等。⑪〔饰（chì）〕通“饬”，整顿，修整。⑫〔《雅》《颂》〕《雅》指周王朝直接管辖之地的乐歌，《颂》指在宗庙举行祭祀活动时有舞蹈相伴的乐歌，这两种乐歌都被视为严肃正派的乐歌。⑬〔噭噭（jiāo jiào）之声〕激奋的呼叫声。⑭〔郑、卫之曲〕指春秋战国时期在郑国、卫国流行的俗乐。⑮〔五常〕有多种解释，或指金、木、水、火、土五行之德，或指仁、义、礼、智、信五种行为准则，或指为父仁义、为母仁慈、为兄友善、为弟恭敬、为子孝顺的五种亲情关系，或指君臣、父子、兄弟、夫妇、朋友之间妥善相处的五种伦理关系，在这里都说得通。

◎**大意**　太史公说：我每次阅读《尚书》中的《虞书》部分，当看到君臣互相告诫，就使得国事近于安宁，但辅佐君王的大臣一懈怠，就使得各种政务废弛败坏的时候，没有不流泪的。周成王作《周颂》中的《小毖》等诗，从自己的失误中吸取教训，哀叹家族内部叛乱带来的危难，能不说他是个战战兢兢、小心谨慎而善始善终的国王吗？君子不会因贫困才修养德行，不会因富足而抛弃礼仪，逸乐时能想到最初的艰辛，安居时能想到创始的困难，沉浸在幸福之中时能歌咏勤劳艰苦，不是具备高尚品德的人有谁能这样！《传》中说“政治安定而大功告成，礼乐才大为兴盛”。这时国内人们的道德修养日益深广，品德更加完善，各人所喜好的事物日益不同。太满了不减损就会溢出来，太盛了不扶持就会倾覆。凡是制作音乐，都是为了节制人们对喜爱的事物的无限追求。君子把谦而退让作为礼，把损而减少作为乐。音乐的作用就是这样。君子认为地域国度的环境有差别，人们的感情习俗也不同，所以广泛地采集民风习俗，协调组合声律，用来弥补缺失，移风易俗，辅助教化。天子亲临明堂观赏，而民众都在音乐陶冶下清除了心中的邪恶污点，从音乐中吸取教益，使得精神饱满，品性修整。所以说《雅》《颂》这样的正派乐歌整理出来，民风就趋于纯正；激奋的歌声兴起，士兵就感到振奋；而郑国、卫国的乐曲演奏起来，就使得人心生出淫邪。音乐一旦达到和谐的地步，连鸟兽都会受到感化，更何况心怀五常之德、含有好恶之情的人，（被音乐感动）是自然趋势吧？

治道亏缺而郑音兴起，封君世辟[①]，名显邻州[②]，争以相高。自仲尼不能与齐优[③]遂容于鲁，虽退正乐以诱世，作五章以刺时，犹莫之化。陵迟以至六国[④]，流沔（湎）沉佚[⑤]，遂往不返，卒于丧身灭宗，并国于秦。

◎**注释** ①〔辟（bì）〕君主。这里指诸侯国君。②〔邻州〕指相互邻近的地区。③〔齐优〕齐国的歌舞艺人。事迹详见《孔子世家》。④〔陵迟以至六国〕陵迟，衰落。六国，指战国时与秦国相对立的六个诸侯大国，即齐、楚、燕、赵、魏、韩。⑤〔流沔（miǎn）沉佚〕放纵沉溺。

◎**大意** 国家政治败坏，郑国的音乐就会兴起，封国之君，世袭之主，名声已显扬于邻近的地区，还要用郑国之音来争着高抬声价。孔子不能忍受与齐国的优人并立于鲁国朝堂，虽然他退出朝堂而整理音乐，用来劝导世人，创作五篇诗歌用来讽刺时事，但还是没能感化世人。世风逐渐衰落一直到六国时代，诸侯国君都放纵沉溺，不能归于正道，终于身败而国亡，被秦国吞并了。

秦二世尤以为娱。丞相李斯进谏曰："放弃《诗》《书》，极意声色，祖伊[①]所以惧也；轻积细过，恣心长夜，纣所以亡也。"赵高曰："五帝、三王乐各殊名，示不相袭。上自朝廷，下至人民，得以接欢喜，合殷勤，非此和说（悦）不通，解泽不流，亦各一世之化，度时之乐，何必华山之騄耳[②]而后行远乎？"二世然之。

◎**注释** ①〔祖伊〕殷纣王时的贤良之臣，曾劝谏殷纣王。②〔騄（lù）耳〕即"騄駬"，良马名。

◎**大意** 秦二世更是沉溺于安逸享乐之中。丞相李斯进言规谏说：“放弃了《诗》《书》，一心沉迷于声色，是祖伊所担心的事情；不重视细小过失的累积，通宵达旦地放纵情欲，这是殷纣亡国的原因。”赵高说：“五帝、三王的音乐各有不同的名称，是表示不相沿袭。上自朝廷下至百姓，得以交流欢乐的感情，融合亲切的情意；如果没有音乐，和悦的感情就不能相通，布施的恩泽就不能传布，这也是每个时代各有自己的教化和适应时代需要的音乐，何必一定要华山的騄耳才能走得远呢？”秦二世认同赵高的见解。

高祖过沛诗《三侯之章》[①]，令小儿歌之。高祖崩，令沛得以四时歌舞宗庙。孝惠、孝文、孝景无所增更，于乐府习常肄旧[②]而已。

◎**注释** ①〔《三侯之章》〕即《大风歌》：“大风起兮云飞扬，威加海内兮归故乡，安得猛士兮守四方。”侯为发语词，古音与“兮”同。②〔肄（yì）旧〕练习旧的乐章。肄，练习。

◎**大意** 汉高祖经过沛邑时，创作《三侯之章》，让儿童歌唱。高祖驾崩后，朝廷命令沛邑按四季在他的宗庙里唱歌舞蹈。经过惠帝、文帝、景帝三朝，都没有增加改变，在乐府里经常练习旧乐而已。

至今上即位，作十九章[①]，令侍中李延年次序其声，拜为协律都尉。通一经之士不能独知其辞，皆集会五经家[②]，相与共讲习读之，乃能通知其意，多尔雅之文。

◎**注释** ①〔十九章〕据《汉书·礼乐志》，汉武帝定郊祀之礼，作《郊祀歌》十九章。②〔五经家〕指《诗》《书》《礼》《易》《春秋》五经博士。

◎**大意** 武帝即位后，作《郊祀歌》十九章，命令侍中李延年按顺序谱曲歌唱，任命他为协律都尉。只通晓一种经书的人，不能单独弄懂这些歌词的含义，就集中通晓“五经”的专家，一起研究阅读，才通晓歌词的含义，其中大多是典雅纯正的文字。

汉家常以正月上辛祠太一[1]甘泉，以昏时夜祠，到明而终。常有流星经于祠坛上。使僮男僮女七十人俱歌。春歌《青阳》，夏歌《朱明》，秋歌《西暤》，冬歌《玄冥》。世多有，故不论。

◎注释 ①〔太一〕亦作“泰一”，为北极尊神。汉武帝时在甘泉宫设立太一坛，三年祭祀一次，祭日定在正月上旬的辛日。

◎大意 汉朝常常于正月上旬的辛日在甘泉宫祭祀太一神，从黄昏时开始夜晚的祭祀，到黎明时才结束。祭祀时常有流星经过祭坛的上空。安排童男童女七十人一齐唱歌。春季唱《青阳》，夏季唱《朱明》，秋季唱《西暤》，冬季唱《玄冥》。这些歌词，世间多有流传，所以就不再记载了。

又尝得神马渥洼水中，复次以为《太一之歌》。歌曲曰：“太一贡兮天马下，沾赤汗兮沫流赭[1]。骋容与兮跇万里[2]，今安匹兮龙为友。”后伐大宛得千里马，马名蒲梢，次作以为歌。歌诗曰：“天马来兮从西极，经万里兮归有德。承灵威兮降外国，涉流沙兮四夷服。”中尉汲黯进曰：“凡王者作乐，上以承祖宗，下以化兆民。今陛下得马，诗以为歌，协于宗庙，先帝百姓岂能知其音邪？”上默然不说（悦）。丞相公孙弘曰：“黯诽谤圣制，当族。”

◎注释 ①〔赭（zhě）〕红色。②〔骋容与兮跇（yì）万里〕容与，从容不迫的样子。跇，跨越。

◎大意 武帝曾经在渥洼水中得到一匹神马，又创作了《太一之歌》。歌词说：“太一的贡献啊天马降临，身上是血色的汗水啊口中流着红色的唾沫。从容不迫地驰骋啊跨越万里，谁能匹敌啊只有神龙才是它的朋友。”后来讨伐大宛，得到千里马，马名叫“蒲梢”，为此又创作了一首歌。歌词说：“天马到来啊从西面极远的地方，行程万里啊归顺有德的帝王。承蒙上天的威严啊降服异域，远到流沙大漠啊四夷归附。”中尉汲黯进谏说：“一般来说，帝王制作音乐，对上是为了继承祖宗的道德，对下是为了教化亿万民众。现在，陛下得到了几匹马，竟作诗用来歌唱，还在宗庙里演奏，祖先和百姓难道能理解这种音乐的意思吗？”武帝没说话，心里不高兴。丞相公孙弘说：“汲黯诽谤皇上的创作，应当诛戮全族。”

凡音之起，由人心生也。人心之动，物使之然也。感于物而动，故形于声；声相应，故生变；变成方，谓之音；比音而乐之，及干戚羽旄[①]，谓之乐也。乐者，音之所由生也，其本在人心感于物也。是故其哀心感者，其声噍以杀[②]；其乐心感者，其声啴[③]以缓；其喜心感者，其声发以散；其怒心感者，其声粗以厉；其敬心感者，其声直以廉；其爱心感者，其声和以柔。六者非性也，感于物而后动，是故先王慎所以感之。故礼以导其志，乐以和其声，政以壹其行，刑以防其奸。礼乐刑政，其极一也，所以同民心而出治道也。

◎**注释**　①〔干戚羽旄（máo）〕指用道具表演的舞蹈。干戚，盾牌和斧头。羽旄，雉羽和牦牛尾。②〔噍（jiào）以杀〕噍，急促。杀，肃杀。③〔啴（chǎn）〕舒缓。

◎**大意**　大凡音的产生，是人心受到感动的结果。人心的感动，是由客观事物所引起的。人心受到外界事物的影响而感动，因而形成声，声互相应和，所以产生变化；变化成为交错的节律，叫作音；排比众音和乐演奏出来，加上用盾牌、斧头、雉羽、牦牛尾等表演的舞蹈，称为乐。乐是由音产生的，它的根源在人心受外界事物影响而感动。因此产生悲哀的心情的，发出的声音必定急促肃杀；产生快乐的心情的，发出的声音必定悠扬和缓；产生喜悦的心情的，发出的声音必定轻快清爽；产生愤怒的心情的，发出的声音必定粗大威猛；产生尊敬的心情的，发出的声音必定正直收敛；产生爱慕的心情的，发出的声音必定温顺柔和。这六种心情不是人的本性，而是感受外界的事物后激发的变化，因此先王谨慎地对待影响人心的外界事物。所以用礼来引导人们的意趣，用乐来调和人们的声音，用政来统一人们的行动，用刑来防止人们的奸诈，礼、乐、刑、政最终的目标是一致的，就是让民众思想一致而建立天下大治的秩序。

凡音者，生人心者也。情动于中，故形于声，声成文谓之音。是故治世之音安以乐，其正和；乱世之音怨以怒，其正乖；亡国之音哀以思，其民困。声音之道，与正通矣。宫为君，商为臣，角为民，徵为事，羽为物。五者不乱，则无惉懘[①]之音矣。宫乱则荒，其君骄；商乱则搥[②]，其臣坏；角乱则忧，其民怨；徵乱则哀，其事勤；羽乱则危，其财匮。五者皆乱，迭相陵，谓之慢。如此则国之灭亡无日矣。郑卫之音，乱世之音也，比于慢矣。桑间濮上之音，亡国之音也，其政散，其民流，诬上行私而不可止。

◎**注释** ①〔惉懘（zhān chì）〕不和谐，不流畅。②〔搥〕《礼记》作“陂”。陂，通“诐（bì）”，倾斜，引申为邪僻。

◎**大意** 一般而言，音乐都是从人心产生的。情感在内心萌发，所以形成声调；声调合成一定的韵律，叫作音乐。因此，太平盛世的音乐安宁而欢乐，政治就清明；动乱时代的音乐怨恨而愤怒，政治就乖僻；将要灭国的音乐哀伤而忧虑，人民就困苦。声音的道理，是和政治相通的。宫声是国君，商声是臣子，角声是百姓，徵声是事务，羽声是财物。五声不混乱，就没有不和谐的音乐。宫声淆乱就会昏聩，表现的是国君的骄奢；商声淆乱就会邪僻，表现的是臣子的堕落；角声淆乱就会忧郁，表现的是百姓的怨恨；徵声淆乱就会悲哀，表现的是徭役的繁重；羽声淆乱就会倾危，表现的是财物的匮乏。五声都混乱，相互侵越，叫作散漫。这样国家灭亡就为期不远了。郑、卫的音乐，是乱世的音乐，接近散漫了。桑间、濮上的音乐，是亡国的音乐，表示的是政治散乱，民众流离，欺君徇私而无法制止。

凡音者，生于人心者也；乐者，通于伦理者也。是故知声而不知音者，禽兽是也；知音而不知乐者，众庶是也。唯君子为能知乐。是故审声以知音，审音以知乐，审乐以知政，而治道备矣。是故不知声者不可与言音，不知音者不可与言乐。知乐则几于礼矣。礼乐皆得，

谓之有德。德者，得也。是故乐之隆，非极音也；食飨之礼，非极味也。清庙之瑟，朱弦而疏越，一倡而三叹，有遗音者矣。大飨之礼，尚玄酒而俎腥鱼，大羹不和，有遗味者矣。是故先王之制礼乐也，非以极口腹耳目之欲也，将以教民平好恶而反（返）人道之正也。

◎**大意** 一般来说，音是由人心产生的，乐是和伦理相通的。所以只知道声而不知道音的，是禽兽；只知道音而不知道乐的，是普通民众。只有君子才能了解乐。所以审察声用来了解音，审察音用来了解乐，审察乐用来了解政治，这样治民之道就完备了。所以不了解声的人，不可以和他谈论音；不了解音的人，不可以和他谈论乐。了解了乐就近于了解礼了。礼乐的内涵都能了解，就称为有德之人。德就是得到礼乐内涵的意思。所以，音乐的兴隆并不在于穷极钟鼓之声，祭祀礼仪也不在于穷极饮食美味。清庙中的瑟，红色的丝弦，底部有孔眼，一人领唱，三人应和，保存了古乐的韵味。祭祀礼仪，供奉清水酒，祭器中放着生鱼，羹汤里不加调料，保存了古人的烹饪方法。所以先王制作礼乐，不是为了充分满足口腹耳目的欲望，而是为了教化民众正确地判断好坏，回到做人的正道上来。

人生而静，天之性也；感于物而动，性之颂[①]也。物至知（智）知，然后好恶形焉。好恶无节于内，知（智）诱于外，不能反（返）己，天理灭矣。夫物之感人无穷，而人之好恶无节，则是物至而人化物也。人化物也者，灭天理而穷人欲者也。于是有悖逆诈伪之心，有淫佚作乱之事。是故强者胁弱，众者暴寡，知（智）者诈愚，勇者苦怯，疾病不养，老幼孤寡不得其所，此大乱之道也。是故先王制礼乐，人为之节：衰（缞）麻[②]哭泣，所以节丧纪也；钟鼓干戚，所以和安乐也；婚姻冠笄[③]，所以别男女也；射乡食飨，所以正交接也。礼节民心，乐和民声，政以行之，刑以防之。礼乐刑政四达而不悖，则王道备矣。

◎**注释** ①〔颂（róng）〕后多作“容”。仪容，引申为表现。②〔衰（cuī）麻〕麻布丧服。衰，同“缞”，丧服。③〔冠笄〕冠，古代男子成年时举行的加冠仪式，一般在二十岁举行。笄，指古代女子十五岁举行的插簪仪式。

◎**大意** 人天生是安静的，这是自然的本性；受外界事物影响而发生变动，是本性的表现。一接触到外界事物，人们就用智慧了解它，然后就对它形成了喜好或厌恶的感觉。假如自己在内心里不能节制喜好或厌恶的感觉，而在智慧上又继续感受到外界事物的影响，不能回到安静的本性上去，这样，作为本性的天理就灭绝了。外界事物对人的影响无穷，而人又不能节制自己的爱好或厌恶的感觉，这样，一接触外界事物，人就被它所左右了。所谓人被外界事物所左右，就是灭绝本性的天理而尽量满足欲望的意思。因此，有悖谬、忤逆、欺诈作伪的念头，有淫荡放纵犯上作乱的行为。强的威胁弱的，众人压迫少数人，聪明人欺负老实人，勇敢的人困辱怯懦的人，患病的人得不到疗养，老人、幼童、孤儿、寡妇都没有安身之地，这就是天下大乱的形势。因此，先王制礼作乐，使人们有所节制。披麻戴孝，为死去的人哭泣，是为了节制人们的丧礼；鸣钟击鼓，执盾牌、大斧而舞，是为了调和人们的欢乐；举行婚姻、加冠和及笄的礼仪，是为了使男女有别；乡里射箭宴会，是为了使人们的交往步入正轨。用礼来节制人们的情绪，用乐来调和人们的声音，用政来推行治民之道，用刑来防范犯法的行为。礼、乐、刑、政，行之四方而相辅相成，那么，先王治民之道就可以完满实现了。

乐者为同，礼者为异。同则相亲，异则相敬。乐胜则流，礼胜则离。合情饰（饬）貌者，礼乐之事也。礼义立，则贵贱等矣；乐文同，则上下和矣；好恶著，则贤不肖别矣；刑禁暴，爵举贤，则政均矣。仁以爱之，义以正之，如此则民治行矣。

◎**大意** 音乐是为了协调人际关系，礼仪是为了区分人们的等级。协调了人际关系就会互相亲善，区分了等级就会互相敬重。音乐的作用超过礼就会使人们放浪，礼仪的作用超过音乐就会使人们疏远。调和人们的内在情感，端正人们的外观仪态，这便是礼和乐的事情。礼仪树立起来，贵贱之间有了区别；音乐的形式固定了，上下关系便趋于和睦；好恶有了明显的标准，好人坏人便分得清清楚楚。用刑罚严禁凶暴，用爵禄推举贤人，那么政治也就公平合理了。用仁心来爱护百姓，用义行来教化纠正百姓，能够做到这样，那治理民众的事就容易推行了。

乐由中出，礼自外作。乐由中出，故静；礼自外作，故文。大乐必易，大礼必简。乐至则无怨，礼至则不争。揖让而治天下者，礼乐之谓也。暴民不作，诸侯宾服，兵革不试，五刑不用，百姓无患，天子不怒，如此则乐达矣。合父子之亲，明长幼之序，以敬四海之内。天子如此，则礼行矣。

◎**大意** 乐由人内心发出，礼表现在人的外貌上。乐发自内心，所以平静；礼现于外貌，因而有文饰。高尚的音乐必定平易，盛大的礼仪必定简约。乐教深入人心，彼此不会生怨；礼制发挥作用，上下便无纷争。互相尊重谦让而治理天下，便是礼乐的作用。暴民不叛乱，诸侯都服从，不动用兵刃铠甲，不再施行各种刑罚，百姓无忧无虑，天子也没有恼怒，像这样就达到了乐教的目的。使父子关系和顺，长幼次序分明，使四海之内互相尊敬，天子能这样做，那么礼仪就可以施行了。

大乐与天地同和，大礼与天地同节。和，故百物不失；节，故祀天祭地。明则有礼乐，幽则有鬼神，如此则四海之内合敬同爱矣。礼者，殊事合敬者也；乐者，异文合爱者也。礼乐之情同，故明王以相沿也。故事与时并，名与功偕。故钟鼓管磬羽籥[①]干戚，乐之器也；诎信（伸）俯仰级兆[②]舒疾，乐之文也。簠簋俎豆制度文章，礼之器也；升降上下周旋裼袭[③]，礼之文也。故知礼乐之情者能作，识礼乐之文者能术（述）。作者之谓圣，术（述）者之谓明。明圣者，术（述）作之谓也。

◎**注释** ①〔龠（yuè）〕管乐名，类似排箫。②〔级兆〕《礼记·乐记》作“缀兆”，指古代乐舞中舞者的行列位置。③〔裼（xī）袭〕古代行礼时覆在袭外之衣叫裼衣，袒外衣而露出裼衣，且不尽覆其袭，谓之裼。不裼，谓之袭。

◎**大意** 高尚的音乐同天地一般调和，庄严的礼制同天地一般有法度。协和，万物不会失其时；规范，有法度，所以祭祀天地。形式上有礼仪音乐的教导，精神上有圣贤气质的约束，这样普天之下都互敬互爱了。礼，是用各种仪节使人互敬；乐，是用不同的乐曲使人互爱。礼和乐的作用一致，圣明的天子都将它们沿用下来。因而，礼仪的制定与时代适应，乐名的确立和功用也完全符合。所以，钟、鼓、管、磬、羽、龠、干、戚，是表演音乐的器具；伸缩、俯仰、队列、快慢，是音乐的表现形式。簠、簋、俎、豆，器物的规格，衣服的彩绣，是实行礼仪的器具；升降、上下、周旋、裼袭，是礼仪的表现形式。所以懂得礼乐道理的人方能制定礼乐，懂得礼乐表现形式与实施法则的人才可阐述礼乐。能制定礼乐的人可尊为圣明之人，能阐述礼乐的人可称为明达之士。所谓圣明之人与明达之士，就是指能阐述、制定礼乐的人。

乐者，天地之和也；礼者，天地之序也。和，故百物皆化；序，故群物皆别。乐由天作，礼以地制。过制则乱，过作则暴。明于天地，然后能兴礼乐也。论伦无患，乐之情也；欣喜欢爱，乐之官也。中正无邪，礼之质也；庄敬恭顺（慎），礼之制也。若夫礼乐之施于金石，越于声音，用于宗庙社稷，事于山川鬼神，则此所以与民同也。

◎**大意** 音乐，是天地协和的体现；礼制，是天地规范的体现。协和，一切皆可融洽相处；规范，一切事物又有所区别。音乐是遵循天的协和原则而制，礼仪是按照地的限度而制。礼仪超过限度就混乱，音乐超过协和原则就粗暴。懂得了天地之理，才能制礼作乐。合乎伦理而无损于礼仪，是乐的精义；能使人们快乐，是乐的功用。中正和谐而无邪恶，是礼的实质；能使人们恭敬慎重，是礼的作用。至于礼乐要通过钟磬之类的乐器表现出来，发于声音，用于宗庙祭祀、国家行政，用以祈祷山川鬼神，这样做是与人们的愿望相符的。

王者功成作乐，治定制礼。其功大者其乐备，其治辨者其礼具。干戚之舞，非备乐也；亨（烹）孰（熟）而祀，非达礼也。五帝殊时，不相沿乐；三王异世，不相袭礼。乐极则忧，礼粗则偏矣。及夫敦乐而无忧，礼备而不偏者，其唯大圣乎？天高地下，万物散殊，而礼制行也；流而不息，合同而化，而乐兴也。春作夏长，仁也；秋敛冬藏，义也。仁近于乐，义近于礼。乐者敦和，率神而从天；礼者辨宜，居鬼而从地。故圣人作乐以应天，作礼以配地。礼乐明备，天地官矣。

◎**大意**　帝王开国创业后制作音乐，政治安定后制定礼仪。功业大的，制作的音乐就完备；政治清明的，议定的礼仪就周密。手持斧盾的歌舞，不是完备的音乐；用熟食美味来祭祀，不是通达的礼仪。五帝生活的时代有别，所以他们制定的音乐不相承袭；三王生活的社会不同，所以他们制定的礼仪也不相沿袭。音乐过分了必会产生忧患，礼仪太粗疏了就会出偏差。至于崇尚音乐而无忧无虑，礼仪周密而不出偏差，那只有大圣人才能做得到啊！天高地低，万物滋生散布各不相同，因而礼制就应时而生；天地气息周流不息，融合万物，因而音乐就出现了。春生夏长，是上天之仁；秋收冬藏，是上天之义。仁和音乐相近，义和礼制相近。音乐重在协和，取法圣人而顺从天意；礼制重在区别，效法先贤而顺从地意。所以，圣明之人创制音乐以顺天意，议定礼仪来顺地意。礼乐显明而完备，天地的意图作用就显而易见了。

天尊地卑，君臣定矣。高卑已陈，贵贱位矣。动静有常，小大殊矣。方以类聚，物以群分，则性命不同矣。在天成象，在地成形，如此，则礼者天地之别也。地气上隮[①]，天气下降，阴阳相摩，天地相荡，鼓之以雷霆，奋之以风雨，动之以四时，煖[②]之以日月，而百化兴焉，如此，则乐者天地之和也。

◎**注释**　①〔上跻（jī）〕上升。②〔煖（xuān）〕温暖。

◎**大意**　按照天尊地卑的道理，君臣关系就可以确定了。高低已经显现出来，贵贱的区别也可确立了。阴阳动静有一定常规，大小轻柔也可以分别了。世间万物，同类的相聚集，不同类的相分离，其天性和命运就不会相同。在天上日月星辰构成景象，在地上山陵河川构成形貌，如此看来，所谓礼制，就是反映天地万物区别的。地气上升，天气下降，阴阳互相摩擦，天地互相激荡，以闪电雷霆鼓动之，以狂风骤雨振奋之，以四季交替运动之，以日月之光温暖之，因而万物得以变化滋生。如此可以说，所谓的音乐，便是体现天地万物协和规范的。

化不时则不生，男女无别则乱登，此天地之情也。及夫礼乐之极乎天而蟠乎地，行乎阴阳而通乎鬼神，穷高极远而测[1]深厚，乐著太始而礼居成物[2]。著不息者天也，著不动者地也。一动一静者，天地之间也。故圣人曰“礼云乐云”。

◎**注释**　①〔测〕穷尽。②〔乐著太始而礼居成物〕著，处于。太始，指天。成物，指地。

◎**大意**　化育不合天时就不能生息，男女无别就会出现混乱，这是天地间的情理。当礼乐上达于天而下临于地，与阴阳并行且通于鬼神时，其作用即可达到最高、最远、最深厚的境界，使乐处于天的位置，礼处于地的位置。显示运行不息的是天，显示静止不动的是地。有动有静的，是天地之间的万物。所以圣人说“礼乐源于天地”。

昔者舜作五弦之琴，以歌《南风》；夔[1]始作乐，以赏诸侯。故天子之为乐也，以赏诸侯之有德者也。德盛而教尊，五谷时孰（熟），然后赏之以乐。故其治民劳者，其舞行级[2]远；其治民佚（逸）者，其舞行级短。故观其舞而知其德，闻其谥而知其行。《大章》，章之也；《咸池》，备也；《韶》，继也；《夏》，大也；殷、周之乐尽也。

◎**注释** ①〔夔（kuí）〕舜时的乐官。②〔舞行（háng）级〕舞者行列间的距离。级，《礼记·乐记》作“缀”。

◎**大意** 以前虞舜制作五弦琴，用来歌唱《南风》；命夔开始制作音乐，用来赏赐诸侯。可见天子作乐，是用来勉励、赏赐有德行的诸侯的。德行高所以教化就会受到尊敬，五谷按时成熟，然后天子赐给他音乐。治国不好而使百姓劳瘁的，舞队行列的间隔就疏而远；治国有方而使百姓安居乐业的，舞队行列就密而近。因此，看天子赏赐舞队的疏密就可知其德行的好坏，听到大家给他的谥号，就可知其行为的善恶。《大章》是歌颂唐尧的音乐，《咸池》是歌颂黄帝完美的德行，《韶》是表彰虞舜能够继承唐尧的美德，《夏》是称道夏禹能光大虞舜的功绩，殷、周时的音乐也能充分表现他们初期的文治武功。

天地之道，寒暑不时则疾，风雨不节则饥。教者，民之寒暑也，教不时则伤世；事者，民之风雨也，事不节则无功。然则先王之为乐也，以法治也，善则行象德矣。夫豢豕为酒，非以为祸也，而狱讼益烦，则酒之流生祸也。是故先王因为酒礼，一献之礼，宾主百拜，终日饮酒而不得醉焉，此先王之所以备酒祸也。故酒食者，所以合欢也。

◎**大意** 天地运行之道，寒暑不合时令就容易产生灾害，风雨无节制就会导致饥荒。音乐的教化，对于人民来说就如同寒暑一般，如果这种教化没有遵循时令准则就会有害于社会；礼制政令，对于人民来说就如同风雨一般，如果没有节制就不能发挥它应有的作用。因此先王制乐，皆是按照法度进行的，君主行善，臣下亦会效仿，这样才能合乎道德的准则。养猪造酒这些事，并不是为了制造祸患，因为饮酒而造成的争讼却日益增多，乃是因为饮酒没有节制而产生的祸患。所以先王便制定了饮酒的制度，每进一杯酒，宾主都要多次行礼，这样即便终日饮酒也不会喝醉，这是先王防备因醉酒而产生祸患的方法。所以吃喝宴饮，就会起到共同欢乐的作用了。

乐者，所以象德也；礼者，所以闭淫也。是故先王有大事，必有

礼以哀之；有大福，必有礼以乐之：哀乐之分，皆以礼终。

◎**大意** 音乐，是用来进行道德教化的；礼制，是用来禁止邪恶的。所以，先王每逢丧葬大事，必有相应的丧礼表示吊唁；每逢喜庆大事，必有相应的嘉礼表示欢乐：哀悼和欢乐虽然有区分，但都用礼来终结。

乐也者，施也；礼也者，报也。乐，乐其所自生；而礼，反（返）其所自始。乐章德，礼报情反（返）始也。所谓大路者，天子之舆也；龙旂九旒，天子之旌也；青黑缘者，天子之葆（宝）龟[①]也；从之以牛羊之群，则所以赠诸侯也。

◎**注释** ①〔葆龟〕即“宝龟”，占卜用具。

◎**大意** 音乐，用来布施恩德；礼仪，用来报答恩惠。音乐，能表达人们内心的快乐；而礼仪，则要回报开始施恩惠的人。音乐是为了表彰功德，礼仪是为了报答恩情、追思祖先。那命名大路的，是天子的车；龙旗九旒，是天子的旗帜；青黑镶边的，是天子占卜用的宝龟；还有后面成群的牛羊，都是在接受朝拜后天子用来回赠诸侯的礼物。

乐也者，情之不可变者也；礼也者，理之不可易者也。乐统同，礼别异，礼乐之说贯乎人情矣。穷本知变，乐之情也；著诚去伪，礼之经也。礼乐顺天地之诚，达神明之德，降兴上下之神，而凝是精粗之体，领父子君臣之节。

◎**大意** 音乐，表现天赋感情的不可变易；礼仪，反映伦理关系的不可更改。音乐调和、统一情感，礼制彰显差别，礼乐的道理是贯穿于人情世故中的。穷究本源、知晓变通，是音乐之情；提倡真实、去除虚伪，是礼仪的原则。礼乐顺应天地的真情意，通过神灵的恩施，感动天地的神灵降临，凝聚成万物大小的形体，统领父子君臣的大节。

是故大人举礼乐，则天地将为昭焉。天地欣合，阴阳相得，煦妪[①]覆育万物，然后草木茂，区（勾）萌[②]达，羽翮[③]奋，角觡[④]生，蛰虫昭苏，羽者妪伏[⑤]，毛者孕鬻（育），胎生者不殰[⑥]，而卵生者不殈[⑦]，则乐之道归焉耳。

◎**注释** ①〔煦妪（yǔ）〕生养抚育。②〔区（gōu）萌〕谓草木之萌芽勾曲生出。③〔羽翮（hé）〕羽翼，代指飞禽。④〔角觡（gé）〕兽角，代指走兽。⑤〔妪伏〕鸟类以体孵卵。⑥〔殰（dú）〕未出生而胎死。⑦〔殈（xù）〕未孵出而卵破。

◎**大意** 因此，圣人兴治礼乐，天地也变得明净起来。天地欣然交泰，阴阳相感，养育万物，使得草木茂盛，植物萌生，禽鸟振翅翱翔，畜兽奔逐活跃，冬蛰昆虫苏醒，鸟类孵卵，兽类繁衍，胎生的不流产，而卵生的不毁亡，那么音乐调和阴阳的主旨就全归结在这里了。

乐者，非谓黄钟大吕弦歌干扬也，乐之末节也，故童者舞之；布筵席，陈樽俎，列笾豆[①]，以升降为礼者，礼之末节也，故有司掌之。乐师辩（辨）乎声诗，故北面而弦；宗祝辩（辨）乎宗庙之礼，故后尸；商祝辩（辨）乎丧礼，故后主人。是故德成而上，艺成而下；行成而先，事成而后。是故先王有上有下，有先有后，然后可以有制于天下也。

◎**注释** ①〔笾（biān）豆〕祭祀宴享时用以盛果脯等的器皿。竹制者为笾，木制者为豆。

◎**大意** 音乐，不单是指黄钟大吕、弹琴唱歌、举盾舞蹈，这只能算作它的细枝末节，儿童也可表演；摆置宴席，陈列美食，放置礼器，遵循登堂退阶的种种礼式，也属于礼仪的细枝末节，所以专有部门主管。乐师仅能分辨歌与诗，所以只能在殿堂下位弹奏；宗祝只能分辨宗庙祭祀的形式，所以只能在神主尸后司仪；商祝只懂得丧葬之礼，所以只能在主人后司仪。可见，懂得礼乐的精神大义才是最上乘的，而明白礼乐的仪式、技艺则是次要的；品行有成就的走在先头，办事有成就的走在后头。因此，先王有了这种上下、先后的规定，然后才能制礼作乐统治天下。

乐者，圣人之所乐也，而可以善民心。其感人深，其风移俗易[①]，故先王著其教焉。

◎**注释**　①〔其感人深，其风移俗易〕风移俗易，疑当依《汉书·礼乐志》作“移风易俗易”。此句意思是音乐感人至深，容易移风易俗。说见王引之《经义述闻》。

◎**大意**　音乐是圣人所喜欢的，而可以使民心向善。它感人至深，容易移风易俗，所以古代帝王重视音乐的教化作用。

夫人有血气心知（智）之性，而无哀乐喜怒之常，应感起物而动，然后心术形焉。是故志微焦衰之音作，而民思忧；啴缓慢易繁文简节之音作，而民康乐；粗厉猛起奋末广贲（愤）之音作，而民刚毅；廉直经（劲）正庄诚之音作，而民肃敬；宽裕肉好顺成和动之音作，而民慈爱；流辟邪散狄成涤滥之音作，而民淫乱。

◎**大意**　人皆有血脉精气、思想智慧的本性，但喜怒哀乐变化无常，受外界万物的感染而激动，然后内心荡漾的情感便现诸形外。所以，意志细小而急促的音乐流行，人们即会感生忧愁；舒缓平和多变而节奏明显的音乐流行，人们就会感到康乐；粗狂猛强、豪放高亢的音乐流行，人们就会刚毅；清廉端正、刚直赤诚的音乐流行，人们就会肃敬；宽敞圆润而和谐动听的音乐流行，人们就会慈爱；邪恶散漫、污浊放纵的音乐流行，人们就会变得淫乱。

是故先王本之情性，稽之度数，制之礼义，合生气之和，道五常之行，使之阳而不散，阴而不密，刚气不怒，柔气不慑，四畅交于中而发作于外，皆安其位而不相夺也。然后立之学等，广其节奏，省其文采，以绳德厚也。类小大之称，比终始之序，以象事行，使亲疏贵贱长幼男女之理皆形见（现）于乐：故曰“乐观其深矣”。

◎**大意** 所以先王根据人们的天赋禀性，审理音乐的律度，从而依礼义来制定音乐，使其合乎阴阳的调和关系，引导五行的运转，使阳者不散漫，阳者不闭塞，刚者不怒，柔者无惧。阴、阳、刚、柔四种气质畅通交汇而表现于外表，便使人各安其位而不互相排斥争夺了。然后在国子学宫的内外设立乐教，扩大音乐的节奏，研究乐章的意境，用以评比仁义的厚薄多寡。按标准规定音律高低的名称，排列音律终始的先后序位，用以象征人事，使亲疏、贵贱、长幼、男女之间的伦理都能在音乐中得到体现：所以说“通过音乐可透视社会人生”。

土敝则草木不长，水烦则鱼鳖不大，气衰则生物不育，世乱则礼废而乐淫。是故其声哀而不庄，乐而不安，慢易以犯节，流湎以忘本。广则容奸，狭则思欲，感涤荡之气而灭平和之德，是以君子贱之也。

◎**大意** 土壤贫瘠则草木不长，流水烦扰则鱼鳖不大，血气衰弱则生物不壮，社会动乱就使礼仪荒废而音乐无节制。所以，这种乱世之音，听来哀愁而不严肃庄重，又欢乐而不安详，散漫而违背法度，使人流连沉迷而忘其根本。它声音放纵时暗露邪恶，狭急时挑动欲念，动摇通畅的正气，腐蚀平和的美德，因为这一点，君子鄙弃它。

凡奸声感人而逆气应之，逆气成象而淫乐兴焉。正声感人而顺气应之，顺气成象而和乐兴焉。倡和有应，回邪曲直各归其分，而万物

之理以类相动也。

◎**大意** 凡是邪恶的音声刺激人们，逆乱的邪气就会与它应和，这种逆乱之气成为习惯而无节制的乐曲就滋生了。相反，当纯真的音声感染人们，顺畅的正气就会与它应和，这种顺畅之气成为习惯而和平的乐曲就兴盛了。如同人们唱和时互相呼应，正邪曲直各归其分。各种事物的道理，都是这样同类相应的。

是故君子反情以和其志，比类以成其行。奸声乱色不留聪明，淫乐废礼不接于心术，惰慢邪辟之气不设于身体，使耳目鼻口心知百体皆由顺正，以行其义。然后发以声音，文以琴瑟，动以干戚，饰以羽旄，从以箫管，奋至德之光，动四气之和，以著万物之理。是故清明象天，广大象地，终始象四时，周旋象风雨；五色成文而不乱，八风从律而不奸，百度得数而有常；小大相成，终始相生，倡和清浊，代相为经。故乐行而伦清，耳目聪明，血气和平，移风易俗，天下皆宁。故曰“乐者，乐也”。君子乐得其道，小人乐得其欲。以道制欲，则乐而不乱；以欲忘道，则惑而不乐。是故君子反情以和其志，广乐以成其教，乐行而民乡（向）方，可以观德矣。

◎**大意** 因此，君子只要恢复善良的本性和他的心志，便可形成好的德行。不使耳目接触淫乱轻浮的声色和感受邪恶的音乐，不让身体沾染惰慢怪癖的恶习，使耳、目、鼻、口、心保持灵净而遵循正道，用来施行仁义的美德。然后通过声音表现，配以琴瑟演奏，用盾斧伴舞，以羽旄为装饰，加箫管以助音，便能发扬天地间真善美的道德光辉，协调春夏秋冬四时的气候，宣示万事万物发展的道理。这样，用清澈爽朗的乐曲来表现天的明朗，用开阔宏大的乐曲来显示地的无垠，用终而复始的曲式来表现四季的循环，用反复回旋的舞姿来表现风雨的形态。五音编排成曲如同五行而不乱，器乐合律如同八方之风那样互不干扰，乐舞的变化如同计时那样不差分毫，大小高低相辅相成，前后彼此相连不断，唱的、和的、清音、浊音交错循环，便形成规律。所以，好的音乐普及能使人伦关系分明，使人耳目聪明、性情平和，进而移风易俗，普天之下皆能安乐太平。所以说“音乐，使人快乐”。君子的快乐在于通过音乐保持道德情操，小人的快乐则在于通过音乐满足声色欲望。如果以道德来约束私欲，那就能享受快乐而不迷乱；如果为了满足私欲而不顾道德，那就会诱于外物而没有真正的快乐。因此，君子要恢复天性并调和自己的心志，便应推广雅乐来促成社会的教化，雅乐得到推广，民心自然归入正道，德化的成效便卓然可观了。

德者，性之端也；乐者，德之华也；金石丝竹，乐之器也。诗，言其志也；歌，咏其声也；舞，动其容也：三者本乎心，然后乐气从之。是故情深而文明，气盛而化神，和顺积中而英华发外，唯乐不可以为伪。

◎**大意**　道德，是人性的根本；音乐，是德行的精华；金石丝竹经过制作，成为演奏的乐器。诗抒发人的意志，歌唱出人的心声，舞表现人的姿容：三者都源于人的内心本性，然后音乐的气息才跟着形成。所以，感情至深也富有文采，气势磅礴变化也极巧妙，内心具有美德，音乐也就自然加以表现。音乐，是不能反映虚伪的东西的。

乐者，心之动也；声者，乐之象也；文采节奏，声之饰也。君子动其本，乐其象，然后治其饰。是故先鼓以警戒，三步以见方，再始以著往，复乱以饰（饬）归①，奋疾而不拔，极幽而不隐。独乐其志，不厌其道；备举其道，不私其欲。是以情见（现）而义立，乐终而德尊；君子以好善，小人以息过：故曰“生民之道，乐为大焉”。

◎**注释**　①〔“是故先鼓以警戒”四句〕此四句是以展现武王伐纣事的《武》乐为例，描述乐舞表演的过程。

◎**大意** 音乐，表现内心的活动；声音，是音乐表现的形式；章法辞藻韵律节奏，是声音的修饰。君子制乐，寻源于内心，通过声音表现形式，然后组织加工。（比如《武》乐）开始鸣鼓促使表演者严肃而生敌忾之心，顿足三次以示即将表演，接着再次顿足表明武王是第二次才正式挥师前进的，曲终时奏起热烈的尾声表明凯旋。整个演出舞蹈动作轻快而不乱套，曲调精妙而不隐晦。它反映武王以实现宏志为乐，又不背离仁义之道；说明有道伐无道的政治含义，丝毫没有私欲放纵的情怀。这种舞乐，表露了感情而确立了道义，表演结束而美德得到尊重；欣赏了这种舞乐，君子更乐于行善，小人也能改过：所以说“教化百姓，音乐居先”。

君子曰：礼乐不可以斯须去身。致乐以治心，则易直子谅之心油然生矣。易直子谅之心生则乐，乐则安，安则久，久则天，天则神。天则不言而信，神则不怒而威。致乐，以治心者也；致礼，以治躬者也。治躬则庄敬，庄敬则严威。心中斯须不和不乐，而鄙诈之心入之矣；外貌斯须不庄不敬，而慢易之心入之矣。故乐也者，动于内者也；礼也者，动于外者也。乐极和，礼极顺。内和而外顺，则民瞻其颜色而弗与争也，望其容貌而民不生易慢焉。德辉动乎内而民莫不承听，理发乎外而民莫不承顺，故曰“致礼乐之道，举而错（措）之天下，无难矣”。

◎**大意** 君子说：礼和乐一刻也不能离开人们的身心。研究舞乐以陶冶心性，那么平易、正直、慈爱、谦和之心便油然而生了。平易、正直、慈爱、谦和之心产生，心情就能快乐舒畅，心情快乐舒畅了就能安定，安定了就能延年益寿，延年益寿就能尽享天年，尽享天年就能出神入化。天不能说话而有威信，神不能发怒而有威严。研究音乐，是为陶冶心性；研究礼制，是为端正行为。行为端正，态度就能庄重恭敬，态度庄重恭敬了，就可以气势威严。内心稍有不平和不快乐，卑劣欺骗的念头就会趁机而入了；外貌稍有不庄重不恭敬，轻忽怠慢的念头就会趁机而入了。所以音乐这东西，是影响人内心世界的；礼仪这东西，是影响人外表行为的。音乐的最高目标就是求和悦，礼仪的最高目标在于恭顺。做到了内心和悦而外表恭顺，人们只要看到他的脸色就不会与他争，只要看到他的容貌就不会对他怠慢轻侮了。道德的光辉焕发于内心而人们都会听从，理义体现到外表而人们都会顺从，所以说“懂得了礼乐的道理、作用，要治理好天下，就不是难事了”。

乐也者，动于内者也；礼也者，动于外者也。故礼主其谦，乐主其盈。礼谦而进，以进为文；乐盈而反（返），以反（返）为文。礼谦而不进，则销；乐盈而不反（返），则放。故礼有报而乐有反（返）。礼得其报则乐，乐得其反（返）则安。礼之报，乐之反（返），其义一也。

◎**大意**　音乐，影响人的内心世界；礼仪，影响人的外表行为。所以，礼仪注重谦逊，音乐注重充实。礼仪的谦逊意在进取，以进取为美德；音乐的充实意含节制，以节制为美德。如果礼仪只有谦逊而不思进取，就会逐渐消失；音乐满足而不节制，就放纵淫乱。因此，礼仪要求自我督促，音乐要求自我节制。自我督促使人快乐，自我节制使人平安。礼的自我督促与乐的自我节制，道理是一致的。

夫乐者，乐也，人情之所不能免也。乐必发诸声音，形于动静，人道也。声音动静，性术之变，尽于此矣。故人不能无乐，乐不能无形。形而不为道，不能无乱。先王恶其乱，故制《雅》《颂》之声以道之，使其声足以乐而不流，使其文足以绝而不息，使其曲直繁省廉肉节奏，足以感动人之善心而已矣，不使放心邪气得接焉，是先王立乐之方也。是故乐在宗庙之中，君臣上下同听之，则莫不和敬；在族长乡里之中，长幼同听之，则莫不和顺；在闺门之内，父子兄弟同听之，则莫不和亲。故乐者，审一以定和，比物以饰节，节奏合以

成文，所以合和父子君臣，附亲万民也，是先王立乐之方也。故听其《雅》《颂》之声，志意得广焉；执其干戚，习其俯仰诎信（伸），容貌得庄焉；行其缀兆，要其节奏，行列得正焉，进退得齐焉。故乐者天地之齐，中和之纪，人情之所不能免也。

◎**大意** 音乐，就要使人快乐，是人的情性所不可避免的。快乐必然表现于声音，体现于动作，这是人的本性。性情借助声音、动作，再通过音乐技艺演奏，就完全表现出来了。所以，人不能没有快乐，快乐又不能没有音乐歌舞。而音乐歌舞若不雅正，就会产生混乱。先王憎恶这种混乱，便制定《雅》《颂》的音乐来引导，使那种乐声足够欢乐而不流荡，使那种文辞能够有条不紊而不散失，使那种曲调高低辗转而情意婉转，能够激发人的良善之心才停止，不让那些放纵邪恶的念头去毒害人的心灵。这便是先王创立音乐的宗旨。所以，音乐在宗庙里演奏，君臣上下一同倾听，没有不和谐肃敬的；在乡里宗族里演奏，长幼老少一同倾听，没有不和顺服从的；在家庭之内演奏，父子兄弟一同倾听，没有不和睦相爱的。因为这种音乐，经过审察而选定某一高低适中的音为定音，来规定曲调的和谐发展，伴着各种乐器的合奏而组合各种节奏的乐曲，所以用来协调君臣父子，亲近千万百姓，这也是先王制定音乐的宗旨。因而听到《雅》《颂》的雅乐，人们的内心就变得广阔；持着盾斧之类的舞具，学俯仰屈伸的舞姿，人们的仪容就会显得庄严；踏上舞蹈的步位，合着那快慢的节奏，人们的举止也变得整齐，使行为合乎规范了。可见，音乐的确是天地合和的产物，是阴阳调和的结晶，是人的情性所不能避免的。

夫乐者，先王之所以饰喜也；军旅铁钺①者，先王之所以饰怒也。故先王之喜怒皆得其齐矣。喜则天下和之，怒则暴乱者畏之。先王之道，礼乐可谓盛矣。

◎**注释** ①〔铁钺（fū yuè）〕指刑具。铁，铡刀。钺，大斧。

◎**大意** 音乐，是先王用来表达欢欣的；军旅、刑具，是先王用来表达愤怒的。

因此，先王喜怒哀乐的感情都能恰如其分。欢喜时天下就安定，愤怒时暴乱的人就感到畏惧。这是先王的治国法则，礼乐的作用可说是盛大了。

魏文侯问于子夏曰：“吾端冕而听古乐则唯恐卧，听郑、卫之音则不知倦。敢问古乐之如彼，何也？新乐之如此，何也？”

◎**大意** 魏文侯向子夏询问说：“我衣冠端正庄严地听古乐而唯恐打瞌睡，听郑国、卫国的音乐却不知道疲倦。大胆地问一下，古乐让我这样困倦，是什么原因呀？而新乐这样吸引我，又是什么原因呀？”

子夏答曰：“今夫古乐，进旅而退旅，和正以广，弦匏笙簧合守拊鼓[①]，始奏以文，止乱以武，治乱以相[②]，讯（迅）疾以雅。君子于是语，于是道古，修身及家，平均天下：此古乐之发也。今夫新乐，进俯退俯，奸声以淫，溺而不止，及优侏儒，獶（猱）杂子女[③]，不知父子。乐终不可以语，不可以道古：此新乐之发也。今君之所问者乐也，所好者音也。夫乐之与音，相近而不同。”

◎**注释** ①〔弦匏（páo）笙簧合守拊（fǔ）鼓〕弦匏笙簧，皆管弦乐器名。合守，一起等待。拊，打击乐器名，即拊搏。②〔相〕即拊。③〔獶（náo）杂子女〕像猕猴一样男女杂处。獶，同“猱”，猕猴。

◎**大意** 子夏回答说：“说到古乐，表演时同进如军队般整齐，同退也如军队般整齐，乐曲平和中正而景象宽广，管弦乐器等到擂鼓击拊时，才跟着一起演奏，开始时击鼓，结束时击铙，并以击拊来调和节奏，用雅来控制节奏的快慢。君子在表演完毕时发表议论，在此时称颂古代的事业，达到修养身心、治理家庭和平定天下的目的：这就是古乐演奏的出发点。至于新乐，表演时进退弯腰屈身，动作不可规范，曲调邪恶放荡，使人沉迷而不能自拔，加之歌舞表演者男女混杂，尊卑不分。表演结束也不知道是什么意思，更不会使人追思古代的事业：这就是新乐演奏的出发点。现在您问的是音乐，所爱好的却是靡靡之音。乐与音，看似相近，实质却不同。”

文侯曰：“敢问如何？”

◎**大意** 魏文侯又问：“请问二者有何不同？”

子夏答曰：“夫古者天地顺而四时当，民有德而五谷昌，疾疢[①]不作，而无袄（妖）祥[②]，此之谓大当。然后圣人作为父子君臣以为之纪纲，纪纲既正，天下大定，天下大定，然后正六律，和五声，弦歌《诗》《颂》，此之谓德音，德音之谓乐。《诗》曰：‘莫其德音，其德克明，克明克类，克长克君。王此大邦，克顺克俾（比）[③]。俾（比）于文王，其德靡悔。既受帝祉，施[④]于孙子。’此之谓也。今君之所好者，其溺音与？”

◎**注释** ①〔疾疢（chèn）〕疾病。②〔袄（yāo）祥〕灾祸。③〔俾（bǐ）〕通“比”。从。④〔施（yì）〕延续。

◎**大意** 子夏回答说：“要知道古代是天地和顺而四季得宜，民众有德而庄稼丰收，没有疾病，也没有灾祸，这叫作太平盛世。然后圣人确定君臣父子间的人伦准则，准则既已平正，天下就安定了，天下安定了，然后圣人订正六律，协调五声，谱成乐曲来歌唱《风》《雅》《颂》，这就叫作真善美的乐音，只有这种乐音才是名副其实的音乐。《诗》中说：‘那圣明的德音，光明而有法度。善恶分清，为人师长，做人国君。治理天下，上下和顺。文王嗣统，德性完美。上天赐福，荫及子孙。’这些颂赞便是说的德音。而今天您所爱好的，恐怕是让人沉迷的声音吧？”

文侯曰：“敢问溺音者何从出也？”

◎**大意** 魏文侯问："请问沉迷惑乱的声音如何产生的呢？"

子夏答曰："郑音好滥淫志，宋音燕女溺志，卫音趣数（速）烦志，齐音骜（傲）辟（僻）骄志，四者皆淫于色而害于德，是以祭祀不用也。《诗》曰：'肃雍和鸣，先祖是听。'夫肃肃，敬也；雍雍，和也。夫敬以和，何事不行？为人君者，谨其所好恶而已矣。君好之则臣为之，上行之则民从之。《诗》曰'诱民孔易'，此之谓也。然后圣人作为鞉（鼗）鼓椌楬埙篪[①]，此六者，德音之音也。然后钟磬竽瑟以和之，干戚旄狄（翟）[②]以舞之。此所以祭先王之庙也，所以献酬酳酢[③]也，所以官序贵贱各得其宜也，此所以示后世有尊卑长幼序也。钟声铿，铿以立号，号以立横，横以立武。君子听钟声则思武臣。石声硁[④]，硁以立别，别以致死。君子听磬声则思死封疆之臣。丝声哀，哀以立廉，廉以立志。君子听琴瑟之声则思志义之臣。竹声滥，滥以立会，会以聚众。君子听竽笙箫管之声则思畜聚之臣。鼓鼙[⑤]之声欢，欢以立动，动以进众。君子听鼓鼙之声则思将帅之臣。君子之听音，非听其铿锵[⑥]而已也，彼亦有所合之也。"

◎**注释** ①〔鞉（táo）鼓椌（qiāng）楬（qià）埙（xūn）篪（chí）〕皆古代乐器名。②〔狄〕通"翟"。野鸡尾部羽毛。③〔献酬酳（yìn）酢〕指宴饮时的各种礼仪。献，主人酌酒以敬宾客。酬，主人自饮酬宾。酳，食毕以酒荡口。酢，宾客酌酒回敬主人。④〔硁（kēng）〕象声词。这里指击打磬等石制乐器声音刚介坚定。⑤〔鼓鼙（pí）〕大鼓和小鼓。⑥〔铿锵〕形容金石和鸣的乐声。

◎**大意** 子夏回答说："郑国的音乐嗜欲泛滥而乱人心志，宋国的音乐轻柔而使人意志消沉，卫国的音乐急促使人烦乱不安，齐国的音乐傲慢怪异使人志气骄满，这四种音乐都贪于色而有害于道德情操，所以举行祭祀礼仪时不用。《诗》中说：'肃穆而雍和的音乐，才是先祖喜爱的乐音。'肃穆，就是恭敬；雍和，就是亲睦。如能做到恭敬亲睦，什么事行不通？为人君的人，能对自己的好恶保持清醒审慎的态度就好了。因为人君喜爱什么而臣下就会做什么，上层社会做什么而民众也跟着做什么。《诗》中说‘诱导民众很容易’，就是这个意思。后来圣人制作了鞉、鼓、椌、楬、埙、篪等乐器，都是正统雅乐之音。再后来以钟、磬、竽、瑟等来伴奏，用盾牌、斧头、牦牛尾、野鸡翎毛来演出舞蹈。这样，就可以在祭祀先王的宗庙演奏，用来款待宾客，从而使官位大小、身份高低界限分明，更可昭示后人尊卑长幼有序了。洪亮的钟声用来发号施令，显其气势宏伟，气势宏伟争战就会获胜。君子一闻钟声就会联想到能征善战之士。磬声坚定，坚定的声音使人明辨是非曲直，辨别是非可以使人舍生忘死。君子一闻磬声就会想到为国守疆的忠臣。琴瑟之声悲壮，悲壮使人能清廉刚正而树立志向。君子一听到琴瑟之声就会联想到那些慷慨悲歌之士。竹管之声宽广，宽广能使人会聚，将涣散的人团结起来。君子一听到竹管的声音便会联想到那些勤政爱民的臣子。鼓、鼙的声音喧腾，喧腾能鼓舞士气，指挥兵士前进。君子一听到擂鼓之声就会想到那些良将。由此可见，君子听音乐，并不是听它铿锵悦耳之美，而是要从乐声中听到与自己内心契合的东西。

宾牟贾侍坐于孔子，孔子与之言，及乐，曰：“夫《武》之备戒之已久，何也？”

◎**大意**　宾牟贾侍奉孔子闲坐，孔子和他说话，涉及音乐时，孔子问他：“《武》乐表演前要花时间击鼓准备，是为什么呀？”

答曰：“病不得其众也。”

◎**大意**　宾牟贾回答说：“武王担心参与讨伐殷纣王的诸侯不能全力协同作战。”

“永叹之，淫液[1]之，何也？”

◎**注释** ①〔淫液〕形容乐声绵长。
◎**大意** “那长声歌唱，乐声绵长，是为了什么？”

答曰：“恐不逮事也。”

◎**大意** 回答说：“担心诸侯贻误战机。”

“发扬蹈厉之已蚤（早），何也？”

◎**大意** “表演开始，武王军队举手顿足又很快起来，是为什么？”

答曰：“及时事也。”

◎**大意** 回答说：“把握战机，速战制胜。”

“《武》坐致右宪（轩）左[①]，何也？”

◎**注释** ①〔《武》坐致右宪左〕坐，跪。致右，指右膝跪地。宪左，抬起左膝。宪，通“轩”，提起。
◎**大意** “表演《武》乐的演员忽然跪下，右膝着地而抬起左膝，是为什么？”

答曰：“非《武》坐也。”

◎**大意** 回答说：“这种动作，不是《武》乐里所应有的。”

“声淫及商，何也？”

◎**大意**　“声音悠扬而又多商音，这是为什么？”

答曰：“非《武》音也。”

◎**大意**　回答说：“这不是《武》乐中应有的声音。”

子曰：“若非《武》音，则何音也？”

◎**大意**　孔子说：“既然不是《武》乐的声音，那又是什么声音呢？”

答曰：“有司失其传也。如非有司失其传，则武王之志荒矣。”

◎**大意**　回答说：“这是因为主管音乐的人没有传授。假如不是主管音乐的人没有传授，那就是周武王年老糊涂了。”

子曰：“唯丘之闻诸苌弘，亦若吾子之言是也。”

◎**大意**　孔子说：“从前，我听苌弘也是这样讲的，也和你的理解差不多。”

宾牟贾起，免席而请曰：“夫《武》之备戒之已久，则既闻命矣。敢问迟之迟而又久，何也？”

◎**大意**　宾牟贾站了起来，离开座席而恭敬地请教说：“《武》乐表演开始时为什么要长时间击鼓准备，这些问题，我已经领教过了。请问演员亮相时间久而又久，是为什么呢？”

子曰：“居，吾语汝。夫乐者，象成者也。总干而山立，武王之事也；发扬蹈厉，太公之志也；《武》乱皆坐，周、召之治也。且夫《武》，始而北出，再成而灭商，三成而南，四成而南国是疆，五成而分陕，周公左，召公右，六成复缀，以崇天子，夹振之而四伐，盛威于中国也。分夹而进，事蚤（早）济也。久立于缀，以待诸侯之至也。且夫女（汝）独未闻牧野之语乎？武王克殷反（返）商，未及下车，而封黄帝之后于蓟，封帝尧之后于祝，封帝舜之后于陈；下车而封夏后氏之后于杞，封殷之后于宋，封王子比干之墓，释箕子之囚，使之行商容而复其位。庶民弛政，庶士倍禄。济河而西，马散华山之阳而弗复乘；牛散桃林之野而不复服；车甲弢[①]而藏之府库而弗复用；倒载干戈，苞（包）之以虎皮；将率之士，使为诸侯，名之曰‘建（键）櫜[②]’：然后天下知武王之不复用兵也。散军而郊射，左射《狸首》，右射《驺虞》，而贯革之射息也；裨冕搢笏[③]，而虎贲之士税（脱）剑也；祀乎明堂，而民知孝；朝觐，然后诸侯知所以臣；耕藉，然后诸侯知所以敬：五者，天下之大教也。食三老五更于太学，天子袒而割牲，执酱而馈，执爵而酳，冕而总干，所以教诸侯之悌也。若此，则周道四达，礼乐交通，则夫《武》之迟久，不亦宜乎？”

◎**注释**　①〔弢（tāo）〕袋子、套子。这里指用袋子套起来。②〔建櫜（gāo）〕将兵甲收藏于武库。建，通“键”，锁闭。櫜，藏，收藏。③〔裨（pí）冕搢笏（jìn hù）〕裨冕，又称玄冕，古代诸侯卿大夫朝觐或祭祀时所穿冕服的通称。搢笏，把笏板插在礼服的腰带中。

◎**大意**　孔子说：“你坐下，我慢慢告诉你。音乐这种事物，反映功业成就。演员手持盾牌步稳如山，表示武王从事的正义大业；举手顿足而雄武威壮，显示太公望必操胜算的意志；《武》乐趋于尾声而演员坐下，是象征周公、召公共同辅政，偃武修文的治绩。至于《武》乐的情节，第一段表现出武王出师的阵容，第二段表现武王伐商的牧野之战，第三段表现武王胜利南还，第四段表现武王开拓南疆，第五段表现周公、召公一左一右分陕辅政，第六段演员回到原来的舞位表示诸侯凯旋，共同尊周，舞队两边夹着演员挥动铎铃，按照铎铃声而剑击四面，表示武王讨伐四方，威服中原。继而舞队两列行进，表示伐纣大业早已收功。而演员站在舞位上久立不动，则是表示武王等待各路诸侯的会晤。况且，你难道没有听说牧野之战的传说吗？武王败殷灭纣，还没有下车，就封黄帝后裔于蓟，封帝尧后裔于祝，封帝舜后裔于陈；下车之后，又封夏禹后裔于杞，封殷之后裔于宋；同时修建了王子比干的坟墓，将箕子从囚牢里释放出来，派他察访商容并复其官爵；还替百姓废除了殷代的暴政，给官吏成倍增加了俸禄。然后南渡黄河班师西归，将战马散放于华山之南，不用它来拖曳兵车；将服兵役的牛放在桃林的原野，不让它再运送辎重；将战车、铠甲封存包装，不再使用；将兵器用虎皮包装倒放；将统兵的军将封为诸侯，称之为'建櫜'：这样一来，普天之下都知道武王不再用兵了。大量解散军队，举行郊祀典礼，于东郊学宫习射时奏《狸首》，于西郊学宫奏《驺虞》，表示射击穿甲、杀伐流血的战争从此平息；大家可以身穿礼服，头戴礼帽，腰插笏板。勇猛的武将从此解下佩剑；去明堂祭祀祖先，让百姓懂得孝敬的道理；春秋两季，定期朝觐天子，让诸侯知道怎样做臣子；在藉田中举行耕作仪式，让诸侯了解如何敬奉先人：上列五件事，便是武王做天子后主要的政教措施。在太学里尊养年老的官员，天子亲自脱去外衣而分割作为供品的牺牲，端着酱进献食物，手持酒杯而请他们漱口，还戴上礼帽，拿着盾牌跳舞，这都是为了让天下诸侯懂得尊敬长者的道理。由此看出，周王的治道要传播天下，礼乐定要到处发挥作用，那么，《武》乐演出的时间久而又久，不是非常合适吗？"

子贡见师乙而问焉，曰："赐闻声歌各有宜也，如赐者宜何歌也？"

◎**大意** 子贡见到师乙并向他请教，问道：“我听说学唱歌曲，要适合各人的性情爱好，像我这样的人应该学唱什么样的歌曲呢？”

师乙曰：“乙，贱工也，何足以问所宜。请诵其所闻，而吾子自执焉。宽而静，柔而正者，宜歌《颂》；广大而静，疏达而信者，宜歌《大雅》；恭俭而好礼者，宜歌《小雅》；正直清廉而谦者，宜歌《风》；肆直而慈爱者，宜歌《商》；温良而能断者，宜歌《齐》。夫歌者，直己而陈德；动己而天地应焉，四时和焉，星辰理焉，万物育焉。故《商》者，五帝之遗声也，商人志之，故谓之《商》；《齐》者，三代之遗声也，齐人志之，故谓之《齐》。明乎《商》之诗者，临事而屡断；明乎《齐》之诗者，见利而让也。临事而屡断，勇也；见利而让，义也。有勇有义，非歌孰能保此？故歌者，上如抗，下如队（坠）**，曲如折，止如槁木，居中矩，句中钩，累累乎殷如贯珠。故歌之为言也，长言之也。说**（悦）**之，故言之；言之不足，故长言之；长言之不足，故嗟叹之；嗟叹之不足，故不知手之舞之、足之蹈之。”《子贡问乐》。**

◎**大意** 师乙说：“我是个卑贱的乐工，哪里值得您来请教该学唱什么歌。不过，我可以谈谈有关见闻，请您选择参考。凡性格宽厚沉静且温良有信的人，适宜唱《颂》歌；开朗沉静且通达诚信的人，适宜唱《大雅》；恭俭而多礼的人，适宜唱《小雅》；正直清廉且谦和的人，适宜唱《风》；坦率而慈爱的人，适宜唱《商颂》；温良而果断的人，适宜唱《齐风》。唱歌这件事，就是直率地表露自己的感情，表现自己的德行；自己感动而通达于天地，能感觉到四季调和，星辰在按规律旋转，万物也在正常发育。所以，《商颂》这种歌，是五帝时流传而经商代人记录下来的，所以叫《商颂》；《齐风》这种歌，是三代时流传而经齐国人记录下来的，所以叫《齐风》。理解《商颂》的诗人，遇事常很果断；理解《齐风》的诗人，见利总是能谦让。遇事果断，就是勇；遇事让利，就是义。但这种有勇有义，不通过歌曲还有什么方法可以使人保有它？因而唱歌的变化，歌声上扬时高亢激昂，歌声下降时低沉压抑，歌声转折时干净利落，歌声终止时如同槁木，如同尺子的直角转弯，如同钩子的圆弧转弯，接连在一起就像成串的珠子。假若将歌曲作为一种语言表达的话，不过是长声的语言。心中喜悦，因而用语言表达；表达不充分，因而拖长了声音表达；拖长了声音表达还不够，因而用感叹语气帮助表达；感叹语气还不够，因而在不知不觉中手舞足蹈起来了。”这出于《子贡问乐》。

凡音由于人心，天之与人有以相通，如景（影）之象形，响之应声。故为善者天报之以福，为恶者天与之以殃，其自然者也。

◎**大意** 大凡音乐皆由人内心中萌发，天与人互相感应沟通，如同影子反映出物体的外形，回声呼应着发出的声响一样。所以，做了好事的人，上天赐予他幸福，做了坏事的人，上天用灾祸惩罚他，这是自然而然的事情。

故舜弹五弦之琴，歌《南风》之诗而天下治；纣为朝歌北鄙之音，身死国亡。舜之道何弘也？纣之道何隘也？夫《南风》之诗者生长之音也，舜乐好之，乐与天地同意，得万国之欢心，故天下治也。夫朝歌者不时也，北者败也，鄙者陋也，纣乐好之，与万国殊心，诸侯不附，百姓不亲，天下畔（叛）之，故身死国亡。

◎**大意** 因此，过去虞舜弹奏五弦琴，唱《南风》之歌而天下大治；殷纣王听朝歌北鄙之音，身死国灭。虞舜的治国之道为什么这样宏大？殷纣王的治国之道为什么这样狭窄？那便是《南风》为萌生上升的音乐，虞舜爱好它，这种音乐与天地的意志相符，能为各诸侯国所欢欣接受，所以天下能够治理。而一大早就唱歌是不合时宜的，北是败北的意思，鄙是粗俗的意思，殷纣王却爱好这种音乐，和各诸侯国不同心，诸侯不服从，百姓不亲近，天下人都反叛他，所以身死国灭了。

而卫灵公之时，将之晋，至于濮水之上舍。夜半时闻鼓琴声，问左右，皆对曰“不闻”。乃召师涓曰：“吾闻鼓琴音，问左右，皆不闻。其状似鬼神，为我听而写之。”师涓曰：“诺。”因端坐援琴，听而写之。明日，曰：“臣得之矣，然未习也，请宿习之。”灵公曰：“可。”因复宿。明日，报曰：“习矣。”即去之晋，见晋平公。平公置酒于施惠之台。酒酣，灵公曰：“今者来，闻新声，请奏之。”平公曰：“可。”即令师涓坐师旷旁，援琴鼓之。未终，师旷抚而止之曰：“此亡国之声也，不可遂。”平公曰：“何道出？”师旷曰：“师延所作也。与纣为靡靡之乐，武王伐纣，师延东走，自投濮水之中，故闻此声必于濮水之上，先闻此声者国削。”平公曰：“寡人所好者音也，愿遂闻之。”师涓鼓而终之。

◎**大意**　卫灵公在位的时候，要到晋国去，到濮水上游住下来。半夜听到琴声，问左右的人，都回答说“没有听见”。于是他召来乐官师涓说：“我听到琴声，问左右的人，都没听见。好像是鬼神在弹琴，你替我仔细听听，听后记录下来。”师涓说：“好。”他便端坐调好琴弦准备着，一边听一边记录。第二天，师涓说：“我已经记录下乐曲，但还没练熟，请再给我一晚上让我练熟。”卫灵公说：“可以。”于是师涓又住了一晚。第二天，他报告卫灵公说：“已经演奏熟练了。”不久卫灵公离开卫国而到达晋国，拜见晋平公。晋平公在施惠台摆酒设宴招待他。酒兴正浓时，卫灵公说：“这次来贵国途中，听到一种新乐，请给您演奏一下。”晋平公说：“可以。”卫灵公便让师涓坐到晋国乐官师旷的旁边，操琴演奏起来。还没弹完，师旷手按琴弦制止说：“这是亡国之音，不能再奏下去。”晋平公问：“这是怎么回事？”师旷说：“乐曲是师延作的。师延曾为殷纣王演奏过这种靡靡之音，后来武王讨伐殷纣王，师延向东逃走，投进濮水中自杀，所以能听到这首乐曲的地方一定在濮水边上。而最先听到这乐曲的人，他的国家一定有亡国之祸。”晋平公说：“我爱好的只是乐音，希望将它听完。”师涓便将这首乐曲奏完。

平公曰：“音无此最悲乎？”师旷曰：“有。”平公曰：“可得闻乎？”师旷曰：“君德义薄，不可以听之。”平公曰：“寡人所好者音也，愿闻之。”师旷不得已，援琴而鼓之。一奏之，有玄鹤二八集乎廊门；再奏之，延颈而鸣，舒翼而舞。

◎**大意** 晋平公说：“乐声中这是最感染人的吗？”师旷说：“还有。”晋平公说：“可以让我听听吗？”师旷说：“您的德行浅薄，不能听这种音乐。”晋平公说：“我爱好的只是乐音，希望能听到。”师旷不得已，操琴弹奏起来。弹奏第一段，就有十六只仙鹤聚集于廊门；弹奏第二段，仙鹤竟然伸长脖子鸣叫，展翅飞舞。

平公大喜，起而为师旷寿。反（返）坐，问曰：“音无此最悲乎？”师旷曰：“有。昔者黄帝以大合鬼神，今君德义薄，不足以听之，听之将败。”平公曰：“寡人老矣，所好者音也，愿遂闻之。”师旷不得已，援琴而鼓之。一奏之，有白云从西北起；再奏之，大风至而雨随之，飞廊瓦，左右皆奔走。平公恐惧，伏于廊屋之间。晋国大旱，赤地三年。

◎**大意** 晋平公欢喜极了，站起来为师旷敬酒祝福。返回座位后，平公问：“乐曲中没有比这更感人的吗？”师旷说：“还有。过去黄帝曾用来大会鬼神，而今您的德行浅薄，不可听这种乐曲，听了会招致祸患。”晋平公说：“我的年纪大了，所爱好的就是乐音，希望您弹奏一下。”师旷不得已，操琴弹奏起来。弹奏第一段，有白云从西北方向飘起；弹奏第二段，大风平地刮起，接着下起大雨，廊房上瓦片乱飞，左右的人一个个吓得奔走逃命。晋平公也害怕了，蜷缩着躲在廊屋里面。此后晋国发生大旱灾，三年都寸草不生。

听者或吉或凶。夫乐不可妄兴也。

◎**大意**　听同一首音乐，有的吉祥有的凶险。可见音乐是不可随便演奏的。

太史公曰：夫上古明王举乐者，非以娱心自乐，快意恣欲，将欲为治也。正教者皆始于音，音正而行正。故音乐者，所以动荡血脉，通流精神而和正心也。故宫动脾而和正圣[①]，商动肺而和正义，角动肝而和正仁，徵动心而和正礼，羽动肾而和正智。故乐所以内辅正心而外异贵贱也；上以事宗庙，下以变化黎庶也。琴长八尺一寸，正度也。弦大者为宫，而居中央，君也。商张右傍（旁），其余大小相次，不失其次序，则君臣之位正矣。故闻宫音，使人温舒而广大；闻商音，使人方正而好义；闻角音，使人恻隐而爱人；闻徵音，使人乐善而好施；闻羽音，使人整齐而好礼[②]。夫礼由外入，乐自内出。故君子不可须臾离礼，须臾离礼则暴慢之行穷外；不可须臾离乐，须臾离乐则奸邪之行穷内。故乐音者，君子之所养义也。夫古者天子诸侯听钟磬未尝离于庭，卿大夫听琴瑟之音未尝离于前，所以养行义而防淫佚（逸）也。夫淫佚（逸）生于无礼，故圣王使人耳闻《雅》《颂》之音，目视威仪之礼，足行恭敬之容，口言仁义之道。故君子终日言而邪辟无由入也。

◎**注释**　①〔圣〕疑当作“信”。《汉书·律历志上》：“宫为土为思为信。”②〔“闻徵音”四句〕疑“徵”“羽”二字当互乙。上文曰：“徵动心而和正礼，羽动肾而和正智。”《汉书·律历志上》：“徵，祉也。羽，宇也。徵为火为礼为祝，羽为水为智为听。”

◎**大意** 太史公说：远古的圣明之君制作推行音乐，并非为了个人的愉快欢喜、快意纵欲，而是为了治理好天下。端正教化都是从端正音乐开始的，音乐端正了，人们的行为就端正了。所以音乐就是用来动荡人的血脉，沟通交流人的精神而调谐修养人的内心的。所以，宫声激动脾脏，使人心产生圣洁；商声激动肺脏，使人心产生正义；角声激动肝脏，使人心产生仁爱；徵声激动心脏，使人心产生礼让；羽声激动肾脏，使人心产生明智。因此，音乐的功能就是在内端正心术，在外分清贵贱；对上祀奉祖先，对下教化百姓。琴长八尺一寸，这是标准的量度。能发宫声的大弦装于中间，象征着君主之位。能发商声的弦装于琴右旁，其他弦按大小排列，使次序不乱，那么君臣的地位就安置适宜。所以，宫声一起，人们就感到和畅宽广；商声一起，人们就感到刚正好义；角声一起，人们就感到恻隐仁爱；徵声一起，人们就感到乐善好施；羽声一起，人们就感到端庄好礼。礼仪是由外及内的，音乐是由内心生出的。因而君子片刻也不可离开礼仪，如果片刻离开礼仪，凶恶傲慢的行为就会在外面充分表现出来；片刻不可离开音乐，如果片刻离开音乐，奸诈邪恶的欲念就会占据内心。可见，音乐是君子用来修养德行的。在古代，天子、诸侯欣赏钟磬之乐，不曾离开演奏的殿庭，公卿、大夫倾听琴瑟之乐，不曾离开奏乐的地方，这都是为了修养德行，防止淫逸。因为淫逸的行为就是由于无视礼仪而发生的，所以，圣明的君王让人们耳里听到的是正当的《雅》《颂》音乐，眼里见到的是威严的礼仪，举止行动都是恭敬的，口里言说的都是仁义的道理。这样，君子即使整天和人相处交谈，邪恶的事物也无从侵入。

◎**知识拓展**

对于《乐书》与司马迁的关系，后人主要有以下几种观点：

第一种观点是《乐书》全篇已佚失，今本《乐书》是后人的补作。如宋人唐仲友在其《两汉精义》中称：“《汉书·司马迁传》言‘《史记》十篇，有录无书’，而《注》言《乐书》亦亡，则此非迁之作明矣。使迁在当时而乖舛如此，不亦缪乎。”清人梁玉绳《史记志疑》的分析更为详细：“《乐书》全缺，此乃后人所补，托之太史公也。以序言之，其曰仲尼作五章以刺时，不知所指，《索隐》谓即《彼妇之歌》，殊未确。便如其说，此歌止可五章之一，不得遂该五章也。其曰李斯谏二世放弃《诗》《书》，夫斯议焚书，安能有是谏？纵有是谏，亦决非李斯也。其曰高祖过沛诗《三侯之章》，《大风歌》有三兮而无三侯。明方以智《通雅》四谓‘兮与侯古通用，但侯乃发语辞，与兮字不同也’。其曰今上作十九章，令李延年次序其声。而《汉志》武帝时作《安世房中歌》十七章，《郊祀歌》十九章，以此为《房中乐》欤？不可言十九，以为郊祀乐欤？则十九章并太始三年《赤蛟歌》数之，又非史公所及睹。盖史公作《史》时尚未定十九章之名，《索隐》未经细究，遽云《房中乐》有十九章，妄矣。且同为《郊祀歌》，何以止载四时？《太一》《天马》六章，而《太一歌》不但字有增换，并删去‘志俶傥’四句。《天马歌》全与《汉志》别，俱不可晓。《汉志·天马歌》凡六章，此独载《蒲梢之歌》，其事他无所见。而《蒲梢》亦云《天马》，首尾四语又与《天马歌》首章相似，疑此是咏乌孙马，《汉书》不载，补《史》者别记所闻，谬以为宛马歌耳。《大宛传》言天子得乌孙马好，名曰‘天马’，及得大宛汗血马，更名乌孙马曰‘西极’，名大宛马曰‘天马’。或者《蒲梢》乃乌孙马之歌，而歌中有‘天马来从西极’之句，故名为西极耶？其曰中尉汲黯讥马歌，丞相公孙弘谓黯诽谤圣制，当族。考马生渥洼水，作歌在元鼎四年之秋，《武纪》可证。《礼乐志》误以为元狩三年，其所以误者，因元狩二年曾得马余吾水中，遂移属于渥洼耳。获宛马作歌，在太初四年之春，而公孙弘卒于元狩二年三月，不但渥洼、大宛事不及见，即不作歌诗之余吾马亦不及见，安得有诽谤圣制之谮哉！黯未尝为中尉之官，得渥洼马时，黯在淮阳为太守，无缘面讥武帝。得大宛马时黯卒已十二年，又安得诽谤圣制哉！《困学纪闻》《通鉴答问》谓‘《乐书》后人所续，厚诬古人，非史迁之笔，岂有迁在当时而乖舛如此’。《通鉴考异》不得其说，疑‘马生渥洼作歌在元狩三年，汲黯为右内史而讥之’，言当族者非公孙弘。殊不然也。至《乐书》中段既直写《乐记》，而增易升降，绝无意义。濮水闻琴节，又搀用韩子《十过篇》。末段尤为冗滥，徐氏《测议》谓是截旧文为之。前后两书‘太史公曰’，又称武帝为‘今上’，伪乱其词，欲以假冒真而不知其不能混耳。”

第二种观点是《乐书》确为司马迁原作，之所以其后大量征引《乐记》中的内容，是因为司马迁草创作此，尚未完全成型。如清人郭嵩焘曰：“太史公《礼》《乐》二书，皆采缀旧文为之，仅有前序，其文亦疏缓。礼乐者，圣人所以纪纲万事，宰制群动，太史公列为八《书》之首，而于汉家制度无一语及之，此必史公有欲然不足于其心者，故虚立其篇名而隐其文，盖犹《叔孙通传》鲁两生之言：‘礼乐所由起，积德百年而后可兴也，吾不忍为公所为。’但与明其义而已。三代礼乐无复可征，秦、汉以下不足言矣，此史公之意也，概以为褚少孙所补，非也。”（《史记札记》）

第三种观点是《乐书》一篇原书已亡，唯有书序部分为司马迁手笔。如今人张大可称：“《礼书》《乐书》篇前之序有‘太史公曰’，当是补亡者搜求的史公遗文，所以说这两篇是书亡序存。《礼书》取《礼记》，《乐书》取《乐记》，同《武纪》取《封禅》，《律书》取《历书》一样，补缺者并不妄作，可见篇前之序是史公原文。”（《史记文献研究》）

律书第三

司马迁《太史公自序》中这样论说："非兵不强，非德不昌，黄帝、汤、武以兴，桀、纣、二世以崩，可不慎与？《司马法》所从来尚矣，太公、孙、吴、王子能绍而明之，切世情，极人变，作《律书》第三。"这里所论的都是兵事，加之《律书》的前半部分确实是论说军事，所以，后人有认为这篇《律书》就是《兵书》的。因《兵书》的其他内容佚失，而后人不解"律书"实乃"兵书"，故在后半部分补上律度的理论与计算方法，形成了今天所看到的《律书》。

除此之外，还可以在《太史公自序》的其他论述中看出有关这个问题的端倪。《自序》之末总结"八书"说："礼乐损益，律历改易，兵权，山川，鬼神，天人之际，承敝通变，作八书。"而据"八书"的篇名，可与上述诸句一一联系起来，《礼书》《乐书》写的是"礼乐损益"，《律书》《历书》写的是"律历改易"，《河渠书》写山川，《封禅书》写鬼神，《天官书》写"天人之际"，《平准书》写"承敝通变"，那么，其中的“兵权”也应该有一个相应的篇章。司马贞在《史记索隐》中引述张晏的说法：“（司马）迁没之后，亡《景纪》《武纪》《礼书》《乐书》《兵书》《将相表》《三王世家》《日者》《龟策传》《傅靳》等列传也。”用来解释《汉书》所说的“十篇有录无书”。因此，后世有人以为言“兵权”的是已经佚失的《兵书》，而言“律历改易”的则是所谓的《律历书》。

《史记》的原貌究竟为何，如今也不能完全确知。但在阅读《律书》的时候，需要了解司马迁虽以“六律”为开篇，但讨论的是有关军事的内容，包含司马迁的军事思想。而后面一部分，具体地介绍了《尚书》所说的“七正”“二十八舍”，阐明了律度的理论与计算方法。最后的论赞是针对“律”而不是“兵”，强调律历客观地存在于天地之间，凡制定标准、衡量事物，都要符合天地万物的本来法度。

王者制事立法，物度轨则，壹禀于六律①，六律为万事根本焉。

◎**注释** ①〔六律〕古代乐音标准名。相传黄帝时以竹管之长短确定乐器的音调标准，即十二律，其中阳律为六律，阴律为六吕。

◎**大意** 帝王制定原则建立法度，度量事物的法则，一切都根据六律，六律可以说是万物的根本。

其于兵械尤所重，故云“望敌知吉凶，闻声效胜负”，百王不易之道也。

◎**大意**　六律对于战争尤为重要，所以说“遥望敌军天空的云气便可知道战争的吉凶，听闻敌人的声音便可判断战争的胜败”，这是历代帝王都不曾改变的法则。

武王伐纣，吹律听声，推孟春以至于季冬，杀气相并，而音尚宫。同声相从，物之自然，何足怪哉？

◎**大意**　周武王讨伐殷纣王，吹乐管听声音，推求正月至十二月的音律，都充满了杀气，而以宫音为主。乐律的声音与出兵吉利之声相应，只是反映了事物的自然之理，有什么可奇怪的呀？

兵者，圣人所以讨强暴，平乱世，夷险阻，救危殆。自含血[①]戴角之兽见犯则校，而况于人怀好恶喜怒之气？喜则爱心生，怒则毒螫[②]加，情性之理也。

◎**注释**　①〔含血〕当作“含齿”，口中有齿。②〔毒螫（shì）〕毒虫刺人或动物。

◎**大意**　军事这种手段，是圣人用来讨伐强暴、平定乱世、扫除险阻、救助危亡的。即使长着牙和角的兽类被侵犯都要反扑，何况是有好恶喜怒之血气的人？喜欢就产生爱心，愤怒就加以攻击，这是人类性情中的自然之理。

昔黄帝有涿鹿之战，以定火灾；颛顼有共工之陈（阵），以平水害；成汤有南巢之伐，以殄[①]夏乱。递兴递废，胜者用事，所受于天也。

◎**注释**　①〔殄（tiǎn）〕尽，绝，消灭。

◎**大意**　从前黄帝有涿鹿之战，战胜了属于火德的炎帝；颛顼有讨伐共工之争斗，为了平定属于水德的共工所发动的叛乱；成汤有南巢之征伐，消灭了夏朝。一代兴盛一代衰亡而依次相沿，胜利者当权，是受命于天。

自是之后，名士迭兴，晋用咎犯①，而齐用王子②，吴用孙武，申明军约，赏罚必信，卒伯（霸）诸侯，兼列邦土，虽不及三代之诰誓③，然身宠君尊，当世显扬，可不谓荣焉？岂与世儒暗于大较，不权轻重，猥④云德化，不当用兵，大至君辱失守，小乃侵犯削弱，遂执不移等哉！故教笞⑤不可废于家，刑罚不可捐于国，诛伐不可偃于天下，用之有巧拙，行之有逆顺耳。

◎**注释** ①〔咎犯〕即“舅犯”，晋文公的舅舅狐偃，字子犯。②〔王子〕齐国将领王子成父。③〔诰誓〕诰是教诫之语，《尚书》中有《大诰》《康诰》《酒诰》等。誓指约束、警诫、动员将士的话语，《尚书》中有《甘誓》《汤誓》《牧誓》等。夏、商、周三代以诰誓赐封诸侯。④〔猥〕随便而不严肃。⑤〔笞〕用鞭或竹板抽打。

◎**大意** 从此以后，名士不断出现，晋国任用咎犯，而齐国任用王子成父，吴国任用孙武，申明军纪，赏罚必依法执行，而这些君主终于称霸诸侯，兼并土地，虽不如夏、商、周三朝发布诰誓那样显赫，但自身受国君宠信、尊重，在当代显名扬威，能不说是荣耀吗？哪像世俗儒生，不明白大势，不衡量轻重，随意谈论德化，不赞成用兵，结果大到君主受辱、国土失守，小到被侵犯削弱，那些儒生却仍固执不改！所以家庭之中不可废弃教训和鞭打，国家之内不可废弃刑法和惩罚，普天之下不可停息诛杀和征伐，不过使用它们时有巧有拙，施行它们时有逆有顺而已。

夏桀、殷纣手搏豺狼，足追四马，勇非微也；百战克胜，诸侯慑服，权非轻也。秦二世宿军无用之地，连兵于边陲，力非弱也；结怨匈奴，絓（挂）①祸于越，势非寡也。及其威尽势极，闾巷之人为敌国。咎生穷武之不知足，甘得之心不息也。

◎**注释** ①〔结〕通“挂”。这里指引来，招致。

◎**大意** 夏桀王、殷纣王可空手与豺狼搏斗，双脚能追上四匹马拉的车子，他们的勇力一点也不微弱；百战百胜，诸侯恐惧而顺服，他们的权力一点也不轻。秦二世长久驻军于无用之地，在边境上集结兵士，他的力量一点也不弱；结怨于匈奴，招祸于于越国，他的势力一点也不小。等他们的威势穷尽，连乡里平民都能与其为敌。祸患生于用尽武力而不知足，贪得之心思不停息。

高祖有天下，三边外畔（叛）；大国之王虽称蕃（藩）辅[①]，臣节未尽。会高祖厌苦军事，亦有萧、张之谋，故偃武一休息，羁縻[②]不备。

◎**注释** ①〔蕃辅〕捍卫辅助。②〔羁縻（mí）〕牵制笼络。

◎**大意** 汉高祖拥有天下，三方边境叛乱于外；大国诸侯王虽然称为藩障辅佐，但未尽到臣子的忠节。正好汉高祖厌烦军事，也有萧何、张良的计谋，所以停止用武而一概休养生息，对诸侯王进行笼络而不备战。

历至孝文即位，将军陈武等议曰：“南越、朝鲜自全秦[①]时内属为臣子，后且拥兵阻厄，选蠕[②]观望。高祖时天下新定，人民小安，未可复兴兵。今陛下仁惠抚百姓，恩泽加海内，宜及士民乐用，征讨逆党，以一封疆。”孝文曰：“朕能任衣冠，念不到此。会吕氏之乱，功臣宗室共不羞耻，误居正位，常战战栗栗，恐事之不终。且兵凶器，虽克所愿，动亦耗病，谓百姓远方何？又先帝知劳民不可烦，故不以为意。朕岂自谓能？今匈奴内侵，军吏无功，边民父子荷兵[③]日久，朕常为动心伤痛，无日忘之。今未能销距（拒），愿且坚边设候，结和通使，休宁北陲，为功多矣。且无议军。”故百姓无内外之繇（徭）[④]，得息肩于田亩，天下殷富，粟至十余钱，鸣鸡

吠狗，烟火万里，可谓和乐者乎！

◎**注释** ①〔全秦〕指秦统一全国时。②〔选蠕（rú）〕《索隐》："选蠕谓动身欲有进取之状也。"指图谋作乱。③〔荷兵〕扛起兵器，即服兵役。④〔内外之繇（yáo）〕戍边作战为外徭，大兴土木为内徭。

◎**大意** 等到汉文帝即位，将军陈武等上奏说："南越、朝鲜从秦朝统一时即内附而称为臣子，后来又拥兵险阻之地，犹豫观望以伺机作乱。汉高祖时天下刚刚平定，百姓稍微安宁，不能再次起兵征战。如今陛下仁慈惠爱抚育百姓，恩德惠泽施加四海之内，应该趁现在士人百姓乐于受用之时，征伐叛逆党徒，从而统一疆土。"汉文帝说："我可以任用士大夫治理国家，没有考虑过用兵之事。当时恰逢吕氏之乱，功臣宗室都不觉得羞耻，拥立我误登皇帝之位，我常怀畏惧，唯恐不能善终。况且战争是凶事，虽然能够用它实现心愿，但动用了它也有耗损的忧患，那么为什么还要使百姓去远方呢？先皇知道疲劳的百姓不能烦扰，所以不把这事放在心上。我难道可以自认为能行吗？现在匈奴向内侵扰，军士将官抗敌无功，边地百姓负担兵役的时间已经很长了，我常常为此不安和伤痛，没有一天忘怀。如今未能消除敌对状态，希望暂且坚守边防设立探哨，派遣使臣结盟和好，使北方边境安宁休息，这样得到的功效才更多。暂且不要议论军事了。"所以百姓没有内外的徭役，得以休息而专心农事，天下富裕，粮食每斗只卖到十几钱，鸡鸣狗叫，烟火万里，可说是和平安乐了！

太史公曰：文帝时，会天下新去汤火[①]，人民乐业，因其欲然，能不扰乱，故百姓遂安。自年六七十翁亦未尝至市井，游敖嬉戏如小儿状。孔子所称有德君子者邪！

◎**注释** ①〔汤火〕比喻水深火热的状态。汤，沸水，热水。

◎**大意** 太史公说：汉文帝的时候，正值天下刚刚摆脱水深火热的状态，百姓安居乐业，于是朝廷顺应他们的愿望，能够尽量不加扰乱，因此百姓感到顺遂而安定。即使六七十岁的老翁也能自给自足而不曾到过市集，漫游嬉戏如同小孩子。

孔子所称道的有德君子就是这样的吧！

《书》曰七正，二十八舍。律历，天所以通五行八正之气，天所以成孰（熟）万物也。舍者，日月所舍。舍者，舒气也。

◎**大意** 《尚书》中说到日、月、金星、木星、水星、火星、土星等七正和二十八舍。音律和历法，是上天用来沟通金、木、水、火、土五行和八正之气的，是天用来使万物成熟的。舍，意思就是日月止宿之处。舍，就是舒缓一下气力的意思。

不周风居西北，主杀生。东壁居不周风东，主辟生气而东之。至于营室。营室者，主营胎阳气而产之。东至于危。危，垝[1]也。言阳气之危[2]垝，故曰危。十月也，律中应钟。应钟者，阳气之应，不用事也。其于十二子为亥。亥者，该也。言阳气藏于下，故该也。

◎**注释** ①〔垝（guǐ）〕毁坏。②〔危〕疑衍。

◎**大意** 不周风在西北方向，主管杀生。壁宿在不周风的东边，主管开辟生气而使之向东。壁宿向东到达营室宿。营室，主管孕育而产生阳气。向东到达危宿。危，就是毁坏的意思。这是说阳气毁在这里，所以叫作危。十月时，对应的音律是应钟。应钟，是阳气的反应，阳气这时还不能发挥作用。它在十二地支中对应的是亥。亥，就是闭塞的意思。这是说阳气隐藏在下面，所以闭塞。

广莫风居北方。广莫者，言阳气在下，阴莫阳广大也，故曰广莫。东至于虚。虚者，能实能虚，言阳气冬则宛（蕴）藏于虚，日冬至则一阴下藏，一阳上舒，故曰虚。东至于须女。言万物变动其所，阴阳气未相离，尚相如胥[1]也，故曰须女。十一月也，律中黄钟。黄钟

者，阳气踵黄泉而出也。其于十二子为子。子者，滋也；滋者，言万物滋于下也。其于十母为壬癸。壬之为言任也，言阳气任养万物于下也。癸之为言揆也，言万物可揆度，故曰癸。东至牵牛。牵牛者，言阳气牵引万物出之也。牛者，冒也，言地虽冻，能冒而生也。牛者，耕植种万物也。东至于建星。建星者，建诸生也。十二月也，律中大吕。大吕者，其于十二子为丑。

◎注释 ①〔相如胥〕“如”字疑衍。胥，等待。

◎大意 广莫风在北方。广莫，是说阳气在下，阴气比阳气更广大，所以叫作广莫。向东到达虚宿。虚，能实能虚，是说阳气在冬季就蕴藏在空虚之中，太阳转到冬至时节就有一分阴气下沉蕴藏，一分阳气上升舒散，所以叫作虚。向东到达须女宿。这是说万物变动它们的处所，阴气阳气没有相互分离，还相互等待，所以叫作须女宿。十一月时，对应的音律是黄钟。黄钟，是阳气跟随黄泉而出的意思。它在十二地支中对应的是子。子，是滋的意思；滋，是说万物从下面滋生。它在十天干中对应的是壬癸。壬的意思是孕育，是说阳气从下面孕育万物。癸的意思是揆度，是说万物是可以估量的，所以叫癸。向东到达牵牛宿。牵牛，是说阳气牵引万物而生出它们。牛，是冒的意思，是说尽管大地冰冻，万物仍能冒出而生长。牛，是耕耘种植万物的意思。向东到达建星。建星，是建立各种生命的意思。十二月时，对应的音律是大吕。大吕，在十二地支中对应的是丑。

条风居东北，主出万物。条之言条治万物而出之，故曰条风。南至于箕。箕者，言万物根棋[①]，故曰箕。正月也，律中泰蔟[②]。泰蔟者，言万物蔟生也，故曰泰蔟。其于十二子为寅。寅言万物始生螾然[③]也，故曰寅。南至于尾，言万物始生如尾也。南至于心，言万物始生有华心也。南至于房。房者，言万物门户也，至于门则出矣。

◎**注释** ①〔根棋（jī）〕根基。②〔泰蔟（còu）〕即“太蔟”，十二律阳律中的第二律。③〔螾（yǐn）然〕蠕动貌。

◎**大意** 条风在东北方向，主管生出万物。条的意思是调理万物而生出它们，所以叫作条风。向南到达箕宿。箕，是说万物的根基，所以叫作箕。正月时，音律对应泰蔟。泰蔟，是说万物丛聚而生，所以叫作泰蔟。它在十二地支中对应的是寅。寅的意思是说万物开始生长蠕动的样子，所以叫作寅。向南到达尾宿，是说万物开始生长如同尾巴弯曲。向南到达心宿，是说万物开始生长有花一样的心。向南到达房宿。房，是说万物的门户，到了门口就可以出来了。

明庶风居东方。明庶者，明众物尽出也。二月也，律中夹钟。夹钟者，言阴阳相夹厕（侧）也。其于十二子为卯。卯之为言茂也，言万物茂也。其于十母为甲乙。甲者，言万物剖符甲而出也；乙者，言万物生轧轧也。南至于氐。氐者，言万物皆至也。南至于亢。亢者，言万物亢见（现）也。南至于角。角者，言万物皆有枝格如角也。三月也，律中姑洗[①]。姑洗者，言万物洗生。其于十二子为辰。辰者，言万物之蜄（振）也。

◎**注释** ①〔姑洗（xiǎn）〕十二律之一。

◎**大意** 明庶风在东方。明庶，意思是万物全出生了。二月时，音律对应夹钟。夹钟，是说阴气阳气相夹于两侧。它在十二地支中对应的是卯。卯的意思是茂盛，是说万物茂盛。它在十天干中对应的是甲乙。甲，是说万物剖开外皮而出芽；乙，是说万物齐生冲破束缚。向南到达氐（dī）宿。氐，是说万物都高高显现了。向南到达亢宿。亢，是说万物都茂盛地出现了。向南到达角宿。角，是说万物都有枝杈如同牴角。三月时，音律对应姑洗。姑洗，是说万物新生。它在十二地支中对应的是辰。辰，是说万物的振兴。

清明风居东南维，主风吹万物而西之。至于轸。轸者，言万物

益大而轸轸然。西至于翼。翼者，言万物皆有羽翼也。四月也，律中中吕。中吕者，言万物尽旅而西行也。其于十二子为巳。巳者，言阳气之已尽也。西至于七星。七星者，阳数成于七，故曰七星。西至于张。张者，言万物皆张也。西至于注。注者，言万物之始衰，阳气下注，故曰注。五月也，律中蕤宾[①]。蕤宾者，言阴气幼少，故曰蕤；痿阳不用事，故曰宾。

◎**注释** ①〔蕤（ruí）宾〕十二律之一。

◎**大意** 清明风在东南角，主管风吹物而西去。到达轸宿。轸，是说万物长得更大而一派旺盛的样子。向西到达翼宿。翼，是说万物都有了羽翼。四月时，音律对应中吕。中吕，是说万物全都向西移动。它在十二地支中对应的是巳。巳，是说阳气已竭尽了。向西到达七星宿。七星，阳数成于七，所以叫作七星宿。向西到达张宿。张，是说万物都在舒张。向西到达注宿。注，是说万物开始衰败，阳气向下流注，所以叫作注宿。五月时，音律对应蕤宾。蕤宾中的蕤，是说阴气幼小，所以叫蕤；萎缩的阳气不主事，所以叫宾。

景风居南方。景者，言阳气道竟，故曰景风。其于十二子为午。午者，阴阳交，故曰午。其于十母为丙丁。丙者，言阳道著明，故曰丙；丁者，言万物之丁壮也，故曰丁。西至于弧。弧者，言万物之吴落且就死也。西至于狼。狼者，言万物可度量，断万物，故曰狼。

◎**大意** 景风在南方。景，是说阳气的通道到了尽头，所以叫作景风。它在十二地支中对应的是午。午，意思是阴气阳气相互交错，所以叫作午。它在十天干中对应的是丙丁。丙，是说阳气的通道显著明了，所以叫作丙；丁，是说万物成长壮大，所以叫作丁。向西到达弧宿。弧，是说万物凋落将要死去。向西到达狼宿。狼，是说万物可以度量，可判断万物之量，所以叫作狼宿。

凉风居西南维，主地。地者，沈夺万物气也。六月也，律中林钟。林钟者，言万物就死气林林然。其于十二子为未。未者，言万物皆成，有滋味也。北至于罚。罚者，言万物气夺可伐也。北至于参[①]。参言万物可参也，故曰参。七月也，律中夷则。夷则，言阴气之贼万物也。其于十二子为申。申者，言阴用事，申贼万物，故曰申。北至于浊。浊者，触也，言万物皆触死也，故曰浊。北至于留。留者，言阳气之稽留也，故曰留。八月也，律中南吕。南吕者，言阳气之旅入藏也。其于十二子为酉。酉者，万物之老也，故曰酉。

◎**注释**　①〔参（shēn）〕星名，二十八宿之一。

◎**大意**　凉风在西南角，主管大地。地，是吞没万物之气的意思。六月时，音律对应林钟。林钟，是说万物就要死去而气息沉沉的样子。它在十二地支中对应的是未。未，是说万物都已成熟，有滋味了。向北到达罚宿。罚，是说万物失去生气而可以砍伐了。向北到达参宿。参是说万物可以参验，所以叫作参宿。七月时，音律对应夷则。夷则，是说阴气毁坏万物。它在十二地支中对应申。申，是说阴气管事，一再毁坏万物，所以叫作申。向北到达浊宿。浊，是触撞的意思，是说万物都触撞阴气而死，所以叫作浊宿。向北到达留宿。留，是说阳气稽留，所以叫作留宿。八月时，音律对应南吕。南吕，是说阳气移入闭藏的地方。它在十二地支中对应的是酉。酉，是万物老熟的意思，所以叫作酉。

阊阖风[①]居西方。阊者，倡也；阖者，藏也。言阳气道（导）万物，阖黄泉也。其于十母为庚辛。庚者，言阴气庚万物，故曰庚；辛者，言万物之辛生，故曰辛。北至于胃。胃者，言阳气就藏，皆胃胃也。北至于娄。娄者，呼万物且内（纳）之也。北至于奎。奎者，主毒螫杀万物也，奎而藏之。九月也，律中无射[②]。无射者，阴气盛用事，阳气无余也，故曰无射。其于十二子为戌。戌者，言万物尽灭，故曰戌。

◎**注释** ①〔阊阖（chāng hé）风〕西风，秋风。②〔无射（yì）〕十二律之一。

◎**大意** 阊阖风在西方。阊，就是倡导；阖，就是闭藏。这是说阳气引导万物，闭藏在黄泉。它在十天干中对应的是庚辛。庚，是说阴气变更万物，所以叫作庚；辛，是说万物生存艰辛，所以叫作辛。向北到达胃宿。胃，是说阳气趋向隐藏，都在胃宿藏聚起来。向北到达娄宿。娄，意思是呼唤万物而且容纳他们。向北到达奎宿。奎，主管用毒刺蜇死万物，像府库一样收藏它们。九月时，音律对应无射。无射，意思是阴气旺盛而主宰万物，阳气一点也不剩，所以叫作无射。它在十二地支中对应的是戌。戌，是说万物全部灭亡了，所以叫作戌。

律数：

九九八十一以为宫。三分去一，五十四以为徵。三分益一，七十二以为商。三分去一，四十八以为羽。三分益一，六十四以为角。

◎**大意** 律数：

把九九八十一分长的律管定为宫声律数。把这个律管截去三分之一，变成五十四分长的律管，定为徵声律数。把徵声律管加长三分之一，变成七十二分的律管，定为商声律数。把商声律管截去三分之一，变成四十八分长的律管，定为羽声律数。把羽声律管加长三分之一，变成六十四分长的律管，定为角声律数。

黄钟长八寸七分一，宫。大吕长七寸五分三分一。太蔟长七寸七分二，角。夹钟长六寸一分三分一。姑洗长六寸七分四，羽。仲吕长五寸九分三分二，徵。蕤宾长五寸六分三分一。林钟长五寸七分四，角。夷则长五寸四分三分二，商。南吕长四寸七分八，徵。无射长四寸四分三分二。应钟长四寸二分三分二，羽。

◎**大意** 黄钟律管长八寸又七分之一寸，为宫声。大吕律管长七寸五分又三分之一寸。太蔟长七寸又七分之二寸，为角声。夹钟长六寸一分又三分之一寸。姑洗长六寸又七分之四寸，为羽声。仲吕长五寸九分又三分之二寸，为徵声。蕤宾长五寸六分又三分之一寸。林钟长五寸又七分之四寸，为角声。夷则长五寸四分又三分之二寸，为商声。南吕长四寸又七分之八寸，为徵声。无射长四寸四分又三分之二寸。应钟长四寸二分又三分之二寸，为羽声。

生钟分：

子一分。丑三分二。寅九分八。卯二十七分十六。辰八十一分六十四。巳二百四十三分一百二十八。午七百二十九分五百一十二。未二千一百八十七分一千二十四。申六千五百六十一分四千九十六。酉一万九千六百八十三分八千一百九十二。戌五万九千四十九分三万二千七百六十八。亥十七万七千一百四十七分六万五千五百三十六。

◎**大意** 确定钟律的方法：

将子律的长度定为一分。丑律的长度即为三分之二。寅律的长度即为九分之八。卯律的长度即为二十七分之十六。辰律的长度即为八十一分之六十四。巳律的长度即为二百四十三分之一百二十八。午律的长度即为七百二十九分之五百一十二。未律的长度即为二千一百八十七分之一千零二十四。申律的长度即为六千五百六十一分之四千零九十六。酉律的长度即为一万九千六百八十三分之八千一百九十二。戌律的长度即为五万九千零四十九分之三万二千七百六十八。亥律的长度即为十七万七千一百四十七分之六万五千五百三十六。

生黄钟术曰：

以下生者，倍其实，三其法。以上生者，四其实，三其法。上九，商八，羽七，角六，宫五，徵九。置一而九三之以为法。实如法，得长一寸。凡得九寸，命曰“黄钟之宫”。故曰音始于宫，穷于

角；数始于一，终于十，成于三；气始于冬至，周而复生。

◎**大意**　计算黄钟律产生的方法是：

求下生的比例，将原律乘以二，除以三。求上生的比例，将原律乘以四，除以三。最高的配数是九，商声配数是八，羽声配数是七，角声配数是六，宫声配数是五，徵声配数是九。把一乘以九个三作为分母。如果分子分母相等，得数是一寸。共得数九寸，名叫“黄钟律的宫声”。所以五音是开始于宫声，终结于角声；数目开始于一，终结于十，成于三；节气开始于冬至，周而复始。

神生于无，形成于有，形然后数，形而成声，故曰神使气，气就形。形理如类有可类。或未形而未类，或同形而同类，类而可班，类而可识。圣人知天地识之别，故从有以至未有，以得细若气，微若声。然圣人因神而存之，虽妙必效情，核其华道者明矣。非有圣心以乘聪明，孰能存天地之神而成形之情哉？神者，物受之而不能知及其去来，故圣人畏而欲存之。唯欲存之，神之亦存。其欲存之者，故莫贵焉。

◎**大意**　神产生于无形的气中，形体成于有形的质中，有形体而后产生数目，有形体而后生成声音，所以说神运用气，气依附形体。形体的规律是如果能分类就有类可分。有的没有形体便无法归类，有的形体相同便属于同一类，分类后便可以分辨，分类后便可以认识。圣人知晓天地并识别它们的差别，所以能从有推知未有，以至能察知的东西轻细如气，微小如声。但是圣人是通过神而探索它，即使微妙之极也必定能从性情中呈现出来，研核其中的神妙之道就明白了。没有圣人之心来驾驭聪明，谁能够探索存在于天地的神明形成了形体这种情状呢？神明，万事万物接受着它的恩德却无法知晓它的规律，所以圣人敬畏并要保护它。只有想要保护它，神的规律才能被保存下来。想要保存它，所以才把它看得无比宝贵。

太史公曰：在旋玑玉衡以齐七政①，即天地二十八宿。十母，十二子，钟律调自上古。建律运历造日度，可据而度也。合符节，通道德，即从斯之谓也。

◎**注释** ①〔在旋玑玉衡以齐七政〕语出《尚书·舜典》。旋、玑、玉衡分别是北斗星的第二、第三和第五星。七政，指日、月及水、火、木、金、土五星。古人通过观测旋、玑、玉衡来考察七政。

◎**大意** 太史公说：通过观察旋、玑、玉衡以便清晰地把握日月及五星的运行规律，也就是考察它们在天地二十八宿中的行次。十天干、十二地支、十二律的调配起自上古时。建立律制，运算历法，编造日月度数，才有可以测度事物的标准。符合天地万物运行的规律，认识道德的本质规律，就是要依循自然本来的规律。

◎**知识拓展**

根据司马迁《太史公自序》中的叙述及司马贞《史记索隐》中所引述张晏注解的内容，后世不少学者据此认为此《律书》实乃《史记》中所亡佚的《兵书》，而真正的《律书》当与下一篇《历书》一道合称《律历书》。这确实是一种理解今本《律书》何以在前半部分言及兵事的角度。不过，也有不少学者通过阐释律与兵的关系，来说明司马迁作此《律书》的意义。

宋人黄履翁在《古今源流至论》中说："其著《律书》也，不言律而言兵，不言兵之用，而言兵之偃，观其论文帝事，浩漫宏博，若不相类，徐而考之，则知文帝之时，偃兵息民，结和通使，民气欢洽，阴阳协和，天地之气亦随以正，其知造律之本矣。"黄履翁认为一个国家对于军事的态度，关系到天地之气是否和顺，而这也是律的根本。

《史记评林》引赵恒的论说："律于天下事无不该，故为万事根本。而于兵械尤所重，所以略述律而言兵也。所以然者，兵与律相应，故云知吉凶知胜负也。'望敌知吉凶'，以细若气言；'闻声效胜负'，以微若声言。武王伐纣，吹律听声云云，兵与律应可知，《易》所以言师出以律也。师出以律则为黄帝、为颛项、为成汤；师不以律则为夏桀、为殷纣矣。以此观之，兵不可废而不可黩，不废不黩归于偃兵。偃兵所以息民，息民而天下和乐太平之盛也。‘治定功成，礼乐乃兴’，是以吹之而声和，候之而气应，所谓心和则气和，气和则形和，形和而后天地之和应，而后乐可作者此也。汉之高祖，厌苦兵事，萧、张为之谋，故偃武一休息。孝文闻将军陈武之议，则曰‘朕能任衣冠，念不到此，且无议军’。是以百姓无内外之繇云云，天下和乐。然礼乐之事谦让未成，至武帝则穷兵黩武，海内虚耗，何足与于帝王制作之盛哉。论中虽不言而意可知。其略述律而言兵，以偃兵息民天下和乐为制律之本，正所谓吹而声和，候而气应之道也。可见后世之屑屑于黍生尺量求音者浅矣。此论非子长不能道，以谓疏略与亡逸者，均妄也。”赵恒以为律为万事之根本，因此兵事也应当合律才能使天下和乐。

清人魏元旷在《史记达旨》中说：“其立八书，所以究治道也，故先之礼乐也焉。以汉至是，当亟兴礼乐以绍三代，与贾谊有同情也。武帝常有志于乐，而诸臣不知礼乐之教，令共定仪，至十余年不就；而李延年协律，以淫词之歌为雅乐；汲黯一施正论，丞相弘且以为‘当族’，孰敢列其是非哉？于是精采古经先儒之说为书，庶言礼乐者有所禀承焉。周、秦载籍多言礼乐，制度杂陈，纬候交注。太史公删弃一切，独取于是，其深知礼乐之仪，非汉诸儒所及也。张守节乃谓‘礼由人起’‘凡音之起’以下为褚少孙所补，盖由后世经旨大明，习而易之，非独不知太史公时辨择之难，且不知其书之体皆实有所载，非只论列是非而已。故《律书》既详论兵，‘《书》曰’以下乃入论器，前后不相蒙，体固如是也。汉武之乱，正以礼乐不修；其礼乐不修，正以诸儒不达礼乐之旨。故详其意，不详其器，非独慨汉之礼乐不兴，亦修明其说，使后之诸儒不惑也。八书不列刑法，而序兵于《律书》之首，终以孝文之语不议军以致和乐，称为有德君子，昭黩武之戒，明缓刑之要，皆所以深救汉治也。”魏元旷以礼、乐、律合论之，认为《史记》八书中虽没有列刑法，但是在《律书》之首叙写兵事，从而阐明了礼乐刑之关系。

清人尚镕在《史记辨证》中说：“六律为万事根本，其于兵械尤所重。迁盖本《易》之‘师出以律’，作此书以讽武帝之佳兵也。故言诛伐虽不可‘偃于天下’，然如秦二世之‘结怨匈奴，絓祸于越，势非寡也；及威尽势穷，闾巷之人为敌国。咎生于穷武不知足，甘得之心不息也’。末遂极称文帝之弭兵以为‘和乐’，而律事仅附著于篇。”

由此可见，以兵与律合论之，似乎也可以讲得通。其实，律的本义乃是法度，万事万物皆有其法度，礼、乐、兵皆如此。此《律书》后半部分所述，乃是就音律而言，而音律也不过是万千之律的一个方面而已。之前已经说过，《律书》在司马迁的笔下，最初到底是什么样子，现在已经不得而知了。不过，此篇《律书》中的种种论述，对于读者而言还是有许多可以学习借鉴的地方。

历书第四

在上一篇《律书》的解读中已经说过，后人根据司马迁《太史公自序》及司马贞《史记索隐》引述的张晏注解，认为今本《律书》当为《兵书》，而此篇《历书》则应该是《律历书》，因《兵书》佚失，故而后人分《律历书》为“律”“历”两部分，成为两篇。而《太史公自序》云：“律居阴而治阳，历居阳而治阴，律历更相治，间不容翲忽。五家之文怫异，维太初之元论，作《历书》第四。”这一解说似乎也印证了这一说法。

今存《历书》主要分为两个部分。从“昔自在古，历建正作于孟春”至“日得甲子，夜半朔旦冬至”为第一部分，主要阐明历法的起源及其演变。司马迁从先民总结日月更替、昼夜变化、一年终始的规律谈起，直至为政者根据天地运行的规律制定历法，教导人民以时行事，以保证国家的顺利治理，再到汉朝建立，一直没有改变历法，至汉武帝方由落下闳重新计算并制定了新的历法，即为《太初历》。从“历术甲子篇”至全文结束为第二部分，是对《历术甲子篇》内容的记录，是司马迁根据《太初历》的制定原则所编的一部所谓“万年历”。对此，台湾学者赖明德在《司马迁之学术思想》一书中的解释较为简明易懂，《历术甲子篇》“为司马迁依据当年古历的定律，预推一‘蔀（bù）’——七十六年的一个周期的日历，其中包括太阳回归年冬至日的‘大余’‘小余’（《史记正义》称为‘冬至甲子日法’），与太阴农历年正月初一日的‘大余’‘小余’（《史记正义》称为‘月朔旦甲子日法’），以及这七十六年当中平闰的定则。从这些‘大余’‘小余’的数字，可以推定每年的‘节气’‘中气’，每月的朔、望的据点。所谓‘历术甲子篇’，也就是‘万岁历’或‘万年历’的意思，以这部历术来计算年、月、日、时的齐同出发点，如甲子年、甲子月、甲子日、甲子时，象征历法‘甲子’开始。‘篇’并不是指‘篇章’，而是‘蔀’的别称。《史记》‘历术甲子篇’是历学理论的建树，它是我国传世最早的一部历法，从其中可以探索到许多古历的重要资料。”此说可供参考。

昔自在古，历建正作于孟春。于时冰泮发蛰[①]，百草奋兴，秭鳺先滜（嗥）[②]。物乃岁具，生于东[③]，次顺四时，卒于冬分，时鸡三号，卒明。抚十二节，卒于丑。日月成，故明也。明者孟也，幽者幼也，幽明者雌雄也。雌雄代兴，而顺至正之统也。日归于西，起明于东；月归于东，起明于西。正不率天，又不由人，则凡事易坏而难成矣。

◎注释 ①〔冰泮（pàn）发蛰（zhé）〕泮，冰冻消解。蛰，昆虫冬眠。②〔秭鴂（guī）先滜（háo）〕秭鴂，即子规，杜鹃。滜，同“嗥”，鸣叫。③〔东〕代指春季。

◎大意 从前在古时候，历法规定岁首正月开始于孟春。这时候冰冻消融而冬眠的虫子苏醒，各种草木萌发新芽，杜鹃鸟首先鸣叫起来。万物就随岁时一起发展，生长在春季，顺次经历四季，终止在冬春之交。这时公鸡鸣叫三次，天就明了。顺着十二个月的节气，终止于建丑的十二月。太阳月亮的运行形成周期，所以就有正月的第一个黎明。明就是孟的意思，幽就是幼的意思，幽明就是阴阳。阴阳交替出现，而又与以孟春月为正月的历法相符合。太阳在西方落下，升起于东方而产生光明；月亮在东方落下，升起于西方而产生光明。为政不遵循天道，又不顺从人事，那么一切事情都容易败坏而难以成功了。

王者易姓受命，必慎始初，改正朔[①]，易服色，推本天元[②]，顺承厥意。

◎注释 ①〔改正朔〕指古代改朝换代时新立帝王颁行新历法。②〔天元〕即上元，又称历元。术数家以六十甲子配六宫，而一百八十年后度尽，其中第一甲子为上元，第二甲子为中元，第三甲子为下元，合称三元。

◎大意 做帝王的改换朝廷承受天命，必须慎重地对待开始，更改历法，变换服饰颜色，探究确认天体运行的起始时刻，顺应承受它的意旨。

太史公曰：神农以前尚矣。盖黄帝考定星历，建立五行[①]，起消息，正闰余[②]，于是有天地神祇[③]物类之官，是谓五官[④]。各司其序，不相乱也。民是以能有信，神是以能有明德。民神异业，敬而不渎，故神降之嘉生，民以物享，灾祸不生，所求不匮。

◎注释 ①〔五行〕指金、木、水、火、土相生相克的学说。②〔正闰余〕校正历法每月每年余分以设置闰月。③〔神祇〕《国语·楚语下》作“神民”，《汉书·郊祀志上》云“故有神民之官”。④〔五官〕指分管天、地、神、民、物之类的官员。

◎**大意**　太史公说：神农以前的事很久远了。大概黄帝时考察星度制定历法，建立五行序列，确立起阴阳消长的规律，纠正了闰月余分数值的大小，于是设有分管天地神祇万物种类之官，叫作五官。他们各自掌管其中的一方职责，不相杂乱。百姓因此能够有所信赖，神灵因此能够显示德性。百姓、神灵各自的职责，敬重而不轻慢，所以神灵给百姓降生好庄稼，百姓用物品祭享神灵，灾祸不发生，需求之物不缺乏。

少皞氏①之衰也，九黎②乱德，民神杂扰，不可放物，祸菑（灾）**荐至，莫尽其气。颛顼受之，乃命南正重司天以属神，命火正黎司地以属民，使复旧常，无相侵渎。**

◎**注释**　①〔少皞（hào）氏〕传说中的古代圣王。②〔九黎〕南方各个黎族部落。九泛指多数。

◎**大意**　少皞氏衰落以后，九黎部落作乱，人神混杂纷扰，群类不可辨别，灾祸接连降临，没有人能享尽寿命。颛顼承受天命为帝，就任命南正重专管天事而嘱托他负责祭祀神祇，任命火正黎专管地事而嘱托他负责治理百姓，使之恢复以前的样子，不相互侵扰冒犯。

其后三苗①服九黎之德，故二官咸废所职，而闰余乖次，孟陬殄灭②，摄提无纪③，历数失序。尧复遂重、黎之后，不忘旧者，使复典之，而立羲和之官④。明时正度，则阴阳调，风雨节，茂气⑤至，民无夭疫⑥。年耆禅舜，申戒文祖，云“天之历数在尔躬”。舜亦以命禹。由是观之，王者所重也。

◎注释 ①〔三苗〕南方各个苗族部落。三泛指多数。②〔孟陬（zōu）殄灭〕指正月不正。正月称为孟陬月，闰余错乱便会导致正月不正。③〔摄提无纪〕摄提是星名，随北斗星斗杓所指，建十二月。无纪，指失了次序。④〔羲和之官〕即尧所立掌历之官羲氏、和氏。⑤〔茂气〕旺盛的气息。⑥〔夭疫〕使人们死于非命的疫病。

◎大意 这以后三苗部落效仿九黎的行径，所以重、黎二官也都废弛了承担的职责，而闰余排列错乱，正月不成其为岁首，摄提星所指失去了规律，岁时节候失了常度。唐尧不忘旧功，又重新选拔重、黎二氏的后人，使他们专管这事，而且设立羲氏、和氏的官职。阐明天时调正度数，那么阴阳寒暑协和，风雨适度有节，壮旺之气到来，百姓没有疫病。唐尧年老后推让帝位给虞舜，在文祖庙中告诫虞舜，说“制定历法的重任在你一身”。虞舜也用这话告诫夏禹。由此看来，这件事是做帝王的人所重视的。

夏正以正月，殷正以十二月，周正以十一月。盖三王之正若循环，穷则反（返）本。天下有道，则不失纪序；无道，则正朔不行于诸侯。

◎大意 夏朝的岁首用正月，殷朝的岁首用十二月，周朝的岁首用十一月。夏、商、周三代的岁首如同循环，一到终点就回到起点。天下治理得好，就不会乱了次序；治理得不好，就连诸侯也不执行帝王颁布的历法。

幽、厉之后，周室微，陪臣[①]执政，史不记时，君不告朔，故畴（筹）人[②]子弟分散，或在诸夏，或在夷狄，是以其禨祥[③]废而不统。周襄王二十六年闰三月，而《春秋》非之。先王之正时也，履端于始[④]，举正于中，归邪[⑤]于终。履端于始，序则不愆[⑥]；举正于中，民则不惑；归邪于终，事则不悖。

◎注释 ①〔陪臣〕臣的臣子为陪臣。这里指诸侯的卿、大夫，他们对于周天子而言，即为陪臣。②〔畴人〕即“筹人”，世代掌管律历天官的人。③〔禨（jī）祥〕指古代的占星术。凶兆为禨，吉兆为祥。④〔履端于始〕日月在天上运行，有如人之步行，故而推定历法称为步历。“履端于始”指的是制定历法起始的一点。⑤〔归邪〕收拾历法运算的零头。⑥〔愆（qiān）〕过失。

◎**大意** 周幽王、周厉王以后，周王朝衰微，诸侯国的大夫执掌政事，史官不记日月时间，诸侯国君也废除每月朔日到宗庙祭祀宣布政事的礼节，所以历算世家的子弟分散出走，有的在中原各国，有的在夷狄地区，所以祈祷祭祀的制度荒废而不能统一。周襄王二十六年有闰三月，而《春秋》批评它的不是。古时帝王制定历法，推算历元和年月日开始的时刻，由中气纠正十二月的位置，有日月余分而归于年末。推算历元和年月日开始的时刻，时序就不会错乱；由中气纠正十二月的位置，百姓就不会困惑；有日月余分而归于年末，诸事就不会混乱。

其后战国并争，在于强国禽（擒）敌，救急解纷而已，岂遑念斯哉！是时独有邹衍[①]，明于五德[②]之传，而散消息之分，以显诸侯。而亦因[③]秦灭六国，兵戎极烦，又升至尊之日浅，未暇遑也。而亦颇推五胜[④]，而自以为获水德之瑞，更名河曰“德水”，而正以十月，色上黑。然历度闰余，未能睹其真[⑤]也。

◎**注释** ①〔邹衍〕战国时期的阴阳家，创立了五德终始说。②〔五德〕指五行之德，乃是邹衍五德终始说的内容。③〔而亦因〕三字可疑。④〔五胜〕指五德相胜，即互相生克。⑤〔真〕精髓。

◎**大意** 这以后的战国时期诸雄并争，各国的目标在于增强自己打败敌人，解救危急、解决纷争罢了，哪有时间顾及制定历法的事啊！这时只有一个叫邹衍的人，懂得五德终始的学说，而且传播阴阳消长的分限等理论，因此在诸侯之间显出名声。又因为秦国消灭六国时，战事极多，登上最高位置的时间又很短，没有顾得上制定历法。但是秦非常推崇五行相胜的说法，而且自认为获得了五行中水德的祥瑞，更改黄河的名称为“德水”，岁首用十月，颜色崇尚黑色。但在历法上，对于计算余分设置闰月，并没能看到历法的精奥。

汉兴，高祖曰“北畤[①]待我而起”，亦自以为获水德之瑞。虽明习历及张苍等，咸以为然。是时天下初定，方纲纪大基，高后女主，皆未遑，故袭秦正朔服色。

◎**注释** ①〔北畤〕即黑帝祠，汉高祖时设置的祭祀黑帝的处所。

◎**大意** 汉朝兴起，汉高祖说“在北畤祭祀黑帝的事等我来创始”，也自认为获得水德的祥瑞。即使像张苍等明白熟习历法的人，也都认为高祖是对的。这时天下刚刚平定，正在规划国家的根本制度，吕后又是女主，都未顾上历法之事，所以沿袭秦朝的历法和服色。

至孝文时，鲁人公孙臣以终始五德上书，言“汉得土德，宜更元，改正朔，易服色。当有瑞，瑞黄龙见（现）”。事下丞相张苍，张苍亦学律历，以为非是，罢之。其后黄龙见（现）成纪，张苍自黜，所欲论著不成。而新垣平[①]以望气见，颇言正历服色事，贵幸，后作乱，故孝文帝废不复问。

◎**注释** ①〔新垣平〕上书汉文帝主张改历的方士。

◎**大意** 到汉文帝的时候，鲁人公孙臣根据五德终始的理论上书，说“汉德属于土德，应该更改历元，改变历法，变换服色。会有祥瑞，祥瑞就是黄龙出现”。这事交由丞相张苍处理，张苍也是学习律历的人，认为公孙臣的说法不对，压下了它。这以后黄龙出现在成纪，张苍自请贬职，想要作的历法论著也未成功。而新垣平因善于观望云气被皇帝接见，谈了些改正历法和服色的事，受到宠信，后来他作乱，所以汉文帝搁置改历法之事，不再过问。

至今上即位，招致方士，唐都分其天部，而巴落下闳[①]运算转历，然后日辰之度与夏正同。乃改元，更官号，封泰山。因诏御史曰：“乃者，有司言星度之未定也，广延宣问，以理星度，未能詹也。盖

闻昔者黄帝合而不死，名察度验，定清浊，起五部，建气物分数。然盖尚矣。书缺乐弛，朕甚闵（悯）焉。朕唯未能循明也，紬绩[②]日分，率应水德之胜。今日顺夏至，黄钟为宫，林钟为徵，太蔟为商，南吕为羽，姑洗为角。自是以后，气复正，羽声复清，名复正变，以至子日当冬至，则阴阳离合之道行焉。十一月甲子朔旦冬至已詹，其更以七年为太初元年。年名'焉逢摄提格'，月名'毕聚'，日得甲子，夜半朔旦冬至。"

◎**注释**　①〔落下闳〕著名历法学家。②〔紬（chōu）绩〕编集，缀集。

◎**大意**　到当今皇上即位，他招来方士，其中的唐都测量周天各部的星宿度数，而巴郡的落下闳计算天体运行，修正历法，然后日月运行位置的度数和夏朝历法相同了。于是改变年号，更改官名，在泰山筑坛祭天。因而下诏给御史说："从前，有关官员说是星度未测定，就广泛招人来咨询，以便考校测定星度，但未能得到满意的结果。听说古时黄帝圣德与神灵相合而不死，察星名验度数，判定五音清浊高低，确立起四时与五行的关系，建立了节气的日分余数。但是年代实在久远了。典籍缺乏、礼乐废弛，朕很惋惜这种情况。朕想到未能把它们补修完备，编集运算日分，基本能与克胜水德的土德相合。如今已临近夏至，用黄钟律作宫声，用林钟律作徵声，用太蔟律作商声，用南吕律作羽声，用姑洗律作角声。从此以后，节气恢复正常，羽声重新成为最清音，律名又得到纠正，直到逢子的那天正当冬至日，那么阴阳离合自可循道而行了。已经算得十一月甲子日夜半时为月朔冬至，应当把元封七年改为太初元年。年名是'焉逢摄提格'，月名是'毕聚'，日名算得是甲子，又算得夜半时是朔日的开始，节气交冬至。"

历术甲子篇

太初元年，岁名"焉逢摄提格"，月名"毕聚"，日得甲子，夜半朔旦冬至。

正北

十二

无大余，无小余[1]；

无大余，无小余；

焉逢摄提格太初元年。

◎**注释** ①〔无大余，无小余〕大余、小余，古代历法术语。凡不满一甲子（即六十）余下的日数称大余，不满一日（包括夜）余下的分数称小余。

◎**大意** 历术甲子篇

汉武帝太初元年，岁名是“焉逢摄提格”，月名是“毕聚”，十一月朔旦的日名是甲子，夜半是朔日的开始，交冬至。

冬至在子时而方位正北

全年十二个月

月朔没有大余，没有小余；

冬至没有大余，没有小余；

焉逢摄提格就是汉武帝太初元年。

十二

大余五十四，小余三百四十八；

大余五，小余八；

端蒙单阏二年。

◎**大意** 全年十二个月

月朔大余五十四日，小余三百四十八分；

冬至大余五日，小余八分；

端蒙单阏（chán yè）就是太初二年。

闰十三

大余四十八，小余六百九十六；

大余十，小余十六；

游兆执徐三年。

◎**大意**　有闰月而全年十三个月

月朔大余四十八日，小余六百九十六分；

冬至大余十日，小余十六分；

游兆执徐就是太初三年。

十二

大余十二，小余六百三；

大余十五，小余二十四；

强梧大荒落四年。

◎**大意**　全年十二个月

月朔大余十二日，小余六百零三分；

冬至大余十五日，小余二十四分；

强梧大荒落就是太初四年。

十二

大余七，小余十一；

大余二十一，无小余；

徒维敦牂天汉元年。

◎**大意**　全年十二个月

月朔大余七日，小余十一分；

冬至大余二十一日，没有小余；

徒维敦牂（zāng）就是汉武帝天汉元年。

闰十三
大余一，小余三百五十九；
大余二十六，小余八；
祝犁协洽二年。

◎**大意**　有闰月而全年十三个月
月朔大余一日，小余三百五十九分；
冬至大余二十六日，小余八分；
祝犁协洽就是天汉二年。

十二
大余二十五，小余二百六十六；
大余三十一，小余十六；
商横涒滩三年。

◎**大意**　全年十二个月
月朔大余二十五日，小余二百六十六分；
冬至大余三十一日，小余十六分；
商横涒（tūn）滩就是天汉三年。

十二
大余十九，小余六百一十四；
大余三十六，小余二十四；
昭阳作鄂四年。

◎**大意**　全年十二个月

月朔大余十九日，小余六百一十四分；

冬至大余三十六日，小余二十四分；

昭阳作鄂就是天汉四年。

闰十三

大余十四，小余二十二；

大余四十二，无小余；

横艾淹茂太始元年。

◎**大意**　有闰月而全年十三个月

月朔大余十四日，小余二十二分；

冬至大余四十二日，没有小余；

横艾淹茂就是汉武帝太始元年。

十二

大余三十七，小余八百六十九；

大余四十七，小余八；

尚章大渊献二年。

◎**大意**　全年十二个月

月朔大余三十七日，小余八百六十九分；

冬至大余四十七日，小余八分；

尚章大渊献就是太始二年。

闰十三

大余三十二，小余二百七十七；

大余五十二，小余一十六；

焉逢困敦三年。

◎**大意**　有闰月而全年十三个月

月朔大余三十二日，小余二百七十七分；

冬至大余五十二日，小余一十六分；

焉逢困敦就是太始三年。

十二

大余五十六，小余一百八十四；

大余五十七，小余二十四；

端蒙赤奋若四年。

◎**大意**　全年十二个月

月朔大余五十六日，小余一百八十四分；

冬至大余五十七日，小余二十四分；

端蒙赤奋若就是太始四年。

十二

大余五十，小余五百三十二；

大余三，无小余；

游兆摄提格征和元年。

◎**大意**　全年十二个月

月朔大余五十日，小余五百三十二分；

冬至大余三日，没有小余；
游兆摄提格就是汉武帝征和元年。

闰十三
大余四十四，小余八百八十；
大余八，小余八；
强梧单阏二年。

◎**大意** 有闰月而全年十三个月
月朔大余四十四日，小余八百八十分；
冬至大余八日，小余八分；
强梧单阏就是征和二年。

十二
大余八，小余七百八十七；
大余十三，小余十六；
徒维执徐三年。

◎**大意** 全年十二个月
月朔大余八日，小余七百八十七分；
冬至大余十三日，小余十六分；
徒维执徐就是征和三年。

十二
大余三，小余一百九十五；
大余十八，小余二十四；

祝犁大芒（荒）落四年。

◎**大意**　全年十二个月

月朔大余三日，小余一百九十五分；

冬至大余十八日，小余二十四分；

祝犁大荒落就是征和四年。

闰十三

大余五十七，小余五百四十三；

大余二十四，无小余；

商横敦牂后元元年。

◎**大意**　有闰月而全年十三个月

月朔大余五十七日，小余五百四十三分；

冬至大余二十四日，没有小余；

商横敦牂就是汉武帝后元元年。

十二

大余二十一，小余四百五十；

大余二十九，小余八；

昭阳汁洽二年。

◎**大意**　全年十二个月

月朔大余二十一日，小余四百五十分；

冬至大余二十九日，小余八分；

昭阳汁洽就是后元二年。

闰十三

大余十五，小余七百九十八；

大余三十四，小余十六；

横艾涒滩始元元年。

◎**大意**　有闰月而全年十三个月

月朔大余十五日，小余七百九十八分；

冬至大余三十四日，小余十六分；

横艾涒滩就是汉昭帝始元元年。

正西

十二

大余三十九，小余七百五；

大余三十九，小余二十四；

尚章作噩二年。

◎**大意**　冬至在酉时而方位正西

全年十二月

月朔大余三十九日，小余七百零五分；

冬至大余三十九日，小余二十四分；

尚章作噩就是始元二年。

十二

大余三十四，小余一百一十三；

大余四十五，无小余；

焉逢淹茂三年。

◎**大意**　全年十二个月
月朔大余三十四日，小余一百一十三分；
冬至大余四十五日，没有小余；
焉逢淹茂就是始元三年。

闰十三
大余二十八，小余四百六十一；
大余五十，小余八；
端蒙大渊献四年。

◎**大意**　有闰月而全年十三个月
月朔大余二十八日，小余四百六十一分；
冬至大余五十日，小余八分；
端蒙大渊献就是始元四年。

十二
大余五十二，小余三百六十八；
大余五十五，小余十六；
游兆困敦五年。

◎**大意**　全年十二个月
月朔大余五十二日，小余三百六十八分；
冬至大余五十五日，小余十六分；
游兆困敦就是始元五年。

十二
大余四十六，小余七百一十六；

无大余，小余二十四；

强梧赤奋若六年。

◎**大意**　全年十二个月

月朔大余四十六日，小余七百一十六分；

冬至没有大余，小余二十四分；

强梧赤奋若就是始元六年。

闰十三

大余四十一，小余一百二十四；

大余六，无小余；

徒维摄提格元凤元年。

◎**大意**　有闰月而全年十三个月

月朔大余四十一日，小余一百二十四分；

冬至大余六日，没有小余；

徒维摄提格就是汉昭帝元凤元年。

十二

大余五，小余三十一；

大余十一，小余八；

祝犁单阏二年。

◎**大意**　全年十二个月

月朔大余五日，小余三十一分；

冬至大余十一日，小余八分；

祝犁单阏就是元凤二年。

十二

大余五十九，小余三百七十九；

大余十六，小余十六；

商横执徐三年。

◎**大意** 全年十二个月

月朔大余五十九日，小余三百七十九分；

冬至大余十六日，小余十六分；

商横执徐就是元凤三年。

闰十三

大余五十三，小余七百二十七；

大余二十一，小余二十四；

昭阳大荒落四年。

◎**大意** 有闰月而全年十三个月

月朔大余五十三日，小余七百二十七分；

冬至大余二十一日，小余二十四分；

昭阳大荒落就是元凤四年。

十二

大余十七，小余六百三十四；

大余二十七，无小余；

横艾敦牂五年。

◎**大意**　全年十二个月

月朔大余十七日，小余六百三十四分；

冬至大余二十七日，没有小余；

横艾敦牂就是元凤五年。

闰十三

大余十二，小余四十二；

大余三十二，小余八；

尚章汁洽六年。

◎**大意**　有闰月而全年十三个月

月朔大余十二日，小余四十二分；

冬至大余三十二日，小余八分；

尚章汁洽就是元凤六年。

十二

大余三十五，小余八百八十九；

大余三十七，小余十六；

焉逢涒滩元平元年。

◎**大意**　全年十二个月

月朔大余三十五日，小余八百八十九分；

冬至大余三十七日，小余十六分；

焉逢涒滩就是汉昭帝元平元年。

十二

大余三十，小余二百九十七；

大余四十二，小余二十四；

端蒙作噩本始元年。

◎**大意**　全年十二个月

月朔大余三十日，小余二百九十七分；

冬至大余四十二日，小余二十四分；

端蒙作噩就是汉宣帝本始元年。

闰十三

大余二十四，小余六百四十五；

大余四十八，无小余；

游兆阉茂二年。

◎**大意**　有闰月而全年十三个月

月朔大余二十四日，小余六百四十五分；

冬至大余四十八日，没有小余；

游兆阉茂就是本始二年。

十二

大余四十八，小余五百五十二；

大余五十三，小余八；

强梧大渊献三年。

◎**大意**　全年十二个月

月朔大余四十八日，小余五百五十二分；

冬至大余五十三日，小余八分；

强梧大渊献就是本始三年。

十二

大余四十二，小余九百；

大余五十八，小余十六；

徒维困敦四年。

◎**大意**　全年十二个月

月朔大余四十二日，小余九百分；

冬至大余五十八日，小余十六分；

徒维困敦就是本始四年。

闰十三

大余三十七，小余三百八；

大余三，小余二十四；

祝犁赤奋若地节元年。

◎**大意**　有闰月而全年十三个月

月朔大余三十七日，小余三百零八分；

冬至大余三日，小余二十四分；

祝犁赤奋若就是汉宣帝地节元年。

十二

大余一，小余二百一十五；

大余九，无小余；

商横摄提格二年。

◎**大意**　全年十二个月

月朔大余一日，小余二百一十五分；

冬至大余九日，没有小余；

商横摄提格就是地节二年。

闰十三

大余五十五，小余五百六十三；

大余十四，小余八；

昭阳单阏三年。

◎**大意**　有闰月而全年十三个月

月朔大余五十五日，小余五百六十三分；

冬至大余十四日，小余八分；

昭阳单阏就是地节三年。

正南

十二

大余十九，小余四百七十；

大余十九，小余十六；

横艾执徐四年。

◎**大意**　冬至在午时而方位正南

全年十二个月

月朔大余十九日，小余四百七十分；

冬至大余十九日，小余十六分；

横艾执徐就是地节四年。

十二

大余十三，小余八百一十八；

大余二十四，小余二十四；

尚章大荒落元康元年。

◎**大意**　全年十二个月

月朔大余十三日，小余八百一十八分；

冬至大余二十四日，小余二十四分；

尚章大荒落就是汉宣帝元康元年。

闰十三

大余八，小余二百二十六；

大余三十，无小余；

焉逢敦牂二年。

◎**大意**　有闰月而全年十三个月

月朔大余八日，小余二百二十六分；

冬至大余三十日，没有小余；

焉逢敦牂就是元康二年。

十二

大余三十二，小余一百三十三；

大余三十五，小余八；

端蒙协洽三年。

◎**大意**　全年十二个月

月朔大余三十二日，小余一百三十三分；
冬至大余三十五日，小余八分；
端蒙协洽就是元康三年。

十二
大余二十六，小余四百八十一；
大余四十，小余十六；
游兆涒滩四年。

◎**大意**　全年十二个月
月朔大余二十六日，小余四百八十一分；
冬至大余四十日，小余十六分；
游兆涒滩就是元康四年。

闰十三
大余二十，小余八百二十九；
大余四十五，小余二十四；
强梧作噩神雀元年。

◎**大意**　有闰月而全年十三个月
月朔大余二十日，小余八百二十九分；
冬至大余四十五日，小余二十四分；
强梧作噩就是汉宣帝神雀元年。

十二
大余四十四，小余七百三十六；

大余五十一，无小余；

徒维淹茂二年。

◎**大意**　全年十二个月

月朔大余四十四日，小余七百三十六分；

冬至大余五十一日，没有小余；

徒维淹茂就是神雀二年。

十二

大余三十九，小余一百四十四；

大余五十六，小余八；

祝犁大渊献三年。

◎**大意**　全年十二个月

月朔大余三十九日，小余一百四十四分；

冬至大余五十六日，小余八分；

祝犁大渊献就是神雀三年。

闰十三

大余三十三，小余四百九十二；

大余一，小余十六；

商横困敦四年。

◎**大意**　有闰月而全年十三个月

月朔大余三十三日，小余四百九十二分；

冬至大余一日，小余十六分；

商横困敦就是神雀四年。

十二

大余五十七，小余三百九十九；

大余六，小余二十四；

昭阳赤奋若五凤元年。

◎**大意**　全年十二个月

月朔大余五十七日，小余三百九十九分；

冬至大余六日，小余二十四分；

昭阳赤奋若就是汉宣帝五凤元年。

闰十三

大余五十一，小余七百四十七；

大余十二，无小余；

横艾摄提格二年。

◎**大意**　有闰月而全年十三个月

月朔大余五十一日，小余七百四十七分；

冬至大余十二日，没有小余；

横艾摄提格就是五凤二年。

十二

大余十五，小余六百五十四；

大余十七，小余八；

尚章单阏三年。

◎**大意**　全年十二个月

月朔大余十五日，小余六百五十四分；
冬至大余十七日，小余八分；
尚章单阏就是五凤三年。

十二
大余十，小余六十二；
大余二十二，小余十六；
焉逢执徐四年。

◎**大意** 全年十二个月
月朔大余十日，小余六十二分；
冬至大余二十二日，小余十六分；
焉逢执徐就是五凤四年。

闰十三
大余四，小余四百一十；
大余二十七，小余二十四；
端蒙大荒落甘露元年。

◎**大意** 有闰月而全年十三个月
月朔大余四日，小余四百一十分；
冬至大余二十七日，小余二十四分；
端蒙大荒落就是汉宣帝甘露元年。

十二
大余二十八，小余三百一十七；

大余三十三，无小余；

游兆敦牂二年。

◎**大意**　全年十二个月

月朔大余二十八日，小余三百一十七分；

冬至大余三十三日，没有小余；

游兆敦牂就是甘露二年。

十二

大余二十二，小余六百六十五；

大余三十八，小余八；

强梧协洽三年。

◎**大意**　全年十二个月

月朔大余二十二日，小余六百六十五分；

冬至大余三十八日，小余八分；

强梧协洽就是甘露三年。

闰十三

大余十七，小余七十三；

大余四十三，小余十六；

徒维涒滩四年。

◎**大意**　有闰月而全年十三个月

月朔大余十七日，小余七十三分；

冬至大余四十三日，小余十六分；

徒维涒滩就是甘露四年。

十二

大余四十，小余九百二十；

大余四十八，小余二十四；

祝犁作噩黄龙元年。

◎**大意**　全年十二个月

月朔大余四十日，小余九百二十分；

冬至大余四十八日，小余二十四分；

祝犁作噩就是汉宣帝黄龙元年。

闰十三

大余三十五，小余三百二十八；

大余五十四，无小余；

商横淹茂初元元年。

◎**大意**　有闰月而全年十三个月

月朔大余三十五日，小余三百二十八分；

冬至大余五十四日，没有小余；

商横淹茂就是汉元帝初元元年。

正东

十二

大余五十九，小余二百三十五；

大余五十九，小余八；

昭阳大渊献二年。

◎**大意**　冬至在卯时而方位正东

全年十二个月

月朔大余五十九日，小余二百三十五分；

冬至大余五十九日，小余八分；

昭阳大渊献就是初元二年。

十二

大余五十三，小余五百八十三；

大余四，小余十六；

横艾困敦三年。

◎**大意**　全年十二个月

月朔大余五十三日，小余五百八十三分；

冬至大余四日，小余十六分；

横艾困敦就是初元三年。

闰十三

大余四十七，小余九百三十一；

大余九，小余二十四；

尚章赤奋若四年。

◎**大意**　有闰月而全年十三个月

月朔大余四十七日，小余九百三十一分；

冬至大余九日，小余二十四分；

尚章赤奋若就是初元四年。

十二
大余十一，小余八百三十八；
大余十五，无小余；
焉逢摄提格五年。

◎**大意**　全年十二个月
月朔大余十一日，小余八百三十八分；
冬至大余十五日，没有小余；
焉逢摄提格就是初元五年。

十二
大余六，小余二百四十六；
大余二十，小余八；
端蒙单阏永光元年。

◎**大意**　全年十二个月
月朔大余六日，小余二百四十六分；
冬至大余二十日，小余八分；
端蒙单阏就是汉元帝永光元年。

闰十三
无大余，小余五百九十四；
大余二十五，小余十六；
游兆执徐二年。

◎**大意**　有闰月而全年十三个月

月朔没有大余，小余五百九十四分；
冬至大余二十五日，小余十六分；
游兆执徐就是永光二年。

十二
大余二十四，小余五百一；
大余三十，小余二十四；
强梧大荒落三年。

◎**大意**　全年十二个月
月朔大余二十四日，小余五百零一分；
冬至大余三十日，小余二十四分；
强梧大荒落就是永光三年。

十二
大余十八，小余八百四十九；
大余三十六，无小余；
徒维敦牂四年。

◎**大意**　全年十二个月
月朔大余十八日，小余八百四十九分；
冬至大余三十六日，没有小余；
徒维敦牂就是永光四年。

闰十三
大余十三，小余二百五十七；

大余四十一，小余八；

祝犁协洽五年。

◎**大意**　有闰月而全年十三个月

月朔大余十三日，小余二百五十七分；

冬至大余四十一日，小余八分；

祝犁协洽就是永光五年。

十二

大余三十七，小余一百六十四；

大余四十六，小余十六；

商横涒滩建昭元年。

◎**大意**　全年十二个月

月朔大余三十七日，小余一百六十四分；

冬至大余四十六日，小余十六分；

商横涒滩就是汉元帝建昭元年。

闰十三

大余三十一，小余五百一十二；

大余五十一，小余二十四；

昭阳作噩二年。

◎**大意**　有闰月而全年十三个月

月朔大余三十一日，小余五百一十二分；

冬至大余五十一日，小余二十四分；

昭阳作噩就是建昭二年。

十二
大余五十五，小余四百一十九；
大余五十七，无小余；
横艾阉茂三年。

◎**大意**　全年十二个月
月朔大余五十五日，小余四百一十九分；
冬至大余五十七日，没有小余；
横艾阉茂就是建昭三年。

十二
大余四十九，小余七百六十七；
大余二，小余八；
尚章大渊献四年。

◎**大意**　全年十二个月
月朔大余四十九日，小余七百六十七分；
冬至大余二日，小余八分；
尚章大渊献就是建昭四年。

闰十三
大余四十四，小余一百七十五；
大余七，小余十六；
焉逢困敦五年。

◎**大意**　有闰月而全年十三个月

月朔大余四十四日，小余一百七十五分；

冬至大余七日，小余十六分；

焉逢困敦就是建昭五年。

十二

大余八，小余八十二；

大余十二，小余二十四；

端蒙赤奋若竟宁元年。

◎**大意**　全年十二个月

月朔大余八日，小余八十二分；

冬至大余十二日，小余二十四分；

端蒙赤奋若就是汉元帝竟宁元年。

十二

大余二，小余四百三十；

大余十八，无小余；

游兆摄提格建始元年。

◎**大意**　全年十二个月

月朔大余二日，小余四百三十分；

冬至大余十八日，没有小余；

游兆摄提格就是汉成帝建始元年。

闰十三

大余五十六，小余七百七十八；

大余二十三，小余八；

强梧单阏二年。

◎**大意**　有闰月而全年十三个月

月朔大余五十六日，小余七百七十八分；

冬至大余二十三日，小余八分；

强梧单阏就是建始二年。

十二

大余二十，小余六百八十五；

大余二十八，小余十六；

徒维执徐三年。

◎**大意**　全年十二个月

月朔大余二十日，小余六百八十五分；

冬至大余二十八日，小余十六分；

徒维执徐就是建始三年。

闰十三

大余十五，小余九十三；

大余三十三，小余二十四；

祝犁大荒落四年。

◎**大意**　有闰月而全年十三个月

月朔大余十五日，小余九十三分；

冬至大余三十三日，小余二十四分；

祝犁大荒落就是建始四年。

右《历书》：大余者，日也。小余者，月[①]也。端蒙者，年名也。支：丑名赤奋若，寅名摄提格。干：丙名游兆。正北，冬至加子时；正西，加酉时；正南，加午时；正东，加卯时。

◎**注释** ①〔月〕当为“分”。

◎**大意** 上面的《历书》中：大余，是指剩余的日数。小余，是指剩余的分数。端蒙，是年名。地支：丑叫作赤奋若，寅叫作摄提格。天干：丙叫作游兆。正北，是指冬至在子时；正西，是指冬至在酉时；正南，是指冬至在午时；正东，是指冬至在卯时。

◎**知识拓展**

大家可能不知道，司马迁也是西汉太初历法校定的发起人之一。西汉原本一直沿用秦始皇时代所修订的《颛顼历》，然而当时《颛顼历》已经无法准确确定朔望与节气，这是误差长期积累的缘故。因此，司马迁便联合时任太中大夫的公孙卿与壶遂上书汉武帝，其中就说“历纪坏废，宜改正朔”。此后，司马迁还参与制定新历法前的一系列测量、推算工作，对其后颁布的《太初历》做出了十分重要的贡献。由此可见，对于历法一事，司马迁是有自己的才能与见解的。公元前104年，汉武帝改元太初，颁布了新的历法——《太初历》。然而，《史记》的《历书》之中并没有看到司马迁对《太初历》的具体记载，反而是以大部分篇幅展示了一部《历术甲子篇》。学者一般认为，此《历术甲子篇》乃司马迁根据自己的历法理论所作的一部所谓“万年历”。这里没有记录《太初历》的具体情况，是因为司马迁对制定《太初历》的过程中为与乐律相合而改动数据的行为不满。不过，《太初历》后来经过西汉末年刘歆的修订，以《三统历》的名称被保存在《汉书·律历志》中，是流传至今最完整的历法文献。但据有关资料，刘歆的修订使得《三统历》的测算已经大大优于原本的《太初历》，也就是说，它已不再是《太初历》的原貌了。

天官书第五

所谓天官，其实就是天上的星辰。因为汉代流行“天人感应”的观念，人们将天上的星辰与人间的君臣相对应，列分等级，称为“天官”。司马贞《史记索隐》中有解释：“文有五官。官者，星官也。星座有尊卑，若人之官曹列位，故曰天官。”《天官书》，就是司马迁对于前代学者及他个人研究天文学成果的记录，这也是我国现存较早的全面系统的天文学专著。

《天官书》全文分为五个部分。从“中宫天极星，其一明者，太一常居也”至“织女，天女孙也”为第一部分，将天上的星星按照其所在区域划分为五宫，逐一介绍五宫中的列星分布及其赢缩兆占。从“察日、月之行以揆岁星顺逆”至“冬不见，阴雨六十日，有流邑，夏则不长”为第二部分，叙述五大行星的运行规律、分野情况及其与吉凶祸福的联系。从“角、亢、氐，兖州”至“其对为冲，岁乃有殃”为第三部分，讨论分野及天的五种客气，即日晕、日月食、流星、云、风的占卜意义。从“太史公曰：自初生民以来，世主曷尝不历日月星辰”至“察其精粗，则天官备矣”为第四部分，讨论天人关系。从“苍帝行德，天门为之开”至“客星出天廷，有奇令”为第五部分，文字内容与上述文字不接，后世学者认为这部分内容是后人附记或有错简。

中宫天极星，其一明者，太一常居也；旁三星三公，或曰子属。后句[①]四星，末大星正妃，余三星后宫之属也。环之匡卫十二星，藩臣。皆曰紫宫。

◎**注释**　①〔句（gōu）〕弯曲。

◎**大意**　天空中央紧靠天极的星，其中有一颗明亮发紫光，是天帝常居处；旁边三小星，为三公，也有说是天帝嫡庶子的。后面弯曲排列着四颗星，末端那颗大星为王后星，其余三星为嫔妃。围绕帝星状似拱卫的十二星，是一众藩臣。这一星区总称紫宫。

前列直斗口三星，随北端兑（锐），若见（现）若不（否），曰阴德，或曰天一。紫宫左三星曰天枪，右五星曰天棓[①]，后六星绝汉抵营室，曰阁道。

◎**注释**　①〔天棓（bàng）〕星宿名。

◎**大意**　前排正对北斗斗口的三颗星，组成一个向北尖锐的三角形，若隐若现，名叫阴德，也称天一。紫宫左边三星名叫天枪，右边五星叫天棓，后面六星横亘天河至室宿，称为阁道。

北斗七星，所谓“旋、玑、玉衡以齐七政”。杓[1]携龙角，衡殷南斗，魁[2]枕参首。用昏建者杓；杓，自华以西南。夜半建者衡；衡，殷中州河、济之间。平旦建者魁；魁，海岱以东北也。斗为帝车，运于中央，临制四乡（向）。分阴阳，建四时，均五行，移节度，定诸纪，皆系于斗。

◎**注释** ①〔杓（biāo）〕北斗星的第五星至第七星，即柄部的三颗星。②〔魁〕北斗第一星至第四星。

◎**大意** 北斗七星就是《尚书》所说的“旋、玑、玉衡以齐七政”。极星与斗杓相连的延长线连接着东宫苍龙的角宿，斗衡隐隐约约和南斗相对，斗魁四星的延长线枕着参宿头上的两颗星。用斗杓黄昏时所指的十二辰次建寅为正月叫昏建；斗杓，在地上的分野是华山及其西南地区。用斗衡夜半时所指的十二辰次建寅为正月叫夜半建；斗衡，它的分野在中原黄河和济水之间的地区。用斗魁黎明时所指的十二辰次建寅为正月叫平旦建；斗魁，其分野在渤海到泰山一线东北地区。北斗是天帝的车驾，它在靠近天极的中央运转，统治着四方。分别阴阳消长的界限，建立四时的秩序，均平五行和阴阳四时的关系，移易天候的节气度数，确定历法的纪元，这些都与它的运转位置有关。

斗魁戴匡（筐）六星曰文昌宫：一曰上将，二曰次将，三曰贵相，四曰司命，五曰司中，六曰司禄。在斗魁中，贵人之牢。魁下六星，两两相比者，名曰三能（台）。三能（台）色齐，君臣和；不齐，为乖戾。辅星明近，辅臣亲强；斥小，疏弱。

◎**大意** 斗魁头顶排成筐状的六颗星叫文昌宫：第一颗叫上将，第二颗叫次将，第三颗叫贵相，第四颗叫司命，第五颗叫司中，第六颗叫司禄。斗魁中的四颗星，为权贵的天牢。魁星之下六颗星，两两相对排列，名叫三台星。三台星光正常，君臣相安，反之即有冲突。北斗第六星开阳星近处的小星名开阳辅星，辅星明亮而紧贴开阳星，众臣忠心得力；光暗而远离开阳星，众臣疏远而不亲职务。

杓端有两星：一内为矛，招摇；一外为盾，天锋。有句圜[1]十五星，属杓，曰贱人之牢。其牢中星实则囚多，虚则开出。

◎**注释** ①〔句圜（gōu yuán）〕屈曲连环。

◎**大意** 斗柄端有两颗星：近的名天矛，亦称招摇；远的名盾，亦称天锋。有十五颗星屈曲如连环，连接斗尾，是关押庶人的天牢。天牢中的星显亮犯人就多，反之就是天牢中没有囚犯。

天一、枪、棓、矛、盾动摇，角大，兵起。

◎**大意** 天一、天枪、天棓、天矛、天盾等星光亮不正常，角宿黄光增强，意味着有战事。

东宫苍龙，房、心。心为明堂，大星天王，前后星子属。不欲直，直则天王失计。房为府，曰天驷[1]。其阴，右骖[2]。旁有两星曰衿[3]；北一星曰舝[4]。东北曲十二星曰旗。旗中四星曰天市，中六星曰市楼。市中星众者实；其虚则秏（耗）。房南众星曰骑官。

◎**注释** ①〔天驷〕二十八星宿中房宿的别名。②〔骖〕原指古代驾在车前两侧的马，此处用作星名。③〔衿（jīn）〕原指古代服装下连到前襟的衣领，此处用作星名。④〔舝（xiá）〕原指车辖，即贯穿车轴，用以防止轮子脱落的金属键，此处用作星名。

◎**大意** 东宫七宿星组成苍龙形态，其中较显著的是房宿、心宿。心宿三星为天帝政事厅，中间最亮的大星名天王，前后两颗星为王子。这三颗星没有排成直线；若成直线，就是政事有失误。房宿是天帝外宅，也是车驾。稍北有左、右骖星，旁边两个小星名衿，北面一星名舝。东北方向弯曲排列的十二颗星名叫天旗。天旗中央四颗星为天市垣，有六颗星称为市楼。天市垣内各小星明亮众多则百业兴盛，相反就百业萧条。房宿南边各星，总称骑官。

左角，李（理）[①]；右角，将。大角者，天王帝廷。其两旁各有三星，鼎足句之，曰摄提。摄提者，直斗杓所指，以建时节，故曰“摄提格[②]”。亢为疏庙，主疾。其南北两大星，曰南门。氐为天根，主疫。

◎注释 ①〔李〕通“理”，古代狱官，法官。②〔摄提格〕古代岁星纪年法中的十二辰之一。古人认为岁星十二年一周天，将黄道附近天域均分为十二部分，称作十二星次，岁星每年走一次。古人就根据岁星所在位置来纪年。摄提格为十二次的第三位，相当于干支纪年法中的寅年。

◎大意 角宿左右两星为法官、将军。大角为天王帝廷。两侧各有三星，如鼎足三角形，称左、右摄提。摄提正对北斗柄，可以显示四季，用在纪年上便名“摄提格”。亢宿为远房帝胄家庙，主管病医。宅南边两颗大星名南门一、南门二。氐宿是天的根柱，主管疾疫。

尾为九子，曰君臣；斥绝，不和。箕为敖客[①]，曰口舌。

◎注释 ①〔敖客〕指以口舌拨弄是非的说客。

◎大意 尾宿由九颗星组成，象征君臣关系；它们疏远隔离，象征君臣不和。箕宿为说客，多议政事。

火犯守角[①]，则有战。房、心，王者恶之也。

◎**注释** ①〔火犯守角〕火，火星，又称“荧惑”。犯、守，均为古代星占用语，表示两天体接近的程度。

◎**大意** 火星运行接近或停留在角宿，将有战争。火星若接近或停留在房宿、心宿，是帝王厌恶的凶象。

南宫朱鸟，权、衡。衡，太微，三光之廷。匡卫十二星，藩臣：西，将；东，相；南四星，执法；中，端门；门左右，掖门[1]。门内六星，诸侯。其内五星，五帝坐（座）。后聚一十五星，蔚然，曰郎位；傍一大星，将位也。月、五星顺入，轨道，司其出，所守，天子所诛也。其逆入，若不轨道，以所犯命之；中坐（座），成形，皆群下从谋也。金、火尤甚。廷藩西有隋（堕）星五，曰少微，士大夫。权，轩辕。轩辕，黄龙体。前大星，女主象；旁小星，御者后宫属。月、五星守犯者，如衡占。

◎**注释** ①〔掖（yè）门〕原指古代宫殿正门两旁的小门，此处用作星名。

◎**大意** 南宫七宿星组成朱雀的形态，其主体是权星和衡星。衡星，就是太微垣，为日月五行星的宫廷。还有辅卫十二星，为家臣：西边是武职，东边是文职，南端那四颗星是左、右执法，中央的星是端门，端门左右的星为掖门。门内六星为诸侯。其内十字状五星，叫作五帝座。靠北的十五颗小星排列错综特别，名叫郎位；旁边一颗较大的星，名郎将。月亮、五行星从西向东运行到这一星区，沿着通常的路线，观察它们的出没，被它们侵犯的星宿所代表的官员便要被诛杀。若月亮、五行星从东向西逆行，所经路线异常，被它们侵犯的星宿所代表的官员都要遭受各种罪责。侵凌了五帝座，必有灾乱，都是臣下犯上作乱。来犯的若是金星、火星，情况就更加严重了。太微垣西边有五颗小星，名为少微，代表九卿、三公。权星即轩辕大星，十七颗星蜿蜒如一条黄龙。轩辕大星象征女主，下面三小星为宫娥。月亮、五行星顺逆侵犯，代表的吉凶同衡星所显示的一样。

东井为水事。其西曲星曰钺[1]。钺北，北河；南，南河；两河、天阙间为关梁。舆鬼，鬼祠事；中白者为质。火守南、北河，兵起，谷不登。故德成衡，观成潢，伤成钺，祸成井，诛成质。

◎**注释** ①〔钺（yuè）〕原为一种兵器，此处用作星名。

◎**大意** 井宿掌管河渠的事项。西北斜挂的变光星叫作钺星。钺星北有北河两大星，南有南河两大星。北河、南河与天阙之间正当黄道，是五行星必经的要冲。鬼宿主管祭祀祷天之事，中央的白暗光团名为质。如果火星在运行中停留在南、北河附近冲日，战事兴起，五谷遭灾。因此帝王有德行，会反映在太微垣上；帝王巡游，会反映在井宿西北的天潢五小星上；不施仁政，会反映在钺星上；国有凶事，会反映在井宿上；滥施杀伐，会反映在鬼宿的质中。

柳为鸟注（咮）[1]，主木草。七星，颈，为员官，主急事。张，素（嗉）[2]，为厨，主觞客[3]。翼为羽翮[4]，主远客。

◎**注释** ①〔鸟注（zhòu）〕鸟嘴。注，通“咮”。②〔素〕通“嗉”，鸟类食道下部储存食物的器官，形如袋子。③〔觞客〕宴请宾客。④〔羽翮（hé）〕鸟羽。

◎**大意** 柳宿为朱雀的嘴，主管草木山岳。星宿七星在朱雀的颈部，是朱雀的喉咙，主管机要的事。张宿是朱雀的嗉囊，主管厨事宴会。翼宿是朱雀的翅，主管接待外宾。

轸为车，主风。其旁有一小星，曰长沙星，星不欲明；明与四星等，若五星入轸中，兵大起。轸南众星曰天库楼；库有五车。车星角若益众，及不具，无处车马。

◎**大意** 轸宿是指南车，主管方向物候。里边有一颗小星，叫作长沙星，这颗星通常不是很亮；如果它与轸宿四星一样亮，或者五行星侵入轸宿中时，将有大的战事。轸宿之南的众星叫作天库楼；天库楼有五车星。五车星光芒增强或者减弱，就会发生动乱而无处安放车马。

西宫咸池，曰天五潢。五潢，五帝车舍。火入，旱；金，兵；水，水。中有三柱，柱不具，兵起。

◎**大意**　西宫七宿组成白虎形态，其中心在咸池，叫天五潢。五潢星为五天帝的车舍。火星侵入时，有旱灾；金星侵入时，有兵灾；水星侵入时，有水灾。五潢中有三柱星，三柱星光变暗时，有战争。

奎曰封豕，为沟渎。娄为聚众。胃为天仓。其南众星曰廥积[①]。

◎**注释**　①〔廥（kuài）积〕本义指库藏的粮食或秣草。

◎**大意**　奎宿也叫作封豕，主管水道疏泄。娄宿主管聚会。胃宿代表天帝的仓库。南面众小星叫作廥积星。

昴曰髦头[①]，胡星也，为白衣会。毕曰罕车[②]，为边兵，主弋猎。其大星旁小星为附耳。附耳摇动，有谗乱臣在侧。昴、毕间为天街。其阴，阴国；阳，阳国。

◎**注释**　①〔昴（mǎo）曰髦头〕昴，二十八星宿之一。髦，本义是毛发中的长毛。②〔罕车〕本义是张网的猎车。

◎**大意**　昴宿也叫作髦头，象征四夷，主管丧仪。毕宿也叫作罕车，主管边防军，也管狩猎。毕大星旁一小星叫作附耳星。附耳星光变幻，定有谗臣误国。昴宿、毕宿中间的黄道称天街。天街北边的分野，是动乱的国家；南边的分野，是安定的国家。

参为白虎。三星直者，是为衡石。下有三星，兑（锐），曰罚，为斩艾（刈）事。其外四星，左右肩股也。小三星隅置，曰觜觿[①]，为虎首，主葆旅事。其南有四星，曰天厕。厕下一星，曰天矢。矢黄则吉；青、白、黑，凶。其西有句曲九星，三处罗：一曰天旗，二曰天苑，三曰九游。其东有大星曰狼。狼角变色，多盗贼。下有四星曰弧，直狼[②]。狼比地有大星，曰南极老人。老人见（现），治安；不见（现），兵起。常以秋分时候之于南郊。

◎**注释** ①〔觜觿（zī xī）〕本义是一种大龟。这里作星座名。②〔狼〕《汉书·艺文志》无“狼”字，疑衍。

◎**大意** 参宿为白虎的主体。中间三星直列，如一杆秤。下面三星尖锐，名罚星，掌管刑杀之事。外面四星，形同四肢。顶上三星紧聚，便是觜觿宿，是虎头，主管军需供给。南面四星名天厕。天厕下一小星名天矢星。天矢星光呈黄色，表示吉利；光呈青色、白色、黑色，表示祸患。西边有弯曲排列的九颗小星，可分为三组：一组名叫天旗，一组名叫天苑，还有一组名叫九游。东边最亮的一颗大星，便是天狼星。天狼星的光亮发生变化，盗贼就增多。下面四颗亮星叫弧矢，正对狼腹。近地处有颗大星，叫南极老人星。能观察到南极老人星，国家就安定；观察不到，就有兵乱。南极老人星常在秋分前后出现于南天边。

附耳入毕中，兵起。

◎**大意** 附耳小星若进入毕宿中，有战争。

北宫玄武，虚、危。危为盖屋，虚为哭泣之事。

◎**大意** 北宫七宿组成龟蛇攀连的形态，其中较显著的是虚宿、危宿。危宿掌管土木建筑之事，虚宿掌管哭泣之事。

其南有众星，曰羽林天军。军西为垒，或曰钺。旁有一大星为北落。北落若微亡，军星动角益希（稀），及五星犯北落，入军，军起。火、金、水尤甚：火，军忧；水，水患；木、土，军吉。危东六星，两两相比，曰司空。

◎**大意**　虚宿、危宿之南众星杂列，称为羽林天军。西边有垒壁星，又叫钺星。旁边一颗大星称作北落星。如果北落星光暗，羽林天军摇动且暗淡无光，以及五行星运行侵入北落，或侵入羽林天军，国家将有战乱。火、金、水三行星发生上述现象，情况会更严重：火星入侵，军无斗志；水星入侵，洪水成灾；若是木星、土星入侵，就对军事有利。危宿东面六小星分成三对，叫作司空。

营室为清庙，曰离宫、阁道。汉中四星，曰天驷。旁一星，曰王良。王良策马，车骑满野。旁有八星，绝汉，曰天潢。天潢旁，江星。江星动，人涉水。

◎**大意**　室宿为帝王宗庙，其中有离宫、阁道等星。天河里的四颗星，叫作天驷。旁边一星，用古代善于驾车的王良命名。王良星闪动，好像执鞭策马，人间就车马遍野。旁边有八颗星，横亘天河，叫作天潢。天潢旁边的星，叫作天江。天江星闪动，人间河水涨及人身。

杵、臼四星，在危南。匏瓜，有青黑星守之，鱼盐贵。

◎**大意**　杵三星和臼四星，在危宿之南。匏瓜星若有黑青色的星守在旁边，人间鱼盐价钱便上涨。

南斗为庙，其北建星。建星者，旗也。牵牛为牺牲。其北河

鼓。河鼓大星，上将；左右，左右将。婺女[1]，其北织女。织女，天女孙也。

◎**注释** ①〔婺（wù）女〕二十八星宿之一。

◎**大意** 斗宿也叫南斗，是天帝的庙廷。稍北有六星叫作建星，管旗仗。牛宿掌管祭祀的牺牲。北面为河鼓三星，大星为上将，左右为左将、右将。女宿之北的大星叫作织女，她是天帝的孙女。

察日、月之行以揆[1]岁星顺逆。曰东方，木，主春，日甲乙。义失者，罚出岁星。岁星赢缩，以其舍命国。所在国不可伐，可以罚人。其趋舍而前曰赢，退舍曰缩。赢，其国有兵不复；缩，其国有忧，将亡，国倾败。其所在，五星皆从而聚于一舍，其下之国可以义致天下。

◎**注释** ①〔揆（kuí）〕测量。

◎**大意** 观测太阳、月亮的运行来测算岁星顺行、逆行的规律。岁星便是每次先现于东方的木星，主宰春季，日期为甲乙。帝王所行不义，岁星即示天象告警。岁星运行时间不正常，以其所在的二十八宿位置确定分野国。它所在的星宿对应的分野国不可被征伐，这个国家却可征伐别国。岁星超过它正常到达的天区称为赢，落后于它正常到达的天区称为缩。若发生赢的现象，岁星超前到达的那一宿的分野国有战祸而不能恢复；若发生缩的现象，岁星落在后一宿的分野国就有忧患，将军战死，国家覆灭。它所在的区，若五行星皆聚合于一宿，对应的分野国就能以义服天下。

以摄提格岁：岁阴左行在寅，岁星右转居丑。正月，与斗、牵牛晨出东方，名曰监德。色苍苍有光。其失次，有应见柳。岁早，水；晚，旱。

◎**大意** 用摄提格来定名寅年：岁星顺行至寅位，逆行则居丑位。正月，岁星与斗宿、牛宿在早晨现于东方，称作监德。它颜色深青，光芒不强。若失次未到位，可用半周天对应的柳宿来检验。来得早，有水灾；来得晚，有旱灾。

岁星出，东行十二度，百日而止，反逆行；逆行八度，百日，复东行。岁行三十度十六分度之七，率日行十二分度之一，十二岁而周天。出常东方，以晨；入于西方，用昏。

◎**大意** 岁星在早晨现于东方后，顺行十二度，百日后短暂停留，即逆行八度，再恢复顺行。每年移动三十度又十六分之七度，大概每天运行十二分之一度，十二年绕天一周。它总是出现在东方黎明，消失在西方黄昏。

单阏岁：岁阴在卯，星居子。以二月与婺女、虚、危晨出，曰降入。大有光。其失次，有应见张。其岁大水。

◎**大意** 用单阏来定名卯年：岁星到了子位。二月间与女宿、虚宿、危宿出现于黎明，叫作降入。这时岁星增大、增亮了。若失次未到位，用半周天对应的张宿来检验。这一年有洪灾。

执徐岁：岁阴在辰，星居亥。以三月与营室、东壁晨出，曰青章。青青甚章。其失次，有应见轸。岁早，旱；晚，水。

◎**大意** 用执徐来定名辰年：岁星到了亥位。三月间与室宿、壁宿出现于黎明，叫作青章。光芒可见明显的青色。若失次未到位，用半周天对应的轸宿来检验。来得早，有旱灾；来得晚，有涝灾。

大荒骆岁：岁阴在巳，星居戌。以四月与奎、娄晨出，曰跰踵。熊熊赤色，有光。其失次，有应见亢。

◎**大意** 用大荒骆来定名巳年：岁星到了戌位。四月间与奎宿、娄宿出现于黎明，叫作跰踵。颜色青中带黄红，光亮又有增加。若失次未到位，用半周天对应的亢宿来检验。

敦牂岁：岁阴在午，星居酉。以五月与胃、昴、毕晨出，曰开明。炎炎有光。偃兵；唯利公王，不利治兵。其失次，有应见房。岁早，旱；晚，水。

◎**大意** 用敦牂来定名午年：岁星到了酉位。五月间与胃宿、昴宿和毕星出现于黎明，叫作开明。光亮呈黄红色。国家无战事；有利于帝王诸侯推行仁政，用兵不吉。若失次未到位，用半周天对应的房宿来检验。来得早，有旱灾；来得晚，有水灾。

叶洽岁：岁阴在未，星居申。以六月与觜觿、参晨出，曰长列。昭昭有光。利行兵。其失次，有应见箕。

◎**大意** 用叶洽来定名未年：岁星到了申位。六月间与觜觿宿、参宿出现于黎明，叫作长列。光现出黄白色。利于用兵。若失次未到位，用半周天对应的箕宿来检验。

涒滩岁：岁阴在申，星居未。以七月与东井、舆鬼晨出，曰大音。昭昭白。其失次，有应见牵牛。

◎**大意** 用涒滩来定名申年：岁星到了未位。七月间与井宿、鬼宿现于黎明，叫作大音。有明显的白黄色。若失次未到位，用半周天对应的牛宿来检验。

作鄂岁：岁阴在酉，星居午。以八月与柳、七星、张晨出，曰长王。作作有芒。国其昌，熟谷。其失次，有应见危。有旱而昌，有女丧，民疾。

◎**大意**　用作鄂来定名酉年：岁星到了午位。八月间与柳宿、星宿、张宿现于黎明，叫作长王。白黄光强烈。这一年国家昌盛、五谷丰登。若失次未到位，用半周天对应的危宿来检验。本年即使有旱情，国运仍然昌盛，后妃有丧亡，民间有疾病。

阉茂岁：岁阴在戌，星居巳。以九月与翼、轸晨出，曰天睢。白色大明。其失次，有应见东壁。岁水，女丧。

◎**大意**　用阉茂来定名戌年：岁星到了巳位。九月间与翼宿、轸宿出现于黎明，叫作天睢。光色白烈。若失次未到位，用半周天对应的壁宿来检验。本年有水患，嫔妃有死丧。

大渊献岁：岁阴在亥，星居辰。以十月与角、亢晨出，曰大章。苍苍然，星若跃而阴出旦，是谓"正平"。起师旅，其率必武；其国有德，将有四海。其失次，有应见娄。

◎**大意**　用大渊献来定名亥年：岁星到了辰位。十月间与角宿、亢宿现于黎明，叫作大章。光呈青白色，似有闪烁，黎明时却较暗淡，这叫作"正平"。若有征伐，必能克敌；国家得太平，四海宾服。若失次未到位，用半周天对应的娄宿来检验。

困敦岁：岁阴在子，星居卯。以十一月与氐、房、心晨出，曰天泉。玄色甚明。江池其昌，不利起兵。其失次，有应见昴。

◎**大意** 用困敦来定名子年：岁星到了卯位。十一月间与氐宿、房宿、心宿共现于黎明，叫作天泉。颜色有明显的黑青。本年水滨地区甚繁荣，兴师动众不利。若失次未到位，用半周天对应的昴宿来检验。

赤奋若岁：岁阴在丑，星居寅，以十二月与尾、箕晨出，曰天皓。黫然[①]黑色甚明。其失次，有应见参。

◎**注释** ①〔黫（yān）然〕黑的样子。

◎**大意** 用赤奋若来定名丑年：岁星到了寅位。十二月间与尾宿、箕宿现于黎明，叫作天皓。光呈明显的黑色。若失次未到位，用半周天对应的参宿来检验。

当居不居，居之又左右摇，未当去去之，与他星会，其国凶。所居久，国有德厚。其角动，乍小乍大，若色数变，人主有忧。

◎**大意** 当留守而不留守，留守了又顺逆不定，不该离去又离去，再与其他行星会聚，这个国家定有凶事。留守期长，这个国家必行仁政恩泽于民。它光芒闪耀，大小不定，颜色多变，这样帝王必有忧愁。

其失次舍以下，进而东北，三月生天棓，长四丈，末兑（锐）。进而东南，三月生彗星，长二丈，类彗。退而西北，三月生天欃[①]，长四丈，末兑（锐）。退而西南，三月生天枪，长数丈，两头兑（锐）。谨视其所见之国，不可举事用兵。其出如浮如沉，其国有土功；如沉如浮，其野亡。色赤而有角，其所居国昌。迎角而战者，不胜。星色赤黄

而沉，所居野大穰。色青白而赤灰，所居野有忧。岁星入月，其野有逐相；与太白斗，其野有破军。

◎**注释**　①〔天欃（chán）〕彗星名。

◎**大意**　岁星在二十八宿间到达的时间，年际中若有错位，顺行偏向东北，三月便指向天棓星，长四丈，末端尖锐有锋芒。顺行偏向东南，三月后与彗星无区别，长二丈，像扫帚。逆行上偏西北，三月后酷似彗星天欃，长四丈，末端尖锐有锋芒。逆行下偏西南，三个月后似彗星天枪，也几丈长，两端尖锐露锋。缜密地观测它出现的分野之国，绝不可以大变政事和妄动兵刀。岁星运行时看似向北实际向南，其分野国可能会大兴土木；看似向南实际向北，其分野国可能丧失边境领土。它色红而有光芒，分野之国一定昌盛。与这个国家作战，必败无疑。它光色橙黄并远离黄道，所留守的分野之国五谷丰登。它光色淡青又有赤灰色，分野之国必多忧患。岁星被月亮掩住，分野之国的辅政要臣必遭放逐；与金星相遇，它的分野之国必有败军之事。

岁星一曰摄提，曰重华，曰应星，曰纪星。营室为清庙，岁星庙也。

◎**大意**　岁星也叫作摄提星，还叫作重华星、应星、纪星。室宿是在外的太庙，也是岁星的宫室。

察刚气以处荧惑。曰南方，火，主夏，曰丙丁。礼失，罚出荧惑，荧惑失行是也。出则有兵，入则兵散。以其舍命国。荧惑为勃（悖）乱，残贼、疾、丧、饥、兵。反道二舍以上，居之，三月有殃，五月受兵，七月半亡地，九月太半亡地。因与俱出入，国绝祀。居之，殃还（旋）至，虽大当小；久而至，当小反大。其南为丈夫丧，北为女子丧。若角动绕环之，及乍前乍后，左右，殃益

大。与他星斗，光相逮，为害；不相逮，不害。五星皆从而聚于一舍，其下国可以礼致天下。

◎**大意** 观测刚强之气来判定火星——荧惑的方位。火星属南方，主宰夏季，日期是丙丁。国家礼仪沦丧，火星即示警，运行大反常规。火星出现将有战争，火星隐没则战争平息。通常以火星所在的星宿推测其分野国的吉凶。火星出现意味着动荡不安，预示着凶杀、疾病、死丧、饥饿、战祸。逆行两宿以上，停留在某宿，三月内便有灾殃，五月内被外敌侵犯，七月内国家土地有一半沦亡，九月内土地大半沦亡。九个月后，火星所显天象未变，国家土地将全部沦亡。火星停留在某宿，若灾殃立即发生，大灾会变为小灾；若灾殃很久才发生，小灾也会发展成大灾。火星运行向南，男子多祸；运行向北，女子有难。若光芒环绕，位置前后左右不定，灾祸更大。与其他星接近，若星光相接，就有害；星光没有接触，就无害。若五行星皆聚于一宿，对应的那个国家便可以礼治天下。

法，出东行十六舍而止；逆行二舍；六旬，复东行，自所止数十舍，十月而入西方；伏行五月，出东方。其出西方曰“反明”，主命者恶之。东行急，一日行一度半。

◎**大意** 火星运行的常规周期，顺行十六宿而停留；逆行二宿；六十天后，恢复顺行，中间经过数十宿，十个月后隐于西方；潜伏运行五个月，又在黎明时出现于东方。火星消失后又出现于西方，叫作“反明”，当政者最厌恶这种天象。它顺行时速度快，有时一天可移动一度半。

其行东、西、南、北疾也。兵各聚其下。用战，顺之胜，逆之败。荧惑从太白，军忧；离之，军却。出太白阴，有分军；行其阳，有偏将战。当其行，太白逮之，破军杀将。其入守犯太微、轩辕、营室，主命恶之。心为明堂，荧惑庙也。谨候此。

◎**大意**　火星在东、西、南、北四个方位运行速度都快。军队各自聚集到它的下面作战时，从西向东顺着它的将获胜，向西逆行的必败。火星在金星后运行，军队有忧患；离开金星，则可退兵。火星出没于金星北，有敌军突袭；出没于金星南，有局部受敌之患。火星运行中被金星追及，军败将亡。火星侵犯太微垣、轩辕大星、室宿，当政者很厌恶这种天象。心宿是火星的庙堂。应小心观测火星的运行情况。

历斗之会以定填（镇）星之位。曰中央，土，主季夏，日戊己，黄帝，主德，女主象也。岁填（镇）一宿，其所居国吉。未当居而居，若已去而复还，还居之，其国得土，不乃得女。若当居而不居，既已居之，又西东去，其国失土，不乃失女，不可举事用兵。其居久，其国福厚；易，福薄。

◎**大意**　用与南斗会离的时间、规律来观测填星（即土星）在二十八宿中的位置。土星主持中央，属土，主宰夏季，日期是戊己，是黄帝，主要表示德性，也表示王后贤德。土星每年在二十八宿中运行一宿，它在哪一宿，这宿对应的分野国就一切吉祥。不该在那一宿，或顺行过去又逆行回来，那一宿所对应的分野国可开拓国土，不然的话便得到贤德的王后。若当停留而不停留，或已经停留又顺行东去，其分野国必失陷土地，不然的话便有厄运降于王后，绝不可举大事或用兵。土星停留时间长，这个国家福泽及于民；停留时间短，福泽不及于民。

其一名曰地侯，主岁。岁行十三度百十二分度之五，日行二十八分度之一，二十八岁周天。其所居，五星皆从而聚于一舍，其下之国，可以重致天下。礼、德、义、杀、刑尽失，而填（镇）星乃为之动摇。

◎**大意**　土星的另一名称叫作地侯星，主管农事的丰收歉收。土星每年运行十三又一百一十二分之五度，每天运行二十八分之一度，二十八年绕天一周。土星所停留的各宿，五行星都来相聚，对应的分野国可靠恩威取得天下。若这个国家的礼仪、道德、信义、诛杀、刑律都遭到破坏，土星将为之动摇。

赢，为王不宁；其缩，有军不复。填（镇）星，其色黄，九芒，音曰黄钟宫。其失次上二三宿曰赢，有主命不成，不乃大水。失次下二三宿曰缩，有后戚，其岁不复，不乃天裂若地动。

◎**大意** 土星到达某宿时间提前，帝王不安于位；晚至，远征的军队就危险。土星的颜色是黄的，有九道光芒，声音似黄钟律、宫调。土星失次未到位，超过两三宿称为赢，这种情况下，君王的旨令不能执行，要不然就有大水灾。失次在两三宿以下称为缩，这种情况下，王后有忧伤之事，这一年雨露失调，或者天裂地震。

斗为文太室，填（镇）星庙，天子之星也。

◎**大意** 南斗是有文采的君王的庙堂，也是土星的宫殿，土星是象征君王的星。

木星与土合，为内乱，饥，主勿用战，败；水则变谋而更事；火为旱；金为白衣会若水。金在南曰牝牡[①]，年谷熟。金在北，岁偏无。火与水合为焠[②]，与金合为铄[③]，为丧，皆不可举事，用兵大败。土为忧，主孽卿；大饥，战败，为北军，军困，举事大败。土与水合，穰而拥阏[④]，有覆军，其国不可举事。出，亡地；入，得地。金为疾，为内兵，亡地。三星若合，其宿地国外内有兵与丧，改立公王。四星合，兵丧并起，君子忧，小人流。五星合，是为易行，有德，受庆，改立大人，掩有四方，子孙蕃昌；无德，受殃若亡。五星皆大，其事亦大；皆小，事亦小。

◎**注释** ①〔牝（pìn）牡〕动物的雌性与雄性。②〔焠（cuì）〕将金属烧红后浸入水中，以增加其硬度，使其更坚利。③〔铄（shuò）〕熔化。④〔穰（ráng）而拥阏（è）〕穰，丰收。拥阏，阻塞。

◎**大意** 木星与土星相会，有内乱，年岁饥馑，君王不要妄动干戈，妄动就会失败；木星与水星相会，国家政务要进行变革；木星与火星相会，有旱灾；木星与金星相会，有丧事或水灾。金星在木星南边，叫“牝牡”，这一年五谷丰登。金星在木星的北边，五谷不丰。火星与水星相会叫“焠”，火星与金星相会叫“铄”，都不吉利，为政守成最好，发动战争必遭大败。火星与土星相会有忧患，大臣不良；有饥荒，军事失利，被敌包围，若有大政施行更要彻底失败。土星与水星会合，虽丰收但流通受阻，战争会丧师，也不可兴大政。出现这种天象，国土损失；不出现这种天象，国土开拓。金星与土星相会，有瘟疫，有内战，会失地。凡有三行星相会，相应的分野之国有内战外寇与大丧，应改立国君。有四行星相会，战争、瘟疫齐至，良臣出走，百姓流离。五行星相会，是非常之象，有道之君得福，万民欢悦，朝代更易，一统天下，子孙昌盛；无道之君遭亡国之灾，或灾祸接踵而至。五行星的光都明亮，事情也大；五行星的光都微弱，事情也小。

蚤（早）出者为赢，赢者为客。晚出者为缩，缩者为主人。必有天应见（现）于杓。星同舍为合。相陵为斗，七寸以内必之矣。

◎**大意** 行星比预测之期早至某宿是赢，赢属客星。缓期而至是缩，缩属主人。发生赢缩现象时必有天象反映在北斗星的斗柄上。它们同在一宿区内就是合。互争前后是斗，但其距离在七寸内方有此兆。

五星色白圜，为丧旱；赤圜，则中不平，为兵；青圜，为忧水；黑圜，为疾，多死；黄圜，则吉。赤角犯我城，黄角地之争，白角哭泣之声，青角有兵忧，黑角则水。意，行穷兵之所终。五星同色，天下偃兵，百姓宁昌。春风秋雨，冬寒夏暑，动摇常以此。

◎**大意** 五行星光色白而有光圈，有丧事、旱灾；五行星光色红而有光圈，国中有不平事而生兵乱；五行星色青而有光圈，将有水患；五行星光圈不明，有瘟疫，死亡的人多；五行星光色黄而有光圈，就是吉利的天象。行星红光直指所在分野之国，有外患；黄光直指分野之国，有领土纠纷；白光直指分野之国，庶民有哭泣之痛；青光直指分野之国，有战争的忧患；黑光直指分野之国，有水灾发生。通常行星诸天象都是预告兵祸。若五行星同光色，天下太平，百姓安乐幸福。春风拂人，秋雨连绵，冬寒夏暑，五星的变动常常如此。

填（镇）星出百二十日而逆西行，西行百二十日反（返）东行。见（现）三百三十日而入，入三十日复出东方。太岁在甲寅，镇星在东壁，故在营室。

◎**大意** 土星出现后顺行一百二十天而后逆行，逆行一百二十天后又恢复顺行。出现三百三十天后即隐伏，三十天后又在黎明时出现。木星在甲寅之年，土星在室宿、东壁宿之间。

察日行以处位太白。曰西方，秋，日庚辛，主杀。杀失者，罚出太白。太白失行，以其舍命国。其出行十八舍二百四十日而入。入东方，伏行十一舍百三十日；其入西方，伏行三舍十六日而出。当出不出，当入不入，是谓失舍，不有破军，必有国君之篡。

◎**大意** 由太阳的运行来判定金星的运行位置和规律。金星叫西方太白金星，主宰秋季，干支日期定为庚辛，主管杀伐。若杀伐失当，会从金星天象中表现出来。金星运行规律常有差误，以所在宿次确定分野之国。它出现在黄昏后运行十八宿经二百四十日而没于阳光中，再现于东方黎明，经十一宿一百三十日，然后隐没在阳光中，经三宿十六日又出现于西方。当出现而未及时出现，当隐伏而未及时隐伏，叫失宿，这种情况国家不是战争失败，就是国君被篡位。

其纪上元，以摄提格之岁，与营室晨出东方，至角而入；与营室夕出西方，至角而入；与角晨出，入毕；与角夕出，入毕；与毕晨出，入箕；与毕夕出，入箕；与箕晨出，入柳；与箕夕出，入柳；与柳晨出，入营室；与柳夕出，入营室。凡出入东西各五，为八岁二百二十日，复与营室晨出东方。其大率，岁一周天。其始出东方，行迟，率日半度，一百二十日，必逆行一二舍；上极而反（返），东行，行日一度半，一百二十日入。其庳[1]，近日，曰明星，柔；高，远日，曰大嚣，刚。其始出西方，行疾，率日一度半，百二十日；上极而行迟，日半度，百二十日，旦入，必逆行一二舍而入。其庳，近日，曰大白，柔；高，远日，曰大相，刚。出以辰、戌，入以丑、未。

◎**注释** ①〔庳（bì）〕低下。

◎**大意** 根据古代上元历的观测计算，当岁星在寅那年，金星在室宿而在黎明时出现于东方，运行到角宿而隐伏于日后；若与室宿在黄昏后出现于西方，运行到角宿而隐伏于日前；与角宿在黎明时出现于东方，隐伏于毕宿；若与角宿在黄昏时出现于西方，仍隐伏于毕宿；与毕宿在黎明时出现于东方，隐伏于箕宿；与毕宿在黄昏时出现于西方，仍隐伏于箕宿；与箕宿在黎明时出现于东方，隐伏于柳宿；与箕宿在黄昏时出现于西方，仍隐伏于柳宿；与柳宿在黎明时出现于东方，隐伏于室宿；与柳宿在黄昏时出现于西方，仍隐伏于室宿。总计东西出入隐伏五个周期，需八年二百二十日，再与室宿出现于黎明。它大致每年运行一周天。当它黎明刚出现时，运行较慢，大致每日半度，后一百二十天中，必定自东向西逆行一至二宿；到它运行到极点，又恢复自西向东运行，每天运行一度半，一百二十天后又在太阳前面隐伏。这时它位置低，靠近太阳，叫作明星，光亮转弱；位置高距离太阳远，叫作大嚣，光亮稍强。它出现于西方时，运行快，每天一度半，一百二十天后到达极点，运行又放慢，每天仅半度，又一百二十天后，消失于黎明中，便发生一至二宿的逆行才完全隐伏。它位置低且靠近太阳时，叫作大白，光弱；位置高且离太阳远时，叫作大相，光强。出现在辰时至戌时，隐伏在丑时至未时。

当出不出，未当入而入，天下偃兵，兵在外，入。未当出而出，当入而不入，天下起兵，有破国。其当期出也，其国昌。其出东为东，入东为北方；出西为西，入西为南方。所居久，其乡（向）利；易，其乡（向）凶。

◎**大意**　金星当出现而没出现，不当隐伏而隐伏，天下干戈平息，在外征战的军队回归家园。不当出现而出现，当隐伏而未隐伏，天下有征战，有的国家将灭亡。按时而出，那个国家必定兴旺。出现在东方而预兆在东方，隐伏在东方而预兆在北方；出现在西方而预兆在西方，隐伏在西方而预兆在南方。停留宿位时间久，所在分野之国吉利；停留宿位时间短，所在分野之国必有凶事。

出西至东，正西国吉。出东至西，正东国吉。其出不经天；经天，天下革政。

◎**大意**　金星出现在西方而向东方运行，正西方的国家吉利。出现在东方而向西运行，正东方的国家吉利。金星一般不会历经周天任意运行；如果它历经周天运行了，天下就要弃旧换新，改革弊政。

小以角动，兵起。始出大，后小，兵弱；出小，后大，兵强。出高，用兵深吉，浅凶；庳，浅吉，深凶。日方南金居其南，日方北金居其北，曰赢，侯王不宁，用兵进吉退凶。日方南金居其北，日方北金居其南，曰缩，侯王有忧，用兵退吉进凶。用兵象太白：太白行疾，疾行；迟，迟行。角，敢战。动摇躁，躁。圜以静，静。顺角所指，吉；反之，皆凶。出则出兵，入则入兵。赤角，有战；白角，有丧；黑圜角，忧，有水事；青圜小角，忧，有木事；黄圜和角，有土事，有年。其已出三日而复有微入，入三日乃复盛出，是谓耎[①]，其

下国有军败将北。其已入三日又复微出，出三日而复盛入，其下国有忧；师有粮食兵革，遗人用之；卒虽众，将为人虏。其出西失行，外国败；其出东失行，中国败。其色大圜黄滜（泽），可为好事；其圜大赤，兵盛不战。

◎**注释** ①〔耎（ruǎn）〕本义是柔弱，软弱。

◎**大意** 金星出现时形小光弱，将有战祸发生。开始出现时大，后变小，战祸不大；开始出现时小，后变大，战祸很大。出现时位置高，用兵深入吉，轻进则凶；位置低，用兵轻进吉，深入则凶。太阳向南运动，金星也在它南方，太阳向北方运动，金星也在它北方，叫作嬴，这种情况下大小国君都不安宁，用兵征伐，进则吉，退则凶。太阳偏南而金星位于太阳北，太阳偏北而金星位于太阳南，叫作缩，这种情况下大小国君都有忧患，用兵征伐，退则吉，进则凶。征战之事应留意金星的天象变化：它运行快，快速进兵；运行慢，稳步推进。光亮增加，可以放心大战；光芒动摇，切忌急躁。圜光静谧，军队切忌冒进。顺着光芒所示方向进军，吉利；不顺着光芒所示方向进军，必遭惨败。它出现即可出征，隐伏则当收兵。光芒呈现红色，有战争；光芒呈现白色，有丧事；圜有黑光，有忧患，当防水；圜有暗淡青光，仍有忧患，不宜大兴土木；圜有明亮黄光，有土田之事，五谷丰登。金星出现三天后又略微隐于日中，出现三天后再出又特别亮，这叫作耎，分野之国有军队溃逃将军败亡之事。金星已隐没三天，再逐渐出现，出现三天显出强光而后隐没，分野之国有忧患，军粮、部伍有异变而为敌所用；士卒虽多，但统帅将成为敌人俘虏。从西边运行不合常规，外国失败；从东边运行不合常规，本国失败。金星形状大而圆，颜色呈现黄色而润泽，可大修善政；若形状圆大而颜色呈现红色，军力即使强盛也不应征伐。

太白白，比狼；赤，比心；黄，比参左肩；苍，比参右肩；黑，比奎大星。五星皆从太白而聚乎一舍，其下之国可以兵从天下。居实，有得也；居虚，无得也。行胜色，色胜位，有位胜无位，有色胜无色，行得尽胜之。出而留桑榆间，疾其下国。上而疾，未尽其日，过参天，

疾其对国。上复下，下复上，有反将。其入月，将僇（戮）。金、木星合，光，其下战不合，兵虽起而不斗；合相毁，野有破军。出西方，昏而出阴，阴兵强；暮食出，小弱；夜半出，中弱；鸡鸣出，大弱：是谓阴陷于阳。其在东方，乘明而出阳，阳兵之强；鸡鸣出，小弱；夜半出，中弱；昏出，大弱：是谓阳陷于阴。太白伏也，以出兵，兵有殃。其出卯南，南胜北方；出卯北，北胜南方；正在卯，东国利。出西北，北胜南方；出西南，南胜北方；正在酉，西国胜。

◎**大意** 金星呈白色，与天狼星相似；呈红色，与心宿二星相似；呈黄色，与参宿左肩的四星相似；呈青蓝色，与参宿右肩的五星相似；呈暗黑色，与奎宿大星相似。五行星相聚于一宿而金星在前，其宿的分野之国可以用武力征服天下。金星所列位置与推算一致，分野国能有所得；不一致，分野国无所获。就占卜的重要性而言，金星的运行状态胜过颜色变化，颜色变化胜过位置所在，有它的位置记录胜过没有记录，有它的颜色记录胜过没有记录，但最有效的是用它的运行状态来占卜。它黄昏出现时有停留，所在分野之国有疫病。它升高得快，不到一天就过了三分之一的宿位，疫病必在相对的分野之国。升高了又下降，下降了又升高，将有大将叛变。若被月亮遮掩，大将身死。金星与木星相聚，光变强，下面的国家没有战事，即使出兵也不会发生战斗；两星相聚后光变暗，则下面的国家边境有溃败的军队。金星黄昏现于西方，色暗光弱，敌方得势；日没后出，光亮越发暗淡；夜半出现，光亮更弱；黎明前出现，最弱：这叫作北弱于南。金星天亮时现于东方，开始显得明亮，我方军盛；天亮时出现，光亮减弱；夜半出现，再减弱；黄昏时出现，最弱：这叫作南弱于北。金星在太阳前后短期隐伏，不宜征战，战则军败。出现于东南，南军战败北军；出现于东北，北军战胜南军；出现于正东，东方国家有利。出现于西北，北军战胜南军；出现于西南，南军战胜北军；出现于正西，西方国家有利。

其与列星相犯，小战；五星，大战。其相犯，太白出其南，南国败；出其北，北国败。行疾，武；不行，文。色白五芒，出蚤（早）为

月蚀，晚为天夭及彗星，将发其国。出东为德，举事左之迎之，吉。出西为刑，举事右之背之，吉。反之皆凶。太白光见（现）景（影），战胜。昼见（现）而经天，是谓争明，强国弱，小国强，女主昌。

◎**大意**　金星侵犯恒星，有小战发生；五行星相犯，有大战发生。相犯时，金星在南，南国败；在北，北国败。运行快，用武；停留不动，修文。有五种光芒，出现早有月食；出现晚，有贼星、彗星，国家不安。出现于东方，象征有德，办事不过分、不偏颇，一切吉祥。出现于西方，便多无道，处事过分、偏激，一切都凶险。金星光亮强时地上物体呈现出影子，战争胜利。大白天现于天空，这叫与太阳争光，强国失势，小国变强，女主统治的国家得势昌盛。

亢为疏庙，太白庙也。太白，大臣也，其号上公。其他名殷星、太正、营星、观星、宫星、明星、大衰、大泽、终星、大相、天浩、序星、月纬。大司马位谨候此。

◎**大意**　亢宿为天帝外廷，金星的殿堂。金星是重臣，爵号上公。它也称为殷星、太正星、营星、观星、宫星、明星、大衰星、大泽星、终星、大相星、天浩星、序星、月纬星。大司马星官应小心观测它的各种天象。

察日辰之会，以治辰星之位。曰北方，水，太阴之精，主冬，日壬癸。刑失者，罚出辰星，以其宿命国。

◎**大意**　观测太阳两侧水星的隐现，来判定水星的位置和出没规律。五行中主北方水，是月亮的精灵，主宰冬季，干支日期为壬癸。刑罚有误，可由水星天象显示，按它的分野来确定为何国。

是正四时：仲春春分，夕出郊奎、娄、胃东五舍，为齐；仲夏夏至，夕出郊东井、舆鬼、柳东七舍，为楚；仲秋秋分，夕出郊角、亢、氐、房东四舍，为汉；仲冬冬至，晨出郊东方，与尾、箕、斗、牵牛俱西，为中国。其出入常以辰、戌、丑、未。

◎**大意** 修正四季历法：二月春分，黄昏时出现于奎宿、娄宿、胃宿，向东运行五宿，分野属于齐地；五月夏至，黄昏时出现于井宿、鬼宿、柳宿，向东运行七宿，分野属于楚地；八月秋分，黎明时出现于角宿、亢宿、氐宿、房宿，向东运行四宿，分野属于汉朝京城地区；十一月冬至，黎明出现于东方，与尾宿、箕宿、斗宿、牛宿一起逆行，分野属于中原地区。它常出现在辰时、戌时、丑时、未时。

其蚤（早），为月蚀；晚，为彗星及天夭。其时宜效，不效为失，追兵在外不战。一时不出，其时不和；四时不出，天下大饥。其当效而出也，色白为旱，黄为五谷熟，赤为兵，黑为水。出东方，大而白，有兵于外，解。常在东方，其赤，中国胜；其西而赤，外国利。无兵于外而赤，兵起。其与太白俱出东方，皆赤而角，外国大败，中国胜；其与太白俱出西方，皆赤而角，外国利。五星分天之中，积于东方，中国利；积于西方，外国用兵者利。五星皆从辰星而聚于一舍，其所舍之国可以法致天下。辰星不出，太白为客；其出，太白为主。出而与太白不相从，野虽有军，不战。出东方，太白出西方；若出西方，太白出东方，为格，野虽有兵，不战。失其时而出，为当寒反温，当温反寒。当出不出，是谓击卒，兵大起。其入太白中而上出，破军杀将，客军胜；下出，客亡地。辰星来抵太白，太白不去，将死。正旗上出，破军杀将，客胜；下出，客亡地。视旗所指，以命破军。其绕环太白，若与斗，大战，客胜。兔过太白，间可

械（含）剑，小战，客胜。兔居太白前，军罢；出太白左，小战；摩太白，有数万人战，主人吏死；出太白右，去三尺，军急约战。青角，兵忧；黑角，水。赤行穷兵之所终。

◎**大意**　水星出现早，有月食；出现晚，有妖星与彗星。水星应出现而不按时出现，为失去常规，敌方有追兵，避免与其交战。一段时期难见，气候不调；一年难见，天下饥馑。按正常预测期出现，光呈白色有旱灾，呈黄色则五谷丰登，呈红色有兵灾，呈黑色有水灾。水星出现于东方，形大光白，敌军攻扰后自退。水星常在东方，色红，中国得胜；水星在西方，色红，外国有利。没有军队在外而色红，爆发战争。水星与金星同时出现于东方，都有红色光芒，外寇大败，中国获胜；同时现于西方，都有红色光芒，外国有利。五行星同时出现于东方天空，中国有利；出现于西方天空，外国军队有利。五星相聚某宿而水星居前，对应的分野之国可以法治天下。水星不出现，金星是客人；水星出现，金星是主人。水星出现而与金星相距远，虽有敌军入境但不会有战斗。水星出于东方，金星出于西方，或者水星出于西方，金星出于东方，这是正常天象。边境虽有敌军出现，但不会有战争。水星没有按正常时间出现，冬天不会太冷，夏天不会太热。水星应当出现而不出现，定是错杀士兵有兵变。水星经过金星腹背后现于金星之上，军败将亡，敌方获胜；现于金星之下，敌方失却土地、丧亡军队。水星靠近金星，金星停留，军队将领死亡。水星若按正常规律出现于金星之上，军士败逃将领死亡，外敌胜；水星若按正常规律不出现于金星之上，外敌丧亡、失去土地。看它的方向，来判断谁胜谁败。水星环绕金星，贴近有大战争，外敌胜。贴近中间只一剑宽，有小战争，仍是外敌胜。水星若在金星之前，罢兵休战。水星在金星左，小战；水星逼近金星，有几万人作战，主军将佐身亡。水星在金星右，离开三尺，应急进行挑战。水星发出青光，军队有忧患；水星发出黑光，有水涝。水星运行中呈现红色，应彻底追击打败敌军。

兔七命，曰小正、辰星、天欃、安周星、细爽、能星、钩星。其色黄而小，出而易处，天下之文变而不善矣。兔五色，青圜忧，

白圜丧，赤圜中不平，黑圜吉。赤角犯我城，黄角地之争，白角号泣之声。

◎**大意** 除兔星外，水星还有七个别名：小正星、辰星、天欃星、安周星、细爽星、能星、钩星。水星光色黄，形体小，出现后位置常变，预示典章文事不完善。它也常现五种不同颜色，青而圆有忧患，白而圆有丧事，红而圆有内争，黑而圆吉利。水星放出红光有外敌入侵，放出黄光有领土纠纷，放出白光有哀伤痛哭之事。

其出东方，行四舍四十八日，其数二十日，而反（返）**入于东方；其出西方，行四舍四十八日，其数二十日，而反**（返）**入于西方。其一候之营室、角、毕、箕、柳。出房、心间，地动。**

◎**大意** 水星在黎明时现于东方，运行四宿计四十八天，行二十天而回返，隐于东方；水星从西方出现，运行四宿计四十八天，行二十天而回返，隐于西方。有时在室宿、角宿、毕宿、箕宿、柳宿观测它，相反方向出现必在心宿、房宿间，那时将有地震。

辰星之色：春，青黄；夏，赤白；秋，青白，而岁熟；冬，黄而不明。即变其色，其时不昌。春不见（现）**，大风，秋则不实。夏不见**（现）**，有六十日之旱，月蚀。秋不见**（现）**，有兵，春则不生。冬不见**（现）**，阴雨六十日，有流邑**①**，夏则不长。**

◎**注释** ①〔流邑〕被大水冲坏的城市。

◎**大意** 水星的光色：春季是青黄色；夏季是红白色；秋季是青白色，收成好；冬季呈黄色而光线弱。如果违反光亮色彩的规律，国运并不好。它春季不出现有大风，秋季不出现农作物歉收。它夏季不出现，有两个月的干旱，还有月食。它秋天不出现，有战事，来年春天农作物难保青苗。它冬天不出现，有两个月的阴雨，城池被大水冲坏，到夏天农作物不生长。

角、亢、氐，兖州。房、心，豫州。尾、箕，幽州。斗，江、湖。牵牛、婺女，杨州。虚、危，青州。营室至东壁，并州。奎、娄、胃，徐州。昴、毕，冀州。觜觿、参，益州。东井、舆鬼，雍州。柳、七星、张，三河。翼、轸，荆州。

◎**大意**　二十八宿对应地面的分野之国：角宿、亢宿、氐宿在兖州，房宿、心宿在豫州，尾宿、箕宿在幽州，斗宿在长江两湖地区，牛宿、女宿在扬州，虚宿、危宿在青州，室宿、壁宿在并州，奎宿、娄宿、胃宿在徐州，昴宿、毕宿在冀州，觜宿、参宿在益州，井宿、鬼宿在雍州，柳宿、星宿、张宿在汾、漳、沁河地区，翼宿、轸宿在荆州。

七星为员官，辰星庙，蛮夷星也。

◎**大意**　星宿是朱雀的喉咙，水星的庙堂，是常常象征外族的星。

两军相当，日晕：晕等，力钧；厚长大，有胜；薄短小，无胜。重抱大破无。抱为和，背为不和，为分离相去。直为自立，立侯王；破军若曰杀将。负且戴，有喜。围在中，中胜；在外，外胜。青外赤中，以和相去；赤外青中，以恶相去。气晕先至而后去，居军胜。先至先去，前利后病；后至后去，前病后利；后至先去，前后皆病，居军不胜。见（现）而去，其发疾，虽胜无功。见（现）半日以上，功大。白虹屈短，上下兑（锐），有者下大流血。日晕制

胜，近期三十日，远期六十日。

◎**大意**　两军对垒，可观察日晕：日晕匀称，两军旗鼓相当；日晕厚而长大，两军有胜败之分；日晕薄而短小，两军无胜败之事。晕云有环绕、扩大、散去、消失等形态。环绕象征平和，离散象征不和而兵解。晕云直立意味两军对立自守，另立国君，军败将亡。晕云聚于日下如负荷状，国有喜庆。晕云围日于中，内线之军获胜；在外侧，外军胜。晕云外青内红，两军议和互撤；外红内青，含恨而离去。晕云先至而后散，守军破敌；先出现又散失，前期有利，后期无利。后出现又消失，前期不利，后期有利。后出现而提前消失，前后期都不利，守军无功。出现一下即消失，历时短，小有斩获而无大功。出现半天以上，战功巨大。白色光带弯曲短小，上下两头呈尖锐形，这种天象预示有惨烈流血的战斗。日晕预兆胜负吉凶，近期则三十天，远期则六十天。

其食，食所不利；复生，生所利；而食益尽，为主位。以其直及日所宿，加以日时，用命其国也。

◎**大意**　发生日食，初亏时对所分野之地不利；再生光圆时，对相应的分野之地有利；日全食，应验在国君。按照初亏所在的宿位，而辅以日食的时辰，用来确定方位。

月行中道，安宁和平。阴间，多水，阴事。外北三尺，阴星。北三尺，太阴，大水，兵。阳间，骄恣。阳星，多暴狱。太阳，大旱丧也。角、天门，十月为四月，十一月为五月，十二月为六月，水发，近三尺，远五尺。犯四辅，辅臣诛。行南北河，以阴阳言，旱水兵丧。

◎**大意**　月亮运行于房宿四星的中间，国家安宁和平。月亮运行在黄道北，天下多水，有阴谋叛乱。房宿北，是阴星道，月亮行过，有水灾、兵祸。经过阳间道，国君恣睢暴戾。经过阳星道，国家多暴刑。经过太阳道，有大旱灾、丧亡。经过角宿一、角宿二之间的天门，十月应在来年四月，十一月则在五月，十二月在六月，洪水泛滥，小有三尺深，大有五尺深。月亮进犯房宿四星，大臣被杀。经过南河星，在南有旱灾、战祸；经过北河星以北，有水灾、丧事。

月蚀岁星，其宿地，饥若亡。荧惑也乱，填（镇）星也下犯上，太白也强国以战败，辰星也女乱。蚀大角，主命者恶之；心，则为内贼乱也；列星，其宿地忧。

◎**大意** 月亮掩盖木星，木星所在宿位的分野之国有饥荒或死亡。月亮掩盖火星就有乱事，月亮掩盖土星就有不忠的臣民生乱，月亮掩盖金星就有强国因战争灭亡，月亮掩盖水星就有女人作乱。月亮掩盖大角星，国君最怕看见；月亮掩盖心宿，便有奸臣叛乱；月亮掩盖众恒星，所分野之国有忧患。

月食始日，五月者六，六月者五，五月复六，六月者一，而五月者五，凡百一十三月而复始。故月蚀，常也；日蚀，为不臧也。甲、乙，四海之外，日月不占。丙、丁，江、淮、海岱也。戊、己，中州、河、济也。庚、辛，华山以西。壬、癸，恒山以北。日蚀，国君；月蚀，将相当之。

◎**大意** 从月食开始的那天起，间隔五个月发生的有六次，再间隔六个月发生的有五次，再间隔五个月发生的有六次，再间隔六个月发生的有一次，再间隔五个月发生的有五次，共一百一十三个月再开始周期循环。所以，月食发生，正常之事；日食发生，便没有常规。甲、乙之期，应验在国外，日食、月食都不需占候。丙、丁之期，应验在长江、淮河、东海至泰山之间。戊、己之期，应验在中原地区、黄河、济水流域。庚、辛之期，应验在华山以西地区。壬、癸之期，应验在恒山以北地区。日食，国君承兆应验；月食，将相承兆应验。

国皇星，大而赤，状类南极。所出，其下起兵，兵强；其冲不利。

◎**大意** 国皇星，大而红，很像老人星。国皇星一旦出现，所对应的地区有兵乱，强敌侵凌；对与它相应方位的分野国不利。

昭明星，大而白，无角，乍上乍下。所出国，起兵，多变。

◎**大意** 昭明星，大而白，无光尾，忽上忽下。昭明星所对应的国家有战争，形势变幻莫测。

五残星，出正东东方之野。其星状类辰星，去地可六丈。

◎**大意** 五残星，出现于正东的分野之国。它很像水星，高出地面约六丈。

大贼星，出正南南方之野。星去地可六丈，大而赤，数动，有光。

◎**大意** 大贼星，出现于正南的分野之国。大贼星高出地面约六丈，大而红，光芒闪烁不定。

司危星，出正西西方之野。星去地可六丈，大而白，类太白。

◎**大意**　司危星，出现于正西的分野之国。司危星高出地面约六丈，大而白，很像金星。

狱汉星，出正北北方之野。星去地可六丈，大而赤，数动，察之中青。此四野星所出，出非其方，其下有兵，冲不利。

◎**大意**　狱汉星，出现于正北的分野之国。狱汉星高出地面约六丈，大而红，光芒闪烁不定，仔细观察有青色。这四颗星出现的天域，如果不是它应该出现的方位，下面对应的国家就有战争，是不吉利的。

四填（镇）星，所出四隅，去地可四丈。

◎**大意**　四镇星，出现于天的四角，高出地面约四丈。

地维咸光，亦出四隅，去地可三丈，若月始出。所见（现），下有乱；乱者亡，有德者昌。

◎**大意**　地维星光较弱，也出现于天的四角，高出地面约三丈，有如月亮初出的样子。地维星出现，下面对应的国家有作乱的；作乱者灭亡，有德的国君昌盛。

烛星，状如太白，其出也不行。见（现）则灭。所烛者，城邑乱。

◎**大意**　烛星，形状好似金星，出现以后不运行。稍一出现立刻就消逝。烛星出现在所分野之国上空，城镇有动乱。

如星非星，如云非云，命曰归邪。归邪出，必有归国者。

◎**大意** 似星又不是星，似云又不是云，叫归邪星。归邪星若出现，一定有离国而又归国的人。

星者，金之散气，其本曰火。星众，国吉；少则凶。

◎**大意** 星是金属物的散气，本质是一种炽热的火。星星繁多，国家昌盛；星星稀少，国家凶险。

汉者，亦金之散气，其本曰水。汉，星多，多水，少则旱，其大经也。

◎**大意** 天河，也是金属物的散气，本质是一种水雾。天河中星多雨水就多，星少就干旱，这是普遍的规律。

天鼓，有音如雷非雷，音在地而下及地。其所往者，兵发其下。

◎**大意** 天鼓星，有声音似雷又不是雷，响在地面而声传入地下。天鼓星出现在哪里，哪里就有战争。

天狗，状如大奔星，有声，其下止地，类狗。所堕及，望之如火光炎炎冲天。其下圜如数顷田处，上兑（锐）者则有黄色，千里破军杀将。

◎**大意**　天狗星，形状像大流星，有声音，陨落地面时，像狗吠。天狗星所陨落的地方，能看到火光炎炎直冲天上。被天狗星撞击的地面有数顷大的圆坑，其上端尖呈黄色光，千里之外的军队失败，领军将领被杀。

格泽星者，如炎火之状。黄白，起地而上。下大，上兑（锐）。其见（现）也，不种而获；不有土功，必有大害。

◎**大意**　格泽星，像燃烧的焰火一样。黄白色，由地面升跃而上。下端大，上端尖。格泽星出现，不播种也有收获；没有土木施工，必有大害。

蚩尤之旗，类彗而后曲，象旗。见（现）则王者征伐四方。

◎**大意**　蚩尤之旗星，类似彗星而尾部弯曲，如同旗帜。此星出现预示君王征伐四方。

旬始，出于北斗旁，状如雄鸡。其怒，青黑，象伏鳖。

◎**大意**　旬始星，出现于北斗星旁，形状如同雄鸡。旬始星的光芒急变时，呈青黑色，像蛰伏的鳖。

枉矢，类大流星，蛇行而仓黑，望之如有毛羽然。

◎**大意**　枉矢星，类似大流星，如蛇蜿蜒疾行而显青黑色，看上去如有羽毛的样子。

长庚，如一匹布著天。此星见（现），兵起。

◎**大意** 长庚星，像一匹布悬于空中。长庚星出现，有战争。

星坠至地，则石也。河、济之间，时有坠星。

◎**大意** 星星坠落至地面，即是石头。黄河、济水之间，时常有坠落的星星。

天精而见景星。景星者，德星也。其状无常，常出于有道之国。

◎**大意** 天气特别明朗时可以看见景星。景星，就是福德之星。景星的形状不固定，常常出现在政治清明的国家。

凡望云气，仰而望之，三四百里；平望，在桑榆上，千余二千里；登高而望之，下属地者三千里。云气有兽居上者，胜。

◎**大意** 凡是观望云气，抬头望去看到三四百里；平行望去，在桑树、榆树的树梢上可看一千至两千里；登高远望，俯瞰的地面达三千里。上面的云气有如兽形时，无往不利。

自华以南，气下黑上赤。嵩高、三河之郊，气正赤。恒山之北，气下黑上青。勃、碣、海、岱之间，气皆黑。江、淮之间，气皆白。

◎**大意** 自华山以南地区，云气下黑上红。嵩山与汾河、沁河、漳河流域，云气正红。恒山以北地区，云气下黑上青，渤海、碣石、东海、泰山之间，云气都是黑色。长江、淮河之间，云气都是白色。

徒气白。土功气黄。车气乍高乍下，往往而聚。骑气卑而布。卒气抟[①]。前卑而后高者，疾；前方而后高者，兑（锐）；后兑（锐）而卑者，却。其气平者其行徐。前高而后卑者，不止而反（返）。气相遇者，卑胜高，兑（锐）胜方。气来卑而循车通者，不过三四日，去之五六里见（现）。气来高七八尺者，不过五六日，去之十余里见（现）。气来高丈余二丈者，不过三四十日，去之五六十里见（现）。

◎**注释** ①〔抟〕把东西揉成球形。

◎**大意** 聚人力的云气呈白色。构筑防务的云气为黄色。车战云气忽高忽低，常常凝聚。骑战云气低矮平布。步战云气团聚。云气前低后高，进军急速；云气前方平稳而后高的，军锋锐利；后锐而低的，宜退军。云气稳定的军行缓慢。前高后低的，军不停驻而回师。两种云气相遇，低胜高，锐利胜平稳。云气来时低而沿着车行道的，过不了三四天，离去五六里，预兆的事就出现。云气来时高七八丈的，不过五六天，离去十多里，预兆的事就出现。云气来时高一丈多至两丈的，不过三四十天，离去五六十里，预兆的事就出现。

稍云精白者，其将悍，其士怯。其大根而前绝远者，当战。青白，其前低者，战胜；其前赤而仰者，战不胜。阵云如立垣。杼云类杼。轴云抟两端兑（锐）。杓云如绳者，居前亘[①]天，其半半天。其蜺（霓）[②]者类阙旗故。钩云句曲。诸此云见（现），以五色合占。而泽抟密，其见（现）动人，乃有占；兵必起，合斗其直。

◎**注释** ①〔亘〕空间和时间上延续不断。②〔蜺（ní）〕虹的一种。

◎**大意** 飘浮的云青白色，主将强悍，士卒却弱。云的基部大而前部向远方延伸的，可进军作战。青白色，但前面低，战必捷；前面红色而尾向上的，战则败。阵云的形状好像直立的城墙，织梭云似梭子，卷云团团相连，两端锋锐。勺状云如细绳，前面横天，长延半个天空。彩虹状的云，似大旗，呈现尖峰。钩状云弯曲。上面各种云形出现，可依五色占候。若云润泽、翻动、浓密，更应引起注意，一定要占它。它关系战事之起，以便选择战场。

王朔所候，决于日旁。日旁云气，人主象。皆如其形以占。

◎**大意**　王朔占候的方法，取决于日旁的云气。日旁云气，象征君王。以它的形状变化作占。

故北夷之气如群畜穹闾，南夷之气类舟船幡旗。大水处，败军场，破国之虚，下有积钱，金宝之上，皆有气，不可不察。海旁蜄气[①]象楼台，广野气成宫阙，然云气各象其山川人民所聚积。

◎**注释**　①〔蜄（shèn）气〕亦作“蜃气”，是一种大气折光现象。古人认为是蜄吐气所造成。蜄，大蛤蜊。

◎**大意**　所以，北方外族的云形如畜群和帐幕，南方外族的云形如舟船和张帆。发生水灾之处，败军的战场，亡国的废墟，下面埋藏金钱财宝之处，上面都有云气反映，不可不留意观察。海滨蜃气像亭台楼阁，广野中的云气形成宫殿，云气能呈现当地山河形势和百姓聚居的风貌。

故候息秏（耗）者，入国邑，视封疆田畴之正治，城郭室屋门户之润泽，次至车服畜产精华。实息者，吉；虚秏（耗）者，凶。

◎**大意**　因此，占一个地方繁荣还是衰落，涉及国家和地方，观测疆域的划分和田地的耕作好坏，城市房屋门户的光洁，到车马服饰、牲畜生长的好坏。充实繁育的，吉利；空虚浪费的，凶险。

若烟非烟，若云非云，郁郁纷纷，萧索轮囷[①]，是谓卿（庆）云。卿（庆）云，喜气也。若雾非雾，衣冠而不濡，见（现）则其域被（披）甲而趋。

◎**注释** ①〔囷（qūn）〕本义是古代一种圆形谷仓。

◎**大意** 像烟而不是烟，像云而不是云，浓郁纷乱，像萧疏地分布着的圆形谷仓，叫作庆云。庆云，是喜气。像雾非雾，衣帽沾着它不潮湿，它出现在哪里，哪里就忙于武装备战。

夫雷电、虾虹、辟历、夜明者，阳气之动者也，春夏则发，秋冬则藏，故候者无不司之。

◎**大意** 至于雷电、虹霓、惊雷、夜光，是活动的阳气所致，春天、夏天发生，秋天、冬天就消失，所以，占候的人没有不注意它们的。

天开县（悬）物，地动坼绝。山崩及徙，川塞溪垘[①]；水澹地长，泽竭见（现）象。城郭门闾，闺（圭）臬[②]槁枯；宫庙邸第，人民所次。谣俗车服，观民饮食。五谷草木，观其所属。仓府厩库，四通之路。六畜禽兽，所产去就；鱼鳖鸟鼠，观其所处。鬼哭若呼，其人逢俉（迕）[③]。化（讹）言，诚然。

◎**注释** ①〔垘（fú）〕阻塞。②〔闺臬〕据《汉书·天文志》《史记志疑》，此二字当作“润泽”。③〔俉（wǔ）〕同“迕”，偶然相遇。

◎**大意** 天空裂开现出悬空的物象，地震断层。山岳崩移，河川壅塞，溪谷崩堵；流水回旋起伏，地面隆起，水泽枯竭，都是某种征兆的显示。城墙里门，有时润泽，有时焦枯；宫庙馆驿、居民屋室也有预兆，观察百姓、车马、服饰、谚语和饮食。五谷草木，都可寻求根底。粮仓、库房、马棚，四方道路也要观察。六畜禽兽，都可究其来历；鱼鳖鸟鼠，也可看它活动的处所。鬼哭像唤人，遇到的人受惊吓。谣言四起，终会应验。

凡候岁美恶，谨候岁始。岁始或冬至日，产气始萌。腊明日，人众卒岁，一会饮食，发阳气，故曰初岁。正月旦，王者岁首。立春日，四时之始也。四始者，候之日。

◎**大意** 大凡占卜每年诸事吉凶，应当在一年之初小心占卜。“一年之初”有不同的说法：一是冬至日，生长之气开始萌生。二是腊祭的第二天，百姓刚过年，团聚会餐，冲动阳气，所以叫新年开始。三是正月初一，这是帝王人为规定的一年的开始。四是立春那天，是四季的开始。冬至、腊祭第二天、正月初一、立春这四种不同说法的“一年之初”，都是占卜的好日子。

而汉魏鲜集腊明正月旦决八风。风从南方来，大旱；西南，小旱；西方，有兵；西北，戎菽为①，小雨，趣（促）兵；北方，为中岁；东北，为上岁；东方，大水；东南，民有疾疫，岁恶。故八风各与其冲对，课多者为胜。多胜少，久胜亟②，疾胜徐。旦至食，为麦；食至日昳③，为稷；昳至铺，为黍；铺至下铺，为菽；下铺至日入，为麻。欲终日有云，有风，有日，日当其时者，深而多实；无云有风日，当其时，浅而多实；有云风，无日，当其时，深而少实；有日，无云，不风，当其时者稼有败。如食顷，小败；熟五斗米顷，大败。则风复起，有云，其稼复起。各以其时用云色占种所宜。其雨雪若寒，岁恶。

◎**注释** ①〔戎菽（shū）为〕豆类作物长得好。②〔亟（jí）〕急切。③〔昳（dié）〕太阳偏西。

◎**大意**　汉代的魏鲜归纳出腊祭第二天、正月初一，依八方位的风向来占卜的方法。风来自南方，有大旱；来自西南方，小旱；来自西方，有战争；来自西北方，豆作物好，有小雨，短期内会有战争；来自北方，收成不好不坏；来自东北方，是五谷丰登的好年景；来自东方，有大水灾；来自东南方，百姓有疾疫，年成不好。八方位的风向若与相对方位风向冲遇，强的得势胜，多的胜少的，时久的胜时短的，快速的胜缓慢的。黎明寅时至辰时，管麦子；辰时至日移未时，管糜子；未时至日偏西申时，管黍子；申时至申时过五刻后，管豆作物；至酉时，管麻类。希望全天有云、有风、有太阳，那个时候的作物多长了干枝而且多颗粒；没有云，有风，有太阳，那个时候干枝不壮而多颗粒；有云，有风，没有太阳，那个时候干枝粗壮而少颗粒；有太阳，没有云，没有风，那个时候庄稼会歉收。这种情况延续一顿饭的时间，小歉收；延续煮熟五斗米的时间，大歉收。如果风再起，又有云，庄稼会转好。分别按时间和云色占卜何物播种为宜。如果下雪并且寒冷，年成便不好。

是日光明，听都邑人民之声。声宫，则岁善，吉；商，则有兵；徵，旱；羽，水；角，岁恶。

◎**大意**　当光明晴朗之天，听都城百姓的声调。声为宫调，年成好，吉利；声为商调，有战争；声为徵调，旱灾必至；声为羽调，有水患；声为角调，年成很坏。

或从正月旦比数雨。率日食一升，至七升而极；过之，不占。数至十二日，日直其月，占水旱。为其环域千里内占，则为天下候，竟正月。月所离列宿，日、风、云，占其国。然必察太岁所在。在金，穰；水，毁；木，饥；火，旱。此其大经也。

◎**大意**　有的从正月初一接连计算下雨的时、量，以每天食量一升计，到七升为极限。过了这个数量、时间，就不用占候。计算到十二天，日数相当它那月数，可占它预兆的水旱灾情。这是为全国进行占卜，为天下占卜，为时一月之久。观察月亮经历的二十八宿及太阳、风、云，便占候它的分野国。但也要观察岁星所在十二次位：在西方，保丰收；在北方，歉收；在东方，有饥荒；在南方，有旱情。这是普遍的兆象。

正月上甲，风从东方，宜蚕；风从西方，若旦黄云，恶。

◎**大意** 正月上旬甲日，风从东来，适宜养蚕；风从西来，或晨有黄云，年成不佳。

冬至短极，县（悬）土炭，炭动，鹿解角，兰根出，泉水跃，略以知日至，要决晷[1]景（影）。岁星所在，五谷逢昌。其对为冲，岁乃有殃。

◎**注释** ①〔晷（guǐ）〕按照日影测定时间的仪器。

◎**大意** 冬至日白天极短，在衡器两端分挂土块、木炭，炭潮加重下垂，雄鹿脱角，兰根萌芽，泉水翻滚，大体便可知太阳行至黄道最南处，可用以校验日晷显示的影子。岁星所在处，五谷丰登。它相对星次稍为冲，年成不好而有灾。

太史公曰：自初生民以来，世主曷尝不历日月星辰？及至五家[1]、三代，绍而明之，内冠带，外夷狄，分中国为十有（又）二州，仰则观象于天，俯则法类于地。天则有日月，地则有阴阳。天有五星，地有五行。天则有列宿，地则有州域。三光者，阴阳之精，气本在地，而圣人统理之。

◎**注释** ①〔五家〕指五帝，即黄帝、颛顼、帝喾、唐尧、虞舜。

◎**大意** 太史公说：自从当初人类出现以来，当时的君主何尝不观察、追踪日月和众星的出没情况？到五帝时至夏朝、商朝、周朝，每代有继承、发展、丰富。内分为冠带文明的华夏，外别于四邻的落后外族，分中国为十二州。抬头便考察天象，低头则看它对世间万物的影响。天上有日月，地下便分阴阳。天上有五行星，地上便有金、木、水、火、土。天上有二十八宿众星，地面则相应有分野之国。日月星三光，是阴阳二气精华所凝，它的来源在地上，而圣人统一调理它们。

幽、厉以往，尚矣。所见天变，皆国殊窟穴，家占物怪，以合时应，其文图籍禨祥不法。是以孔子论六经，纪异而说不书。至天道命，不传；传其人，不待告；告非其人，虽言不著。

◎**大意** 周幽王、厉王以前的情况，距今太远了。那时所见到的变异天象，都是不同诸侯国穴居野处时所传，各天文家的占验，也是迎合应验当时的难怪之事。这些文字、图像所解释的吉凶祸福的预兆，实不足以作为标准。因此孔子整理“六经”，仅记录它的怪异事实、现象，有关解释一概省去不论。至于系统的天道、天命道理，不予传授；传授给合适的人，不用讲解他便可领悟；传授给不合适的人，说了他也不明白。

昔之传天数者：高辛之前，重、黎；于唐、虞，羲、和；有夏，昆吾[①]；殷商，巫咸[②]；周室，史佚[③]、苌弘[④]；于宋，子韦[⑤]；郑则裨灶[⑥]；在齐，甘公[⑦]；楚，唐眛[⑧]；赵，尹皋[⑨]；魏，石申[⑩]。

◎**注释** ①〔昆吾〕传说中夏代掌管天文的官员，名已樊。②〔巫咸〕商王大戊的臣子。③〔史佚〕西周成王、康王时的太史。④〔苌弘〕周敬王时的大夫。⑤〔子韦〕宋景公时管理天文的史官。⑥〔裨灶〕春秋时郑国的大夫，善于观星，占卜吉凶。

⑦〔甘公〕即甘德，战国时著名占星学家。⑧〔唐眛〕战国时楚国的大将。⑨〔尹皋〕赵国人。⑩〔石申〕即石申夫，是与甘德齐名的占星学家。

◎**大意** 过去传授天文历数的人：高辛氏以前，有重、黎；在唐尧、虞舜时，有羲、和；在夏代，有昆吾；在殷商时，有巫咸；在周代，有史佚、苌弘；在宋国，有子韦；在郑国，有裨灶；在齐国，有甘德；在楚国，有唐眛；在赵国，有尹皋；在魏国，有石申。

夫天运，三十岁一小变，百年中变，五百载大变；三大变一纪，三纪而大备，此其大数也。为国者必贵三五。上下各千岁，然后天人之际续备。

◎**大意** 关于天的预兆气运，三十年一小变，一百年一中变，五百年一大变；三大变为一纪，到三纪后一切天象变化都可经历，这是它的大致情况。统治国家的君王一定要看重三、五这种变化周期，上下各千年，然后天道和人事的相互关联，才算可以掌握。

太史公推古天变，未有可考于今者。盖略以春秋二百四十二年之间，日蚀三十六，彗星三见（现），宋襄公时星陨如雨。天子微，诸侯力政，五伯（霸）代兴，更为主命，自是之后，众暴寡，大并小。秦、楚、吴、越，夷狄也，为强伯（霸）。田氏篡齐，三家分晋，并为战国。争于攻取，兵革更起，城邑数屠，因以饥馑疾疫焦苦，臣主共忧患，其察禨祥候星气尤急。近世十二诸侯七国相王，言从衡者继踵，而皋、唐、甘、石因时务论其书传，故其占验凌杂米盐。

◎**大意** 太史公推算古代天象的重大变化，没有一件可以在当今验证的。仅取春秋二百四十二年来说，日食出现三十六次，彗星出现三次，宋襄公时又出现大流星雨。天子衰微，诸侯用武力征伐，五霸一个接一个地兴起，交替充当盟主。

从此以后，人多的欺负人少的，大国吞并小国。秦国、楚国、吴国、越国都是外族，也成为强大的霸主。田氏夺取了齐国政权，三家瓜分了晋国，互相对峙成为战国王侯。战争连续发生，军队日多，城乡百姓多次遭屠杀，再加上饥荒、瘟疫、痛苦，各国君臣都十分忧虑。他们观察天象吉凶预兆、占卜异变天象，极为焦急、迫切。战国初有十二国相互称王竞争，合纵、连横之说一个接着一个。可是尹皋、唐眜、甘德、石申等人，不免根据当时存亡情势来引经据典以解说天象，所以他们的占验，就像生米夹盐的饭粥，杂乱而无法取信于后人。

二十八舍主十二州，斗秉兼之，所从来久矣。秦之疆也，候在太白，占于狼、弧。吴、楚之疆，候在荧惑，占于鸟衡。燕、齐之疆，候在辰星，占于虚、危。宋、郑之疆，候在岁星，占于房、心。晋之疆，亦候在辰星，占于参罚。

◎**大意**　二十八宿主分天下十二州，北斗居中遥控它们，这种说法很早就有了。秦国的疆域，占候金星，位于天狼、天弧星区。吴国、楚国的疆域，占候火星，位于柳宿区。燕国、齐国的疆域，占候水星，位于虚宿、危宿。宋国、郑国的疆域，占候木星，位于房宿、心宿。晋国疆域，也占候水星，位于参宿和参宿下的罚星一带。

及秦并吞三晋、燕、代，自河山以南者中国。中国于四海内则在东南，为阳；阳则日、岁星、荧惑、填（镇）星；占于街南，毕主之。其西北则胡、貉、月氏诸衣旃裘引弓之民，为阴；阴则月、太白、辰星；占于街北，昴主之。故中国山川东北流，其维，首在陇、蜀，尾没于勃、碣。是以秦、晋好用兵，复占太白，太白主中国；而胡、貉数侵掠，独占辰星，辰星出入躁疾，常主夷狄：其大经也。此更为客主人。荧惑为孛[①]，外则理兵，内则理政。故曰“虽有明天子，必视荧惑所在”。诸侯更强，时灾异记，无可录者。

◎**注释** ①〔孛〕光芒强盛的彗星。

◎**大意** 等到秦国并吞三晋、燕国、代郡，自黄河、秦岭以南是中国。中国在四海之内处于东南，属阳性。阳性的天象现于太阳、木星、火星、土星，占候在天街区以南，以毕宿为主。它的西北是胡、貉，月氏等穿皮毛、从事射猎的民族，属阴性。阴性的天象现于月亮、金星、水星，占候在天街北区，以昴宿为主。所以中国的山势、河流走向都朝向东北，它的脉络：头在陇、蜀地区，尾消失于渤海、碣石。因之秦国、晋国最爱打仗，反复占卜金星，因为金星代表中国！可是胡、貉等外族多次入侵抢掠，只占候水星。水星的出没急速不稳，常常主宰外族的命运。这些都是它们的大致情况。金星、水星轮流充当主人、客人。火星出现光芒四射如孛星时，对外要加强防务，对内要改革政事。所以说“即使英明的君王，也一定观察火星的位置”。各诸侯国交替称雄，当时的天象记录，各家说各家的，没有值得记录、应用的东西。

秦始皇之时，十五年彗星四见（现），久者八十日，长或竟天。其后秦遂以兵灭六王，并中国，外攘四夷，死人如乱麻，因以张楚并起，三十年之间兵相骀藉[①]，不可胜数。自蚩尤以来，未尝若斯也。

◎**注释** ①〔骀（tái）藉〕践踏。

◎**大意** 秦始皇即位后，十五年间彗星出现四次，时间最长的有八十天，星体最长的横天而过。此后秦始皇进军灭了六国，统一中国，对外排除外族，死的人多得如乱麻成堆，后来陈胜等揭竿而起。三十年间，兵戎相见而士卒互相践踏，死的人不可计数。自从蚩尤作乱以来，没有像这样的动乱。

项羽救巨鹿，枉矢西流，山东遂合从诸侯，西坑秦人，诛屠咸阳。

◎**大意** 项羽领军救巨鹿时，一颗特大的流星奔向秦国，于是崤山以东各国军队连同西进，路上活埋了秦军俘虏，大肆屠杀秦国都城咸阳的人。

汉之兴，五星聚于东井。平城之围，月晕参、毕七重。诸吕作乱，日蚀，昼晦。吴、楚七国叛逆，彗星数丈，天狗过梁野；及兵起，遂伏尸流血其下。元光、元狩，蚩尤之旗再见（现），长则半天。其后京师师四出，诛夷狄者数十年，而伐胡尤甚。越之亡，荧惑守斗；朝鲜之拔，星茀[①]于河戍；兵征大宛，星茀招摇：此其荦荦[②]大者。若至委曲小变，不可胜道。由是观之，未有不先形见（现）而应随之者也。

◎**注释** ①〔星茀（bèi）〕彗星。②〔荦荦（luò）〕分明显著的样子。

◎**大意** 汉朝兴起，五行星会聚于井宿。平城被匈奴围困，月晕七重出现在参宿和毕宿。吕氏家族作乱，出现日食，白天昏暗。吴、楚七国叛变，出现几丈长的大彗星，天狗星也出现于梁国；战争发生后，那里尸横遍野。元光、元狩年间，蚩尤之旗星两度出现。后来朝廷大军四出，攻打外族几十年，进攻匈奴尤其厉害。南越灭亡，火星在斗宿出现冲日。朝鲜被攻破，有彗星光扫天河戍军。远征大宛，彗星光又扫过招摇星。这些都不过是天象异变中比较大而显著的。至于细小隐微的变异，那是说不完的。从这里看，没有事情不是先有天象示警而后应验的。

夫自汉之为天数者，星则唐都，气则王朔，占岁则魏鲜。故甘、石历五星法，唯独荧惑有反逆行；逆行所守，及他星逆行，日月薄蚀，皆以为占。

◎**大意** 在汉兴后研究天文历法占卜的，讲星象的是唐都，讲云象的是王朔，讲岁星和年成的是魏鲜。以前甘德、石申观测五星，仅认为火星从东向西逆行是正常的；逆行时侵犯其他星宿，及其他行星逆行，日月偏食，都用来占卜吉凶。

余观史记，考行事，百年之中，五星无出而不反逆行，反逆行，

尝盛大而变色；日月薄蚀，行南北有时：此其大度也。故紫宫、房心、权衡、咸池、虚危列宿部星，此天之五官坐位也，为经，不移徙，大小有差，阔狭有常。水、火、金、木、填（镇）星，此五星者，天之五佐，为纬，见（现）伏有时，所过行赢缩有度。

◎**大意**　我阅读古代天文典籍，考察它们所记载的往事，发现五大行星没有哪一个出现时不从东向西逆行，逆行时至冲日，行星形大而且光色特别显亮；日、月偏食，运行黄道南北有一定的时节：这些仅为其一般的法规。所以紫微垣、房宿、心宿、权星、太微垣、咸池星、虚宿、危宿等星，分区管辖天空五官的座位，是恒星，不运行，大小有等级，幅度有常规。水、火、金、木、土五行星，是天帝的五个辅佐，能运行，其出现、隐没都是有规律的，运行的赢缩有一定法度。

日变修德，月变省刑，星变结和。凡天变，过度乃占。国君强大有德者昌，弱小饰诈者亡。太上修德，其次修政，其次修救，其次修禳，正下无之。夫常星之变希（稀）见，而三光之占亟用。日月晕适，云风，此天之客气，其发见（现）亦有大运。然其与政事俯仰，最近天人之符。此五者，天之感动。为天数者，必通三五。终始古今，深观时变，察其精粗，则天官备矣。

◎**大意**　太阳出现变异，应该修养德性；月亮出现变异，应该减省刑罚；众星出现变异，应该团结和气。凡是天象变异，过分时才占卜。国君强大有德的必会昌盛，弱小又虚伪欺骗的必遭灭亡。最英明之君修养德性，其次是修明政事，其次发现错误时采取补救的办法，再次只好祈祷上苍，最下等的则视而不见。那些恒星变异是不易见到的，而日、月、五星是运行的，占卜是不可少的。日、月生晕，日、月有食，云、风，都是上天一时出现的气象。它们出现有大自然的气数。可是它们随同国家政事的起落而现出吉凶，最接近天意和人事的共同性。这五种现象是上天的灵感显于世间。身居太史官而研究天象历数的人，必定要通晓三光、五星，了解过去和现在，注意世间事态的变化，观察它们的要领与细节，那么天文学的各个方面，就可以称得上完美了。

苍帝行德，天门为之开。赤帝行德，天牢为之空。黄帝行德，天夭为之起。风从西北来，必以庚、辛。一秋中，五至，大赦；三至，小赦。白帝行德，以正月二十日、二十一日，月晕围，常大赦载，谓有太阳也。一日：白帝行德，毕、昴为之围。围三暮，德乃成；不三暮，及围不合，德不成。二日：以辰围，不出其旬。黑帝行德，天关为之动。天行德，天子更立年；不德，风雨破石。三能、三衡者，天廷也。客星出天廷，有奇令。

◎**大意**　苍帝当政的时候，天门为此而开。赤帝当政的时候，天牢为此而空虚。黄帝当政的时候，天夭为此而出现。风从西北来，一定在庚、辛这两日。一季之中来五次，主大赦；来三次，主小赦。白帝当政的时候，若有正月二十日、二十一日月晕成围，则有大赦，认为是有太阳的缘故。另有一种说法：白帝当政时，毕、昴为月晕所围。若围三个晚上，则德成；若不到三个晚上，以及围不合拢，则德不成。又有一种说法：以辰星所围是否超过十日为占。黑帝当政的时候，天关为此而动。苍、赤、黄、白、黑五帝各有当政的时候，天子要随之更改年号；若不顺应五帝，将有奇风怪雨、石破天惊的灾殃。三能、三衡是天廷。如果天廷有客星出现，那么天帝将会发出异常的号令。

◎知识拓展

《天官书》是一篇“知识性”“科学性”很强的文章，文中专业术语很多。但司马迁并非简单地罗列材料，在文字运用上也下了一番功夫。清代牛运震评论：“《天官书》，星气机祥之书，本以理数为主，不必以文为工；然或文不能妙，将使人苦其艰晦而弃之。故凡文章记叙理幽赜者，必使疏朗分明，诵其文者，一一有针路可寻，了然于心；典制象数繁重者，必使灵活生动，又有章法，结构整齐错落，各尽其致，方免板滞叠砌之病。如《系辞传》《考工记》皆言数理之书，何尝不极文字之妙，《天官书》亦犹是也。写幽赜处，井井朗朗，与平常显明者无异。叙形象名数，排板处极错变，繁碎处极简整，有体有法，有韵有态。古而灵，奥而动，逸而峭，奇而则，文章格势，凡法与巧，皆备于此。令读者惊为异观，爱如宝玩，一部天官掌故，得留于后世者，固文字之妙留之也。”可备一说。

封禅书第六

《封禅书》是一篇记述汉以前礼制的重要文献。司马迁在《太史公自序》中解释："受命而王，封禅之符罕用，用则万灵罔不禋祀，追本诸神名山大川礼，作《封禅书》第六。"封禅时，万灵同时受到祭祀。因论封禅而追论诸神和名山大川的祭祀，这是司马迁写《封禅书》的基本设想。对于封禅的由来，近人有的认为"昉于秦始，侈于汉武"；有的认为"三代典礼，至秦而废灭无复存"，秦、汉封禅的礼仪制度出于方士之口，是"假天以惑世""诬民而渎天"的妄说。总之，他们认为古代并没有封禅礼，秦、汉以后的说法是靠不住的。而《封禅书》开篇就说："自古受命帝王，曷尝不封禅？盖有无其应而用事者矣，未有睹符瑞见而不臻乎泰山者也。"但由于天下大治时才行封禅礼，而治世少，乱世多，所以，"厥旷远者千有余载，近者数百载"，始一举行，而"三年不为礼，礼必废；三年不为乐，乐必坏"，封禅的礼仪制度自然也就"阙然堙灭”了。这里明确讲了两层意思：一是封禅是一种古老的礼仪制度，并非“昉于秦始”；二是封禅礼仪的细节并不是“废灭”于秦，与秦始皇焚诗书、禁百家言无关。

《封禅书》的意义，还在于司马迁以愤懑之情对汉代统治者，尤其是对汉武帝的滥祭淫祀，进行了委婉而充分的批判。由《封禅书》的命题不难看出，司马迁的本意不只是记述祭祀等礼制，还在于对汉代弊政加以抨击。过去史家把制度史的体裁创始之功全部归于司马迁的八书，并不准确。

自古受命帝王，曷尝不封禅？盖有无其应而用事者矣，未有睹符瑞[①]见（现）而不臻乎泰山者也。虽受命而功不至，至梁父矣而德不洽，洽矣而日有不暇给[②]，是以即事用希。传[③]曰：“三年不为礼，礼必废；三年不为乐[④]，乐必坏。”每世之隆，则封禅答焉，及衰而息。厥旷远者千有余载，近者数百载，故其仪[⑤]阙然堙灭，其详不可得而记闻云。

◎**注释** ①〔符瑞〕祥瑞的征兆。②〔日有不暇给〕仁德之君政事繁忙而没有时间进行封禅。③〔传〕古代文字材料都称为“传”。④〔乐〕指合乎礼所规定的贵族阶层音乐。⑤〔仪〕封禅的典礼。

◎**大意** 自古以来承受天命的帝王，哪有不到泰山祭祀天地的？倒是有些帝王没有得到上天的符应和祥瑞，而擅自举行这一典礼的，却没有一个帝王看到祥瑞符应而不登泰山举行封禅大典的。后代帝王虽奉承天命成为天子，但治世的功业未有成就，已到梁父山举行了祭祀礼，但德行还没有达到令众人心悦诚服的地步，或者人们对他已够悦服但他政事繁多没有时间，所以举行封禅祭典的帝王为数不多。古书中说：“三年不行礼，礼制必会废弃；三年不兴乐，乐教必会被遗弃。”因而每逢盛世，帝王多会亲临泰山举行封禅大典，到了衰落时期，这一典礼就会停止。这种情况在历史上长达千余年，短的也有几百年，正因如此，封禅的仪式已湮没无闻，其详细情形无法记录而流传后世。

《尚书》曰：舜在璇玑玉衡，以齐七政。遂类于上帝，禋于六宗[①]，望山川，遍群神。辑五瑞[②]，择吉月日，见四岳诸牧，还瑞[③]。岁二月，东巡狩，至于岱宗。岱宗，泰山也。柴[④]，望秩于山川。遂觐东后。东后者，诸侯也。合时月正日，同律度量衡，修五礼，五玉三帛二生一死贽。五月，巡狩至南岳。南岳，衡山也。八月，巡狩至西岳。西岳，华山也。十一月，巡狩至北岳。北岳，恒山也。皆如岱宗之礼。中岳，嵩高也。五载一巡狩。

◎**注释** ①〔禋（yīn）于六宗〕禋，烧柴生烟以祭天，用以求福，古代祭神之礼。六宗，指星、辰、风伯、雨师、司中、司命六种尊崇之神。②〔五瑞〕古代诸侯用作符信的五种玉，公、侯、伯、子、男分别用桓圭、信圭、躬圭、谷璧、蒲璧。③〔还瑞〕虞舜验视诸侯所奉圭璧，然后赐还，以示持有这些宝玉的人已成为虞舜的臣子。④〔柴〕古代祭仪时，聚积木柴，将作为供品的牲畜放在木柴上，点火焚化来祭山川。

◎**大意** 《尚书》上说：虞舜用璇玑玉衡之类的天文仪器观察天象，了解太阳、月亮、金星、木星、水星、火星、土星的运行情况，配合上天的旨意，检验自己执政的得失。于是依其类而祭上帝，生烟祭祀六宗，遥祭山川，遍祭群神。收集五等诸侯所持瑞玉，选择吉日良辰，接见四方方伯和各州牧主，将所收瑞玉赐还他们。当年二月，虞舜到东方巡察，抵达岱宗。岱宗，就是泰山。他烧柴祭天，按顺序望祭名川大山，然后接见东方诸侯。协调春夏秋冬四季、十二月、三百六十日，使其一致；统一音律和度量衡，修饬祭祀、丧葬、宾客、军旅、婚姻五种礼节，诸侯分别用五种瑞玉和玄、纁、黄三种颜色的帛，卿大夫用小羊、雁两种活牲，士人以一只死雉，用作朝见的礼物。五月，到南岳巡视。南岳，就是衡山。八月，到西岳巡视。西岳，就是华山。十一月，又到北岳出巡。北岳，就是恒山。所出巡之处都与到东岳泰山的礼制相同。除以上四岳外，还有中岳，就是嵩山。每五年巡视一次。

禹遵之。后十四世，至帝孔甲，淫德好神，神渎，二龙去之[1]。其后三世，汤伐桀，欲迁夏社，不可，作《夏社》[2]。后八世，至帝太戊，有桑榖[3]生于廷，一暮大拱，惧。伊陟曰："妖不胜德。"太戊修德，桑榖死。伊陟赞巫咸[4]，巫咸之兴自此始。后十四世，帝武丁得傅说为相，殷复兴焉，称高宗。有雉登鼎耳雊[5]，武丁惧。祖己曰："修德。"武丁从之，位以永宁。后五世，帝武乙慢神而震死。后三世，帝纣淫乱，武王伐之。由此观之，始未尝不肃祗，后稍怠慢也。

◎**注释** ①〔二龙去之〕传说，天神曾赐给孔甲二龙乘驾，但因孔甲不敬，龙飞离，夏朝也终于衰落。②〔《夏社》〕相传是成汤所作，用来说明夏社不可迁之义。③〔桑榖（gǔ）〕桑树和楮树。④〔巫咸〕殷太戊的臣子，主管祈神消灾之事。⑤〔雊（gòu）〕雉鸣叫。

◎**大意** 到了大禹时，仍然沿用虞舜的这一制度。其后十四代，到了帝孔甲，喜欢祭祀神，而其行为放肆，道德败坏，神被亵渎。原来上天赏赐的二龙也离开了他。往后三代，传到夏桀王，成汤王兴兵征伐夏桀王，本来准备将夏朝的社坛迁移，未达到目的，便作了《夏社》。以后八代传到太戊帝，有桑树、楮树共生于朝廷，一个晚上就长到合拱一样粗，太戊感到十分恐惧。伊尹的儿子伊陟说："不必害怕，妖邪胜不过高尚的道德。"于是太戊修身立德，桑树、楮树不久果然枯死。伊陟将此事告知殷臣巫咸，巫术的兴起从此开始。以后十四代，武丁得到贤士傅说，任他为宰相，殷朝得以复兴，后世称武丁为高宗。又一次，一只野鸡飞到鼎耳上鸣叫不止。武丁听了颇为恐惧。祖己说："修养德行。"武丁认为祖己说得对，结果使统治长久。往后五代，帝武乙欺慢神灵，恼怒了天神，被暴雷震死。以后三代，殷纣王荒淫昏乱，作恶多端，周武王铲除了他。由此来看，开国之君主，都是极其谨慎恭敬地做事，而末代君主就渐渐怠慢放纵，以至于亡国。

《周官》[①]曰：冬日至，祀天于南郊，迎长日之至；夏日至，祭地祇。皆用乐舞，而神乃可得而礼也。天子祭天下名山大川，五岳视三公，四渎[②]视诸侯，诸侯祭其疆内名山大川。四渎者，江、河、淮、济也。天子曰明堂、辟雍[③]，诸侯曰泮宫[④]。

◎**注释** ①〔《周官》〕《周礼》，儒家经典之一。②〔四渎〕古人对四条入海河流的总称，即长江、黄河、淮河、济水。③〔辟雍〕古代举行典礼、宣明教化的地方。④〔泮（pàn）宫〕诸侯举行典礼的地方，后世用以称诸侯国的太学。

◎**大意** 《周官》上说：冬至日，天子在南郊祭天，迎接白天变长的日子到来；夏至时，祭祀地神。都用乐舞，这样做才合乎古代祭祀神灵的礼仪。天子应当祭祀天下的名山大河，在祭祀五岳时，应检查三公所进献的礼品，在祭四渎时，也应检查诸侯所进献的供品，诸侯则祭祀他们封国内的名山大河。四渎就是长江、黄河、淮水、济水。天子举行祭祀朝会的地方称作明堂、辟雍，诸侯的叫泮宫。

周公既相成王，郊祀[①]后稷以配天，宗祀文王于明堂以配上帝。自禹兴而修社祀，后稷稼穑，故有稷祠，郊社[②]所从来尚矣。

◎**注释** ①〔郊祀〕在国都郊外祭祀。②〔郊社〕祭天祀社。祭祀天地、山川，封禅等均谓郊祀，《史记》总称“封禅”。

◎**大意** 周公辅佐成王以后，在郊外祭天时，用后稷配享上天，在明堂祭祀祖先，以文王配享上帝。从大禹开始祭祀土地神，后稷教人民稼穑，所以才有祭祀谷神的祠堂，祭天、祭社的传统由来已久。

自周克殷后十四世，世益衰，礼乐废，诸侯恣行，而幽王为犬戎所败，周东徙雒邑。秦襄公攻戎救周，始列为诸侯。秦襄公既侯，居西垂[①]，自以为主少皞之神，作西畤，祠白帝，其牲用駵（骝）[②]驹、

黄牛、羝羊各一云。其后十六年，秦文公东猎汧[③]、渭之间，卜居之而吉。文公梦黄蛇自天下属地，其口止于鄜衍[④]。文公问史敦[⑤]，敦曰："此上帝之征，君其祠之。"于是作鄜畤，用三牲郊祭白帝焉。

◎**注释** ①〔西垂〕西方边地，秦人发祥地，即今甘肃天水地区。②〔駵（liú）〕同"骝"，黑鬃黑尾巴的红马。③〔汧（qiān）〕今千河的古称，源出甘肃，流经陕西入渭河。④〔鄜（fū）衍〕鄜，古县名，今陕西富县。衍，山坡低平之处。⑤〔史敦〕秦太史，名敦，掌占卜之事。

◎**大意** 从周朝灭掉殷朝之后十四代，世运日益衰微，礼乐废弛，诸侯恣意妄为，周幽王被犬戎击败，西周王室被迫向东迁至雒邑。秦襄公率兵攻灭犬戎，挽救了周朝，因有功而被封为诸侯。秦襄公列为诸侯后，驻守在西方边境，自认为当承祭少皞氏的神灵，建立西畤，作为祭祀坛址，祠祭白帝，用骝驹、黄牛、公羊各一头作为祭品。此后十六年，秦文公在东边的汧水、渭水一带打猎，占卜吉凶，准备居留此处。秦文公梦见黄龙从天上降到地面，口部一直触到鄜地的山坡上。秦文公询问史敦，史敦说："这正是上天降福的征兆，君王应马上祭祀它。"于是秦文公又立鄜畤，用牛、羊、猪三牲祭祀白帝。

自未作鄜畤也，而雍旁故有吴阳武畤，雍东有好畤，皆废无祠。或曰："自古以雍州积高，神明之隩[①]，故立畤郊上帝，诸神祠皆聚云。盖黄帝时尝用事，虽晚周亦郊焉。"其语不经见，搢绅[②]者不道。

◎**注释** ①〔隩（ào）〕可定居之地。②〔搢绅〕又作"缙绅"，原是贵族的服饰，后世代指官吏。

◎**大意** 未建鄜畤时，雍州旁边本有吴阳的武畤，雍州东边有好畤，都已荒废，无人祭祀。有人说："自古以来，因雍州地势较高，是神灵居住之地，所以才修畤祭祀上帝，各神的祠庙都集中在这里。黄帝时就曾在这里举行祭祀大典，即使到了周朝末年这里也举行过郊祭。"这些话不常听到，士大夫也未有提及的。

作鄜畤后九年，文公获若石云，于陈仓[1]北阪城祠之。其神或岁不至，或岁数来。来也常以夜，光辉若流星，从东南来，集[2]于祠城，则若雄鸡，其声殷云，野鸡夜雊。以一牢[3]祠，命曰陈宝。

◎**注释** ①〔陈仓〕山名，在今陕西宝鸡东。②〔集〕鸟停留于树叫集，此处是停留居止的意思。③〔一牢〕用牛、羊、猪各一头来祭祀。

◎**大意** 建立鄜畤九年之后，秦文公获得一块质似玉石的宝物，于是在陈仓山北坡筑城立祠用来奉祀。那位神有时一年也不来，有时却一年来好几次。来的时候多在夜间，光辉照射如同天上的流星一般，从东南飞来，停在祠城，形状很像一只雄鸡，发出殷殷的声音，这时山上的野鸡也跟着鸣叫。用牛、羊、猪各一头来祭祀，命名为陈宝。

作鄜畤后七十八年，秦德公既立，卜居雍，“后子孙饮马于河”，遂都雍。雍之诸祠[1]自此兴。用三百牢于鄜畤。作伏祠。磔[2]狗邑四门，以御蛊灾。

◎**注释** ①〔雍之诸祠〕雍有五祠，成为祭天圣地。②〔磔（zhé）〕禳祭，分裂牲体以祭祀鬼神。

◎**大意** 建立鄜畤后七十八年，秦德公即位，经过占卜定居雍州，后代子孙在黄河边上牧马饮水，于是定都雍地。雍州的祠庙从此兴起。在鄜畤用三百牲牢祭祀。修建伏日祭祀的祠庙。分裂狗肉，悬挂在城邑的四门，为的是抗御厉鬼的侵害。

德公立二年卒。其后四年，秦宣公作密畤[1]于渭南，祭青帝。

◎**注释** ①〔密畤〕祭坛名。

◎**大意** 秦德公仅仅在位两年便去世了。此后四年，秦宣公在渭水南边建密畤，用来祭祀青帝。

其后十四年，秦缪公立，病卧五日不寤；寤，乃言梦见上帝，上帝命缪公平晋乱[①]。史书而记藏之府[②]。而后世皆曰秦缪公上天。

◎注释 ①〔晋乱〕晋献公宠幸骊姬，杀死太子申生，后众公子争位，互相残杀，晋国陷于混乱。②〔府〕收藏财物和图书的处所。

◎大意 以后十四年，秦穆公即位，在床上卧病五天不醒；一醒来便说自己梦见了上帝，上帝命他平定晋国的内乱。史官记录了他的话，写下来并藏在内府中，因而后世都说秦穆公曾上过天庭。

秦缪公即位九年，齐桓公既霸，会诸侯于葵丘，而欲封禅。管仲曰："古者封泰山禅梁父者七十二家，而夷吾所记者十有（又）二焉。昔无怀氏[①]封泰山，禅云云；虙（伏）羲封泰山，禅云云；神农封泰山，禅云云；炎帝封泰山，禅云云；黄帝封泰山，禅亭亭[②]；颛顼封泰山，禅云云；帝俈（喾）封泰山，禅云云；尧封泰山，禅云云；舜封泰山，禅云云；禹封泰山，禅会稽；汤封泰山，禅云云；周成王封泰山，禅社首：皆受命然后得封禅。"桓公曰："寡人北伐山戎[③]，过孤竹；西伐大夏，涉流沙[④]，束马悬车[⑤]，上卑耳之山；南伐至召陵，登熊耳山以望江、汉。兵车之会[⑥]三，而乘车之会[⑦]六，九合诸侯，一匡天下，诸侯莫违我。昔三代受命，亦何以异乎？"于是管仲睹桓公不可穷以辞，因设之以事，曰："古之封禅，鄗上之黍，北里之禾，所以为盛；江、淮之间，一茅三脊[⑧]，所以为藉也。东海致比目之鱼，西海致比翼之鸟，然后物有不召而自至者十有（又）五焉。今凤凰麒麟不来，嘉谷[⑨]不生，而蓬蒿藜莠[⑩]茂，鸱枭[⑪]数至，而欲封禅，毋乃不可乎？"于是桓公乃止。是岁，秦缪公内（纳）晋君夷吾。其后三

置晋国之君，平其乱。缪公立三十九年而卒。

◎**注释** ①〔无怀氏〕传说中的远古帝王。②〔亭亭〕泰山支脉，在今山东泰安西。③〔山戎〕也称北戎，春秋时常为齐国、郑国、燕国的边患。④〔流沙〕中原以西的大漠地区。⑤〔束马悬车〕裹扎马脚，挂牢车辆，是行路防滑的安全措施。⑥〔兵车之会〕用武力征伐而会盟。⑦〔乘车之会〕乘普通车子进行外交会盟。⑧〔一茅三脊〕茅草茎上有三条棱，被认为是灵茅。⑨〔嘉谷〕表示祥瑞的特别的禾穗。⑩〔蓬蒿藜莠（lí yǒu）〕泛指各种恶草。⑪〔鸱（chī）枭〕猫头鹰，被视为不祥之鸟。

◎**大意** 秦穆公即位九年后，齐桓公称霸，邀集各诸侯在葵丘会合，准备到泰山祭祀天地。管仲对桓公说："古代在泰山筑坛祭天，在梁父山辟场祭地，想如此举行封禅大典的有七十二家，而我的记忆中不过十二家罢了。从前有叫无怀氏的在泰山祭天，在云云山祭地；伏羲氏也是封祭泰山，在云云山祭地；神农氏是在泰山祭天，云云山祭地；炎帝是在泰山祭天，在云云山祭地；黄帝是在泰山祭天，在亭亭山祭地；颛顼是在泰山祭天，在云云山祭地；帝喾是在泰山祭天，在云云山祭地；唐尧是在泰山祭天，在云云山祭地；虞舜是在泰山祭天，在云云山祭地；夏禹王在泰山祭天，在会稽山祭地；商汤王在泰山祭天，在云云山祭地；周成王在泰山祭天，在社首山祭地。这都是上承天命而后举行封禅大典。"齐桓公说："寡人出兵讨伐山戎，经过孤竹国；向西征伐大夏，渡过流沙，把马的缰绳扣紧，挂牢车辆，才攀登上了卑耳山；南面攻打楚国抵达召陵，登上熊耳山，远远地望见长江、汉水。三次为平乱伐叛等武事召集诸侯会兵，为政治、外交等事集会了六次，九次会盟诸侯，匡正天下，各国诸侯不敢违抗我。以前夏、商、周三代秉承天命举行了封禅大礼，我的做法与他们有什么不一样呢？"管仲听了齐桓公的话，感到难以用言语说服，于是引用一些具体事例进行劝谏，说："古代帝王举行封禅，都用鄗上的黍子、北里的粟米作为祭品，还要用长江、淮河一带所产的三脊灵茅，作为神灵的垫席。此外，还要从东海找到比目鱼，从西海找到比翼鸟，然后尚有十五种不用找寻而自来的吉祥物。如今却并无祥瑞，凤凰麒麟没有降临，嘉谷没有长出，而田野中的杂草长得倒很茂盛，猫头鹰等恶鸟屡次停飞于朝堂，在这种情况下想要进行封禅大礼，恐怕不太合适吧？"齐桓公觉得管仲所说有理，于是打消了封禅的念头。这一年，秦穆公把晋国的公子夷吾送回晋国为君，此后还三次扶持晋国的君主，平定晋国的内乱。秦穆公在位三十九年而去世。

其后百有（又）余年[①]，而孔子论述六艺，传略言易姓而王，封泰山禅乎梁父者七十余王矣，其俎豆[②]之礼不章（彰），盖难言之。或问禘[③]之说，孔子曰："不知。知禘之说，其于天下也视其掌。"诗云纣在位，文王受命，政不及泰山[④]。武王克殷二年，天下未宁而崩。爰周德之洽维成王，成王之封禅则近之矣。及后陪臣[⑤]执政，季氏旅于泰山，仲尼讥之[⑥]。

◎注释 ①〔其后百有余年〕秦穆公卒于公元前621年，而孔子生于公元前551年，卒于公元前479年，所以说"其后百有余年"。②〔俎豆〕盛祭品的礼器，此处代指礼仪。③〔禘（dì）〕祭礼名称，即天子祭祖先的大典。④〔政不及泰山〕周文王虽受天命但没有登上泰山进行封禅。⑤〔陪臣〕指春秋时各诸侯国的大夫。他们对周天子自称"陪臣"。⑥〔仲尼讥之〕泰山只有天子才能祭祀，季康子作为周天子的陪臣，却去祭泰山，是越礼的行为，孔子对此进行了批评。

◎大意 这以后的一百多年，孔子论述六艺，传文中曾简略记述，历代改朝换姓的帝王，有七十多位到泰山祭天，到梁父山祭地，孔子的论述中却看不到有关封禅的祭器、祭品的制度，大概很难说清楚。有人问及禘祭的事，孔子说："不知道。如果知道禘祭的道理，那么治理天下就像看掌中之物那样明白了。"古诗说殷纣王在位时，周文王虽受天命，但他没有登上泰山进行封禅。周武王灭商后两年，天下还未安定便去世了。因此，周朝只是到了周成王时才称得上德政融洽，周成王到泰山举行封禅大礼，才是合乎情理的事。等到后来各诸侯国的大夫掌权，鲁国季氏竟然不顾名分到泰山祭天，孔子曾讥讽这件事。

是时苌弘以方事周灵王，诸侯莫朝周，周力少，苌弘乃明鬼神事，设射狸首[①]。狸首者，诸侯之不来者。依物怪欲以致诸侯。诸侯不从，而晋人执杀苌弘。周人之言方怪者自苌弘。

◎**注释** ①〔射狸首〕古代的一种巫术，在箭靶上写上某个人的名字，用箭射之，以诅咒其因此而死。

◎**大意** 这个时候，苌弘凭借方术侍奉周灵王，各国诸侯没有朝见周王的，周朝势力衰微，苌弘于是大肆宣扬鬼神之事，设置了箭射狸首的巫术。这个巫术，就是用来惩罚不来朝见周天子的诸侯的。想要凭借神鬼怪异招来各个诸侯朝会。诸侯都不听从，而晋国人捕杀了苌弘。周朝人议论方术神怪是从苌弘开始的。

其后百余年，秦灵公作吴阳上畤，祭黄帝；作下畤，祭炎帝。

◎**大意** 这以后一百多年，秦灵公在吴阳修建上畤，祭祀黄帝；建下畤，祭祀炎帝。

后四十八年，周太史儋见秦献公曰："秦始与周合，合而离，五百岁当复合，合十七年而霸王出焉。"栎阳雨金，秦献公自以为得金瑞，故作畦畤[①]栎阳而祀白帝。

◎**注释** ①〔畦畤〕祭坛名。

◎**大意** 此后四十八年，周太史儋拜见秦献公时说："秦国当初是和周朝合在一起的，后来才分开，五百年后应该再次联合，联合十七年而后秦国就会有霸主出现了。"栎阳下雨，有金子伴雨而落，秦献公自认为得了五行中属于金的祥瑞，所以在栎阳建畦畤，祭祀白帝。

其后百二十岁而秦灭周，周之九鼎入于秦。或曰宋太丘社亡，而鼎没于泗水彭城下。

◎**大意** 这以后一百二十年而秦国灭了周朝，周的九鼎流入秦国。有人说宋国的太丘社坛毁后，宝鼎在彭城下的泗水中沉没了。

其后百一十五年而秦并天下。

◎**大意** 一百一十五年以后，秦国统一了天下。

秦始皇既并天下而帝，或曰：“黄帝得土德，黄龙地螾（蚓）[①]见（现）。夏得木德，青龙止于郊，草木畅茂。殷得金德，银自山溢。周得火德，有赤乌之符[②]。今秦变周，水德之时[③]。昔秦文公出猎，获黑龙，此其水德之瑞。”于是秦更命河曰“德水”，以冬十月为年首，色上黑，度以六为名，音上大吕，事统上法。

◎**注释** ①〔螾〕通“蚓”。传说黄帝凭仗土德而拥有天下，有长十余丈的大蚯蚓出现作为祥瑞。②〔赤乌之符〕传说周武王时有火从天降下，样子像赤乌，为周居火德而兴旺的征兆。③〔水德之时〕与上文所述的土德、木德、金德、火德一样，都是五行学说的术语，以五行相生相克来解释王朝更替。

◎**大意** 秦始皇统一天下而自称皇帝以后，有人说：“黄帝获得五行中的土德，黄龙和大蚯蚓出现。夏朝得木德，青龙降落在郊外，草木葱郁茂盛。商朝得金德，从山中流出白花花的银子。周朝得火德，当时有红色乌鸦的祥瑞。现在秦朝取代周朝，是水德的时代。以前秦文公外出狩猎，获得一条黑龙，这是水德的祥瑞。”于是秦将黄河更名为“德水”，以冬季十月作为一年的开始，颜色崇尚黑色，长度以六为单位，音声崇尚十二律之一的大吕，国家一切政事崇尚法治。

即帝位三年，东巡郡县，祠邹峄山，颂秦功业。于是征从齐、鲁之儒生博士七十人，至乎泰山下。诸儒生或议曰：“古者封禅为蒲车，恶伤山之土石草木；扫地而祭，席用菹秸[①]，言其易遵也。”始皇闻此议各乖异，难施用，由此绌儒生。而遂除车道，上自泰山阳至巅，立石颂秦始皇帝德，明其得封也。从阴道下，禅于梁父。其礼颇采太祝[②]之祀雍上帝所用，而封藏皆秘之，世不得而记也。

◎**注释** ①〔菹（zū）秸〕用农作物的茎秆编成的草席。②〔太祝〕掌管祈祷之事的官员。

◎**大意** 秦始皇即帝位的第三年，到东方巡察郡县，在邹峄山立祠祭祀，刻石颂扬秦朝的功德事业。在这个时候征召率领齐国、鲁国儒生和博士七十人来到泰山下。诸位儒生中有人建议："古代帝王行封禅大典时，都用蒲草包裹车子的车轮，这是怕损害山上的石头和草木；祭祀时，把地面打扫干净，用禾秸编成的席子铺垫，这说明古礼是容易遵行的。"秦始皇听到这些议论各不相同，而且离奇怪异，难以实行，因此斥退了儒生。于是他下令修建、打扫车道，从泰山南面登上山顶，竖立石碑，歌颂秦始皇的功德，表明登上泰山祭祀了天神。从北面下山，在梁父山祭祀了地神。那些仪式大多采用太祝在雍县祭祀上帝时所行之礼仪，礼仪记载都封藏保密，世人无从知晓并记录下来。

始皇之上泰山，中阪遇暴风雨，休于大树下。诸儒生既绌（黜），不得与用于封事之礼，闻始皇遇风雨，则讥之。

◎**大意** 秦始皇上泰山时，中途遇到暴风雨，在大树下避雨。儒生们既已被斥退，无法参加封禅典礼，一听到秦始皇遇上暴风雨这件事，就纷纷讥笑他。

于是始皇遂东游海上，行礼祠名山大川及八神，求仙人羡门之属。八神将自古而有之，或曰太公以来作之。齐所以为齐，以天齐也。其祀绝，莫知起时。八神：一曰天主，祠天齐。天齐渊水[①]，居临菑南郊山下者。二曰地主，祠泰山梁父。盖天好阴[②]，祠之必于高山之下，小山之上，命曰"畤"；地贵阳，祭之必于泽中圆丘云。三曰兵主，祠蚩尤。蚩尤在东平陆监乡，齐之西境也。四曰阴主，祠三山。五曰阳主，祠之罘[③]。六曰月主，祠之莱山。皆在齐北，并勃海。七曰日主，祠成山。成山斗入海，最居齐东北隅，以迎日出云[④]。八曰四时主，祠琅邪。琅邪在齐东方，盖岁之所始。皆各用一牢具祠，而巫祝

所损益，珪币[⑤]杂异焉。

◎**注释**　①〔天齐渊水〕泉名。②〔天好阴〕天是阳，故爱好阴以相调和。③〔之罘（fú）〕山名，在今山东烟台北。④〔以迎日出云〕说是迎接日出的。⑤〔珪币〕祭祀用的玉帛。

◎**大意**　后来秦始皇到东边海上巡游，举行仪式祭祀名山大川和八神，向仙人羡门等祈求福佑。八神将自古以来就有，有人说是姜太公以来兴起的。齐国之所以名为齐，是由于八神之一的天齐神。天齐的祭祀典礼已经断绝，不知从什么时候开始的。八神名称：一是天主，在天齐祭祀，有天齐渊水，在临菑城南郊的山脚下。二是地主，在泰山下的梁父山祭祀。天神喜阴气，祭祀时必须在高山之下，小山之上，称为“畤”；地神性喜阳，祭祀必须在水泽中的圆丘上。三是兵主，祭祀蚩尤。蚩尤在东平陆的监乡，那里是齐国西部边境。四是阴主，在三山祭祀。五是阳主，在之罘山祭祀。六是月主，在莱山祭祀。以上这些地方都在齐国的北部，临近渤海。七是日主，在成山祭祀。成山绝壁陡峭，入于海中，在齐国最东北角的地方，是迎接日出的地方。八是四时主，在琅琊山祭祀。琅琊山位于齐国的东部，为一年四季的开端。对八神都用牛、羊、猪各一头献祭，而巫祝时加增减，珪币的名目、数量各不相同。

自齐威、宣之时，邹子之徒论著终始五德之运，及秦帝而齐人奏之，故始皇采用之。而宋毋忌、正伯侨、充尚、羡门高[①]最后皆燕人，为方仙道，形解销化[②]，依于鬼神之事。邹衍以阴阳主运[③]显于诸侯，而燕、齐海上之方士传其术不能通，然则怪迂阿谀苟合之徒自此兴，不可胜数也。

◎**注释**　①〔宋毋忌、正伯侨、充尚、羡门高〕均为传说中的仙人名。②〔形解销化〕身体变化消灭。道家称死为形解。③〔阴阳主运〕邹衍把关于“阴阳交替”的朴素辩证法思想和“天人感应”说结合起来，用以解释王朝的新旧更替，并称可以主宰一个王朝的命运。

◎**大意**　自齐威王、齐宣王时起，邹衍等人著书立说，论述金、木、水、火、土五种物质德性相生相克和终而复始的循环变化，以此来说明王朝兴废的原因，到秦称帝时，齐国人便将这些理论奏上，所以始皇采用了。而宋毋忌、正伯侨、充尚以及最后的羡门高都是燕国人，他们宣扬、推行神仙道家的法术，宣讲人的形体解脱消亡后灵魂超升，附着于鬼神之类的事情。邹衍凭阴阳主运学说而显名诸侯，燕国、齐国沿海地区的方士承袭了他的理论但并不了解它的实质，因而荒诞离奇、高谈阔论、苟且求合这一类的人从此兴起，人数之多不可胜计。

自威、宣、燕昭使人入海求蓬莱、方丈、瀛州。此三神山者，其傅在勃海中，去人不远；患且至，则船风引而去。盖尝有至者，诸仙人及不死之药皆在焉。其物禽兽尽白，而黄金银为宫阙。未至，望之如云；及到，三神山反居水下。临之，风辄引去，终莫能至云。世主莫不甘心焉。及至秦始皇并天下，至海上，则方士言之不可胜数。始皇自以为至海上而恐不及矣，使人乃赍童男女入海求之。船交海中，皆以风为解①，曰未能至，望见之焉。其明年，始皇复游海上，至琅邪，过恒山，从上党归。后三年，游碣石，考入海方士②，从上郡归。后五年，始皇南至湘山，遂登会稽，并海上，冀遇海中三神山之奇药。不得，还至沙丘崩。

◎**注释**　①〔皆以风为解〕入海之人都以风吹船离去而不能到达神山为托词，借以掩盖谎言并造成神山可望而不可即的效果。②〔考入海方士〕秦始皇亲到大海边以考验方士所说的真伪。

◎**大意**　从齐威王、齐宣王、燕昭王时起，就派人入海寻找蓬莱、方丈、瀛洲三座神山。这三座神山，相传在渤海中，离人间不算遥远，而人们害怕船到山侧时，会被海风吹走。过去曾经有人到过那里，众仙人和长生不死的药都在那里。据说山上的东西凡野兽都是白的，宫殿是用黄金、白银建造的。到山上之前，远远望去，三座仙山如同一片白云；来到山前，看到三座仙山却在海水之下。船要靠近山时，风把船吹开，最终不能到达那里。现世的帝王没有一个不向往仙山的。秦始皇统一全国后，到海上巡游，向秦始皇谈论海上仙山之事的方士不计其数。秦始皇自认为亲至海上恐怕难以找到仙山，于是派人带领童男童女到海上寻找。船从海中回来，都以遇到海风无法接近仙山作为托词，说是虽未到达，但确实看到了三仙山。第二年，秦始皇再次到海上巡游，到了琅琊山，路经恒山，取道上党返回京城。三年后，他又巡幸碣石，查问到海上寻找三仙山的方士，从上郡返回咸阳。过了五年，秦始皇南巡到达湘山，登上会稽山，并来到海上，希望能得到三仙山中的长生不死药，未能如愿，在回咸阳的路上病死于沙丘。

二世元年，东巡碣石，并海南，历泰山，至会稽，皆礼祠之，而刻勒始皇所立石书旁，以章始皇之功德。其秋，诸侯畔（叛）秦。三年而二世弑死。

◎**大意** 秦二世元年，秦二世向东巡游到碣石山，沿海边南行，经过泰山，到达会稽山，每到一处都按礼仪祭祀天神地祇，而且在秦始皇生前所立的石碣旁再立石碣刻文记事，用来歌颂秦始皇的功德。这年秋季，各国诸侯起兵反叛秦朝。第三年，秦二世被赵高杀死。

始皇封禅之后十二岁，秦亡。诸儒生疾秦焚《诗》《书》，诛僇（戮）文学，百姓怨其法，天下畔（叛）之，皆讹曰：“始皇上泰山，为暴风雨所击，不得封禅。”此岂所谓无其德而用事者邪？

◎**大意** 秦始皇上泰山祭天以后的第十二年，秦朝灭亡。当时那些儒生都憎恨秦始皇焚烧《诗》《书》，诛杀读书人，百姓怨恨秦朝的严酷法律，天下人背叛秦朝，都谣传说：“秦始皇上泰山，中途为暴风雨所阻，所以未能举行封禅大典。”这难道就是方士所说的那种不具备良好的德行而勉强举行封禅的帝王吗？

昔三代之居皆在河、雒之间，故嵩高为中岳，而四岳各如其方，

四渎咸在山东[1]。至秦称帝，都咸阳，则五岳、四渎皆并在东方。自五帝以至秦，轶兴轶衰，名山大川或在诸侯，或在天子，其礼损益世殊[2]，不可胜记。及秦并天下，令祠官所常奉天地名山大川鬼神可得而序也。

◎**注释** ①〔山东〕崤山以东的广大地区，即战国时秦以外的六国地域。②〔其礼损益世殊〕祭祀的礼节随着朝代的更替有增有减。

◎**大意** 从前夏、商、周三代君王都把国都建在黄河、雒水之间，所以嵩高山为中岳，其他四岳各按其所在的方位定名，四渎都在崤山以东。到秦始皇称帝时，定都咸阳，因而五岳、四渎都在都城的东方。从五帝到秦朝，各朝代的兴衰交替，名山大川有的在诸侯国境内，有的在天子国中，祭祀的礼节随着朝代的更替有增有减，各不相同，无法一一记载。待到秦始皇统一天下，命令祠官经常祭祀名山大川的鬼神，从此才有案可查。

于是自殽（崤）以东，名山五，大川祠二。曰太室。太室，嵩高也。恒山，泰山，会稽，湘山。水曰济，曰淮。春以脯酒为岁祠，因泮冻，秋涸冻，冬塞[1]祷祠。其牲用牛犊各一，牢具珪币各异。

◎**注释** ①〔塞〕用祭品报答神灵福佑。

◎**大意** 当时崤山以东，有五座名山、两条大河要祭祀。一座山叫太室。太室山，就是嵩高山。其他四座山即恒山、泰山、会稽山、湘山。两条大的河流，一条叫济水，一条叫淮河。春天以干肉、酒醴进行岁祭，因为此时河流开始解冻，秋季河水干枯，快要封冻，冬天将举行酬报神功和祈求福佑的祭祀。祭祀所用的牲畜是一头小牛，与牛犊相配的礼器和珪币等各不相同。

自华以西，名山七，名川四。曰华山，薄山。薄山者，衰山也。岳山，岐山，吴岳，鸿冢，渎山。渎山，蜀之汶山。水曰河，祠临

晋；沔[①]，祠汉中；湫渊，祠朝那；江水，祠蜀。亦春秋泮涸祷塞，如东方名山川；而牲牛犊牢具珪币各异。而四大冢鸿、岐、吴、岳，皆有尝禾[②]。

◎**注释** ①〔沔（miǎn）〕汉水上游称沔水。②〔尝禾〕用新产的谷物祭祀。尝，祭祀名。

◎**大意** 自华山以西，有七座著名的山，有四条著名的河流。七座名山有华山、薄山。薄山，就是衰山。还有岳山、岐山、吴岳、鸿冢、渎山。渎山，就是蜀川的汶山。四条大川，一条叫黄河，在临晋祭祀；一条叫沔水，在汉中祭祀；一条叫湫渊，在朝那祭祀；一条叫江水，在蜀地祭祀。也是在春、秋两季河水不结冰时和干涸冻结时祭祀，并在冬季举行祈祷求福的祭祀活动，和祭祀东方大山大河的时间一样，但祭祀所用的祭品牛犊、配用礼具和珪币各不相同。四座大山鸿冢、岐山、吴岳、岳山，都有用新谷举行祭祀的仪式。

陈宝节来祠。其河加有尝醪[①]。此皆在雍州之域，近天子之都，故加车一乘，騂（骝）驹四。

◎**注释** ①〔醪（láo）〕米酒。

◎**大意** 陈宝神应时来享受祭祀，祭祀黄河时就增加米酒。这些山河都在雍州境内，临近天子的都城，因而祭祀时增加一辆车和四匹赤毛黑鬃的小马。

霸、产、长水、沣、涝、泾、渭皆非大川，以近咸阳，尽得比山川祠，而无诸加。

◎**大意** 霸水、产水、长水、沣水、涝水、泾水、渭水都不是大河流，因为靠近咸阳，所以都比照名山大川的规格享受祭祀，但不另外增加祭品。

汧、雒二渊，鸣泽、蒲山、岳嵴山之属，为小山川，亦皆岁祷塞泮涸祠，礼不必同。

◎**大意** 汧水、雒水两条河流，鸣泽、蒲山、岳嵴山之类，都是小河、小山，也在每年解冻和冻结的季节进行祷神求福的祭祀，礼仪不一定相同。

而雍有日、月、参、辰、南北斗、荧惑、太白、岁星、填（镇）星、辰星、二十八宿、风伯、雨师、四海、九臣、十四臣、诸布、诸严、诸逑之属，百有余庙①。西亦有数十祠。于湖有周天子祠。于下邽有天神。沣、滈有昭明、天子辟池②。于杜、亳有三杜主之祠、寿星祠；而雍菅③庙亦有杜主。杜主，故周之右将军，其在秦中，最小鬼之神者④。各以岁时奉祠。

◎**注释** ①〔百有余庙〕在雍地祭祀星神和地上各小神的宗庙有一百多处。②〔辟池〕滈池，相传为周朝初年辟雍即贵族学校所在地。③〔菅〕茅草。④〔最小鬼之神者〕是指那种鬼虽小而有神灵。

◎**大意** 雍州有日、月、参宿、心宿、南北斗、荧惑、太白、岁星、镇星、辰星、二十八宿、风伯、雨师、四海、九臣、十四臣、诸布、诸严、诸逑之类，共一百多座祠庙。长安以西也有几十座祠庙。在京兆湖县有周天子祠庙。在下邽有天神祠庙。沣水和滈水有昭明庙、天子辟雍遗址。在杜、亳二县有三所杜主祠庙和寿星祠庙；此外，在雍州的茅草小庙中，也有供奉杜主的。杜主本是周宣王的右将军，在关中地区是最小的神，却很灵验。这些星宿、神灵，都按年岁、季节供奉祭祀。

唯雍四畤上帝①为尊，其光景动人民唯陈宝。故雍四畤，春以为岁祷，因泮冻，秋涸冻，冬塞祠，五月尝驹②，及四仲之月，祠若月祠陈宝节来一祠。春夏用骍，秋冬用駵（骝）。畤驹四匹，木禺（偶）龙

栾（銮）车[3]一驷，木禺（偶）车马一驷，各如其帝色。黄犊羔各四，珪币各有数，皆生瘗埋[4]，无俎豆之具。三年一郊。秦以冬十月为岁首，故常以十月上宿郊见[5]，通权火[6]，拜于咸阳之旁，而衣上白，其用如经祠云。西畤、畦畤，祠如其故，上不亲往。

◎注释 ①〔四畤上帝〕雍州地面上原来所祭的青、黄、赤、白四位天帝，最为尊崇。②〔尝驹〕用少壮骏马行祭。③〔木禺龙栾车〕木禺龙，即木偶龙。栾车，即銮车，带铃的车辆。④〔生瘗（yì）埋〕活埋。瘗，埋。⑤〔十月上宿郊见〕十月天子斋戒，然后郊祀以见上帝。⑥〔通权火〕点燃篝火照明黑夜。

◎大意 雍州四畤的上帝祠位最为尊贵，祭祀场面最动人的是陈宝神的祭祀。过去雍州四畤的祭祀，春季为祈求年丰，因为大地解冻了，秋天在封冻时祭祀，冬天举行酬报神灵的祭祀，五月间献小马驹，四季的中间月份举行祭祀活动，而陈宝祠只有陈宝神节来临时祭祀一次。祭祀春季、夏季用纯赤色的马，秋季、冬季则用赤色黑鬃的马。每个祭坛用四匹小马驹，一套木偶龙驾的有铃的车，一套木偶马驾的车，祭品的颜色与各帝相应的五方色相同。小黄牛、小黄羊各四头，玉圭帛币各有定数，牛羊等都被活埋在地下，不用俎豆等礼器。三年祭祀一次。秦朝以冬季十月为一年的开端，因此皇帝常在十月斋戒后到郊外祭祀，点燃全线烽火，照亮黑夜，在咸阳附近下拜，衣着崇尚白色，所用祭品与通常祭祀相同。西畤、畦畤的祭祀与秦称帝前相同，皇帝不亲自前往。

诸此祠皆太祝常主，以岁时奉祠之。至如他名山川诸鬼及八神之属，上过则祠，去则已。郡县远方神祠者，民各自奉祠，不领于天子之祝官。祝官有秘祝[1]，即有灾祥，辄祝祠移过于下。

◎注释 ①〔秘祝〕官名，主持为帝王祈祷，转移灾祸。

◎大意 诸如此类的祠庙都由太祝常年主持，每年按季节祭祀。至于其他大山大河、众鬼及八神之类，天子经过祠庙时就会祭祀，一离开便终止。远方郡县的神祠，百姓各自去祭祀，不归天子设置的祝官管辖。祝官中有秘祝，一遇到灾祸，就祝祷祭祀，将灾祸转嫁给众官员和百姓。

汉兴，高祖之微时，尝杀大蛇。有物曰："蛇，白帝子也，而杀者赤帝子。"高祖初起，祷丰枌榆社[①]。徇沛，为沛公，则祠蚩尤，衅鼓旗[②]。遂以十月至灞上，与诸侯平咸阳，立为汉王。因以十月为年首，而色上赤。

◎**注释**　①〔丰枌（fén）榆社〕汉高祖故乡丰邑枌榆乡的土地神。②〔衅鼓旗〕举兵的一种仪式。衅，用牛马之血涂新铸的器具缝隙。

◎**大意**　汉朝兴起，汉高祖刘邦贫贱时，曾经杀死一条大蛇。有神物化作人形说："这条蛇是白帝的儿子，而杀它的人是赤帝之子。"高祖初起兵时，在丰县的枌榆设坛祷告，祈求福佑。攻下沛县后，做了沛公，祭祀蚩尤，用牲血涂战旗、战鼓祭祀。于是他在十月间领军至灞上，与诸侯会师，最终平定咸阳，被立为汉王。因此将十月作为岁首，崇尚赤色。

二年，东击项籍而还入关，问："故秦时上帝祠何帝也？"对曰："四帝，有白、青、黄、赤帝之祠。"高祖曰："吾闻天有五帝，而有四，何也？"莫知其说。于是高祖曰："吾知之矣，乃待我而具五也。"乃立黑帝祠，命曰北畤。有司进祠，上不亲往。悉召故秦祝官，复置太祝、太宰，如其故仪礼。因令县为公社[①]。下诏曰："吾甚重祠而敬祭。今上帝之祭及山川诸神当祠者，各以其时礼祠之如故。"

◎**注释**　①〔公社〕官府行祭的处所。

◎**大意**　汉高祖二年，高祖向东攻打项羽，回到关中，问道："以前秦朝祭祀的上帝是哪些？"臣下回答道："祭祠四位天帝，有白帝、青帝、黄帝、赤帝。"高祖又问道："我听说天上有五帝，而秦朝只有供奉四帝的祠庙，为什么呢？"没有人知晓。高祖说："我知道这个道理，正是等我来凑够五帝之数的。"于是设立黑帝祠庙，命名为北畤。由有关官员前去祭祀，皇帝并不亲自前往。将过去秦朝的祝官全都召回，又设置太祝、太宰，礼仪与过去一样，命令各县设立公用祭坛。颁下诏书说："我十分重视祠庙，并敬重祭祀。现在上帝的祭祀和山川诸神应该祭祀的，各按时节像过去一样祭祀。"

后四岁，天下已定，诏御史令丰谨治枌榆社，常以四时，春以羊彘祠之。令祝官立蚩尤之祠于长安。长安置祠祝官、女巫。其梁巫祠天、地、天社、天水、房中、堂上[①]之属；晋巫祠五帝、东君、云中君、司命、巫社、巫祠、族人、先炊[②]之属；秦巫祠社主、巫保、族累[③]之属；荆巫祠堂下、巫先、司命、施糜之属；九天巫祠九天：皆以岁时祠宫中。其河巫祠河于临晋，而南山巫祠南山秦中。秦中者，二世皇帝。各有时月。

◎**注释** ①〔天社、天水、房中、堂上〕大小神名。②〔东君、云中君、司命、巫社、巫祠、族人、先炊〕东君，日神。云中君，云神。司命、巫社、巫祠、族人、先炊，均为神名。③〔社主、巫保、族累〕社主，可能是"杜主"之误。巫保、族累，也是神名。

◎**大意** 这之后四年，天下已平定，高祖诏命御史让丰县恭谨地修整枌榆社，按四季举行祭祀典礼，春天祭祀用羊猪作为祭品。命令祝官在长安设立蚩尤祠，在长安设置祝官、女巫。其中梁地巫师负责祭祀天地、天社、天水、房中、堂上之类的神灵；晋地巫师负责祭祀五帝、东君、云中君、司命、巫社、巫祠、族人、先炊之类的神灵；秦地巫师负责祭祀社主、巫保、族累之类的神灵；楚地巫师负责祭祀堂下、巫先、司命、施糜之类的神灵；九天巫师负责祭祀九天的神灵：都按年节在宫中举行祭祀。其中黄河巫师在临晋祭祀河神，而南山巫师在南山祭祀秦中。秦中，就是指秦二世皇帝的鬼魂。以上各项祭祀，都按照一定的季节、日期进行祭祀。

其后二岁，或曰周兴而邑邰，立后稷之祠，至今血食天下。于是高祖制诏御史：“其令郡国县立灵星祠，常以岁时祠以牛。”

◎**大意** 这之后两年，有人说周朝一兴起就在邰地建立城邑，设立后稷的祠庙，到今天还受到天下人的祭祀。在这个时候高祖下诏书给御史：“使各郡各国各县设立灵星祠，每年按岁时用牛祭祀。”

高祖十年春，有司请令县常以春三月及时腊祠社稷以羊豕，民里社各自财以祠。制曰：“可。”

◎**大意** 汉高祖十年春天，主管官员请求命令各县常在春季三月和十二月祭祀土地神、谷神，祭品用羊和猪，民间的土地神各自征收财物加以祭祀。高祖下制书说：“可以。”

其后十八年，孝文帝即位。即位十三年，下诏曰：“今秘祝移过于下，朕甚不取。自今除之。”

◎**大意** 这之后十八年，孝文帝即位。他即位的第十三年，下诏书说：“如今的秘祝官将灾祸转移到臣子和百姓身上，我极不赞成这种做法。从现在开始废除。”

始名山大川在诸侯，诸侯祝各自奉祠，天子官不领。及齐、淮南国废，令太祝尽以岁时致礼如故。

◎**大意** 起初名山大河在诸侯国境内，各国的祝官各自供奉祭祀，天子的祝官不统领。齐国、淮南国被废除后，汉文帝就命令由太祝官负责按时祭祀。

是岁，制曰：“朕即位十三年于今，赖宗庙之灵[1]，社稷之福，方内艾（乂）安，民人靡疾。间者比年登，朕之不德[2]，何以飨此？皆上帝诸神之赐也。盖闻古者飨其德必报其功，欲有增诸神祠。有司议增雍五畤路（辂）车各一乘，驾被具[3]；西畤、畦畤禺（偶）车各一乘，禺（偶）马四匹，驾被具；其河、湫、汉水加玉各二；及诸祠各增广坛场，圭币俎豆以差加之。而祝釐（禧）者归福于朕，百姓不与焉。自今祝致敬，毋有所祈。”

◎**注释** ①〔宗庙之灵〕祖先的神灵。②〔朕之不德〕我没有什么德行。③〔驾被具〕车马的成套装具。

◎**大意** 这一年，汉文帝颁布诏书说：“朕即位至今已有十三年，仰仗祖先的神灵，国家的福佑，境内安定，人民没有疾苦。近年来连连丰收，朕没有什么德行，凭什么享受这样的福报呢？这都是上帝众神的赐予。听说古时的帝王享受神的恩赐必报答它的功劳，所以朕想要增加对众神的祭祀。主管官员建议给雍州五畤增加大车各一乘，连同驾车和车上的各种装具；西畤、畦畤增加木偶车各一乘，木偶马各四匹，连同驾车和车上的各种装具；黄河、湫渊、汉水的祭祀各增加玉璧两枚；并且所有祠庙各增大祭坛场地，祭祀所用的玉帛、俎豆按等级有所增加。祝福的人把福气都归于朕，百姓却无任何好处。从今以后太祝官员只表达对神灵的敬意，不能为了朕向神祈祷。”

鲁人公孙臣上书曰：“始秦得水德，今汉受之，推终始传，则汉当土德，土德之应黄龙见（现）。宜改正朔，易服色[1]，色上黄。”是时丞相张苍好律历，以为汉乃水德之始，故河决金堤，其符也。年始冬十月，色外黑内赤，与德相应。如公孙臣言，非也。罢之。后三岁，黄龙见（现）成纪[2]。文帝乃召公孙臣，拜为博士，与诸生草改历服色事。其夏，下诏曰：“异物之神见（现）于成纪，无害于民，岁以有年。朕祈郊上帝诸神，礼官议，无讳以劳朕。”有司皆曰“古者天子

夏亲郊，祠上帝于郊，故曰郊”。于是夏四月，文帝始郊见雍五畤，祠衣皆上赤。

◎**注释** ①〔服色〕每一朝代规定的正色，标准的礼服仪仗都遵用。②〔成纪〕在今甘肃秦安北。

◎**大意** 鲁国人公孙臣上书说：“起初秦朝获得水德，现在汉朝接受了天命，按五德始终的传递，汉朝应受土德，土德的感应是黄龙出现。应更改岁首和月朔，改换车马服饰的颜色，颜色崇尚黄色。”这时丞相张苍喜好律历，认为汉朝是水德的开始，黄河在金堤决口，这便是水德的符兆。每年以冬季十月为岁首，服饰颜色崇尚外黑内红，与五行之德相合。公孙臣所言是错误的。于是公孙臣的建议被否决。之后三年，黄龙出现在陇西成纪地区。汉文帝召见公孙臣，任命他为博士官，与众多儒生共同筹划更改历法、服色的事宜。这年夏天，汉文帝下诏书说：“异类的神灵出现在成纪，对百姓没有危害，每年都有好的收成。我准备在郊外祭祀上帝众神，礼官可商议具体的方案，不要有什么忌讳而不对我说。”主管官员说：“古时天子在夏季亲自到郊外祭祀，郊祭于上帝，所以称为郊。”这年夏季四月，汉文帝第一次在雍州五畤举行郊祭，祭祀时穿的衣服都崇尚红色。

其明年，赵人新垣平以望气见上①，言“长安东北有神气，成五采，若人冠绕（冕）焉。或曰东北神明之舍，西方神明之墓也。天瑞下，宜立祠上帝，以合符应”。于是作渭阳五帝庙，同宇，帝一殿，面各五门，各如其帝色。祠所用及仪亦如雍五畤。

◎**注释** ①〔新垣平以望气见上〕新垣平，姓新垣，名平，方士。望气，观察云气以预测吉凶，是方士的一种占术。

◎**大意** 第二年，赵国人新垣平以善于观察云气得以朝见汉文帝，说“长安城东北有神气，呈现五彩的颜色，形状与人的冠冕一样。有人说东北是神明居住的屋舍，西方是神明的墓地。上天的祥瑞降下，应设立祠庙祭祀上帝，用来和天降符瑞相应”。于是在渭水的南面修建五帝庙，在同一祠庙屋宇内，给每位天帝建一座殿堂，祠庙的每一面有五个门，涂的颜色与殿内各方天帝的颜色相同。祭祀所用的祭品和仪式也都与雍城的五畤相同。

夏四月，文帝亲拜霸渭之会，以郊见渭阳五帝。五帝庙南临渭，北穿蒲池[1]沟水，权火举而祠，若光辉然（燃）属天焉。于是贵平上大夫，赐累千金。而使博士诸生刺六经中作《王制》，谋议巡狩封禅事。

◎**注释** ①〔蒲池〕可能是兰池之误。兰池是秦始皇所凿人工湖，遗址在今陕西咸阳东北。

◎**大意** 夏季四月，汉文帝亲自在霸水、渭水的会合处祭拜，参见渭南五帝。五帝庙南临渭水，北跨蒲池沟水，点燃烽火进行祭祀，光辉好像与天相连，十分耀眼。于是尊新垣平为上大夫，赏赐累计达千金。而命博士及儒生采用"六经"中的有关资料写成《王制》，谋划商议巡狩、封禅的事宜。

文帝出长门，若见五人于道北，遂因其直北立五帝坛，祠以五牢具。

◎**大意** 汉文帝出游到长门，仿佛见到五个人站于道路之北，于是就在他们站立的地方建立了五帝坛，用五牢的祭品和相应的礼器祭祀。

其明年，新垣平使人持玉杯，上书阙下献之。平言上曰："阙下有宝玉气来者。"已视之，果有献玉杯者，刻曰"人主延寿"。平又言"臣候日再中"。居顷之，日却[1]复中。于是始更以十七年为元年，令天下大酺[2]。

◎**注释** ①〔却〕退，这里指太阳偏西。②〔酺（pú）〕聚饮。

◎**大意** 第二年，新垣平派人手持玉杯，到宫门前上书进献。新垣平对文帝说："宫门前有宝玉气。"过了一段时间检查各处进献给文帝的物品，果真有人献呈玉杯，上面刻着"人主延寿"四字。新垣平又说"臣观测过午太阳会再次回到正南方"。过了不久，太阳果然由偏西回到正南方。于是改文帝十七年为元年，命天下百姓聚餐庆贺。

平言曰："周鼎亡在泗水中，今河溢通泗，臣望东北汾阴直有金宝气，意周鼎其出乎？兆见（现）不迎则不至。"于是上使使治庙汾阴南，临河，欲祠出周鼎。

◎**大意** 新垣平说："周朝的宝鼎沉落在泗水之中，如今河水泛滥通入泗水，下臣看见东北方正对的汾阴地区有金宝气，想必是周鼎要出现吧？尽管征兆已出现，若不前去迎接，周鼎还是不能到来。"于是文帝派使者到汾阴南修建了一座祠庙，临近黄河，希望通过虔诚的祭祀祈求周鼎出现。

人有上书告新垣平所言气神事皆诈也。下平吏治，诛夷新垣平。自是之后，文帝怠于改正朔服色神明之事，而渭阳、长门五帝使祠官领，以时致礼，不往焉。

◎**大意** 有人向文帝上书，告发新垣平所宣扬的云气和神灵等事都是骗人的鬼话。文帝把新垣平交给司法官员审理，杀了新垣平并灭了其宗族。从此以后，文帝对于更改岁首、月朔、服色、神明之类的事情再也不热心了，把渭水南面、长门之处的五帝祀庙和祭坛都交由祠官管辖，按时祭祀致礼，不再亲自前往了。

明年，匈奴数入边，兴兵守御。后岁少不登。

◎**大意**　第二年，匈奴多次侵扰边境，朝廷派军队防守抵御，此后几年收成有些不好。

数年而孝景即位。十六年，祠官各以岁时祠如故，无有所兴，至今天子。

◎**大意**　过了几年景帝即位。景帝在位十六年，祠官像往年一样按时举行祭祀，并没有兴建新的神庙，直到武帝即位。

今天子初即位，尤敬鬼神之祀。

◎**大意**　武帝即位之初，特别重视鬼神的祭祀。

元年，汉兴已六十余岁矣，天下艾（乂）安，搢绅之属皆望天子封禅改正度①也，而上乡（向）儒术，招贤良②，赵绾、王臧等以文学为公卿，欲议古立明堂城南③，以朝诸侯。草巡狩封禅改历服色事未就。会窦太后治黄老言，不好儒术，使人微伺得赵绾等奸利事④，召案绾、臧，绾、臧自杀，诸所兴为⑤皆废。

◎**注释**　①〔改正度〕改正朔、法度，即新君登位后改历制礼。②〔贤良〕汉代选拔官吏的科目之一。③〔欲议古立明堂城南〕想要参究古代制度，在城南重新兴建明堂。④〔微伺得赵绾等奸利事〕微伺，暗中察访。赵绾等奸利事，御史大夫赵绾与郎中令王臧支持武帝亲政，窦太后以贪赃枉法罪名逮捕赵、王，并逼其自杀，从而延缓了武帝掌权的进程。⑤〔诸所兴为〕指各种新创设的制度。

◎**大意**　汉武帝建元元年，汉朝建国已有六十多年了，天下太平，官绅们都希望天子祭祀天地，改革历法、服色等。武帝崇尚儒家学说，延揽的贤良人士赵绾、王臧等人凭借文章才华而被任为公卿，想要参究古制在城南重新兴建明堂，用来朝会诸侯。起草皇帝巡狩、封禅和改正历法、服色的事宜尚未完成。恰逢窦太后喜好黄老学说，不推崇儒家学说，她派人暗地里搜集、调查赵绾等人用非法手段谋求私利的事，命令有关官员审理赵绾、王臧的案件，迫使二人自杀，这样一来，赵绾、王臧主持兴办的各项事务都随之废止。

后六年，窦太后崩。其明年，征文学之士公孙弘等。

◎**大意**　六年之后，窦太后崩逝。第二年，武帝征召文学之士公孙弘等人。

明年，今上初至雍，郊见五畤。后常三岁一郊。是时上求神君，舍之上林中蹏氏观。神君者，长陵女子，以子死，见（现）神于先后[①]宛若。宛若祠之其室，民多往祠。平原君[②]往祠，其后子孙以尊显。及今上即位，则厚礼置祠之内中。闻其言，不见其人云。

◎**注释**　①〔先后〕兄之妻与弟之妻互称，即妯娌。②〔平原君〕武帝外祖母王臧儿。
◎**大意**　第二年，武帝初次到雍城，在五畤举行郊祭。以后通常是每隔三年郊祭一次。这时武帝求得神君偶像，将它安放在上林苑中的蹏氏观供奉。神君原是长陵一女子，因生小孩而死，在她妯娌宛若的身上显灵。宛若把她供奉在家，很多百姓都到宛若家祭祀。平原君曾去祭祀，她的后代子孙因此而尊贵显赫。等到武帝即位，就准备丰厚的祭礼在宫中设庙祭祀。只能听到神君的说话声，却看不到她的身影。

是时李少君亦以祠灶[①]、谷道[②]、却老方[③]见（现）上，上尊之。少君者，故深泽侯舍人，主方。匿其年及其生长[④]，常自谓七十，能使物，却老。其游以方遍诸侯。无妻子。人闻其能使物及不死，更馈遗之，常余金钱衣食。人皆以为不治生业[⑤]而饶给，又不知其何所人，

愈信，争事之。少君资好方，善为巧发奇中[⑥]。尝从武安侯饮，坐中有九十余老人，少君乃言与其大父游射处，老人为儿时从其大父，识其处，一坐尽惊。少君见上，上有故铜器，问少君。少君曰："此器齐桓公十年陈于柏寝。"已而案其刻[⑦]，果齐桓公器。一宫尽骇，以为少君神，数百岁人也。

◎**注释** ①〔祠灶〕敬祠灶神。②〔谷道〕不吃熟食的方术。③〔却老方〕防止衰老、延长寿命的方术。④〔匿其年及其生长〕隐瞒年龄和生平经历。⑤〔治生业〕从事某种产业。⑥〔巧发奇中〕善于在合适的时机表明自己的看法，且往往能应验。⑦〔刻〕指铜器上的铭文。

◎**大意** 这时，李少君也凭着祭灶神、辟谷、长生不老等方术出现于武帝面前，受到武帝的尊重。李少君过去是深泽侯家的舍人，主管方术、医药之事。他隐瞒了年龄和生平经历，常自称七十岁，能驱使鬼物，可以长生不老。他依靠法术周游于各诸侯国，无妻无子。人们听闻他能驱使鬼物，又有长生不死的法术，于是纷纷馈送他礼物，他的金钱和衣食用品很多。一些不知实情的人都认为他不从事任何生产反而富有，又不知道他是哪里的人，所以越来越相信，争相尊奉他。李少君凭借喜好方术，善于在合适的时机表明自己的看法，且往往能应验。他曾随从武安侯宴饮，宴席中有一位九十多岁的老人，李少君与这位老人谈论起早先与他的祖父一道游玩打猎的地方，这位老人小时候与祖父住在一起，还能记得那个地方，因此宴会上所有的客人都十分惊讶。李少君见武帝，武帝有一件古铜器，问李少君是否认得。李少君答道："这件铜器是齐桓公十年时在柏寝台的陈列品。"随即察看铜器上面的铭文，果然是齐桓公时的铜器。满宫的人都惊骇异常，把李少君视作活神仙，认为他是数百岁的老人。

少君言上曰："祠灶则致物，致物而丹沙[①]可化为黄金，黄金成以为饮食器则益寿，益寿而海中蓬莱仙者乃可见，见之以封禅则不死，黄帝是也。臣尝游海上，见安期生，安期生食巨枣，大如瓜。安期生仙者，通蓬莱中，合则见人，不合则隐。"于是天子始亲祠灶，遣方

士入海求蓬莱安期生之属，而事化丹沙诸药齐为黄金矣。

◎**注释** ①〔丹沙〕又作“丹砂”，即今天的硫化汞。古代方士认为可用来炼制黄金。

◎**大意** 李少君对武帝说：“祭祀灶神可以招致神异之物，有了神异之物后，丹砂可以炼成黄金，炼成了黄金就能用来制成饮食器皿，使用它可以延年益寿，延年益寿便可以见到蓬莱山的仙人，见到仙人后再举行封禅大礼就可以长生不死，黄帝就是这样做的。臣曾在海中漫游，见到安期生，安期生正在吃一个巨枣，那枣就像瓜一样大。安期生是一个仙人，往来于蓬莱山中，缘分投合就与人相见，不投合就隐身不见。”于是武帝开始亲自祭祀灶神，并派方士入海寻找安期生之类的仙人，同时做起把丹砂等炼成黄金的事情。

居久之，李少君病死。天子以为化去不死，而使黄锤史宽舒受其方。求蓬莱安期生莫能得，而海上燕、齐怪迂之方士多更来言神事矣。

◎**大意** 过了很久，李少君病死。武帝以为他抛下肉体尸解成仙，并没有死，就让黄县、锤县掌管文书的小吏宽舒接受少君的方术。派人寻找蓬莱山仙人安期生，仍没有找到，而燕地、齐地一带许多怪诞迂阔的方士纷纷前来议论鬼神一类的事。

亳人谬忌奏祠太一①方，曰：“天神贵者太一，太一佐曰五帝。古者天子以春秋祭太一东南郊，用太牢，七日，为坛开八通之鬼道②。”于是天子令太祝立其祠长安东南郊，常奉祠如忌方。其后人有上书，言“古者天子三年壹用太牢祠神三一：天一、地一、太一”。天子许之，令太祝领祠之于忌太一坛上③，如其方。后人复有上书，言“古者天子常以春解祠，祠黄帝用一枭破镜④，冥羊用羊，祠马行用一青牡马，太一、泽山君地长⑤用牛，武夷君用干鱼，阴阳使者以一牛”。

令祠官领之如其方，而祠于忌太一坛旁。

◎注释 ①〔亳人谬忌奏祠太一〕亳，史籍所载亳地有几处，此不知所指。谬忌，当时的方士。太一，即泰一，天上最尊之神北极神的别名。②〔八通之鬼道〕坛八面有台阶，作为鬼神往来的通道。③〔祠之于忌太一坛上〕在谬忌所立的太一坛上由太祝负责同时祭祀天一、地一之神。④〔枭破镜〕枭，传说中食母的恶鸟。破镜，即“獍（jìng）”，传说中食父的恶兽。⑤〔泽山君地长〕神名。

◎大意 亳县人谬忌上奏祭祀太一神的方法，说：“天神中太一为贵，太一神的辅佐者为五帝。古时天子春秋两季在东南郊祭祀太一神，用牛、羊、猪三牲，到第七天，为祭坛设八面台阶，作为神鬼来往的通道。”于是武帝下令太祝在长安东南郊建立祭祀太一的祠庙，常按谬忌的方法供奉和祭祀。后来有人上书说“古时天子每三年一次用牛、羊、猪三牲祭祀三一神：天一、地一、太一”。武帝准许，令太祝负责在谬忌的太一坛上祭祀三一神，就按上书人所提供的方法祭祀。后来又有人上书说“古时天子常在春季举行消除灾祸、祈求福佑的祭祀活动，祭祀黄帝时用枭、破镜各一只，祭祀冥羊神用羊，祭祀马行神用一匹青色公马，祭太一神、泽山君地长神用牛，祭祀武夷君用干鱼，祭祀阴阳使者用一头牛”。武帝命令祠官按照上书人所说的方式负责祭祀，在谬忌太一神坛的旁边举行祭祀仪式。

其后，天子苑有白鹿，以其皮为币，以发瑞应，造白金焉。

◎大意 这以后，武帝的园林有白鹿，用白鹿皮制成皮币，为的是引发祥瑞，于是便引发了武帝铸造白金的事情。

其明年，郊雍，获一角兽，若麃①然。有司曰：“陛下肃祗郊祀，上帝报享，锡（赐）一角兽，盖麟云。”于是以荐五畤，畤加一牛以燎。锡（赐）诸侯白金，风符应合于天也。

◎**注释** ①〔麃（páo）〕即狍。鹿的一种。

◎**大意** 到了第二年，武帝在雍城举行郊祭，捕获了一头独角兽，样子像狍，主管官员说："陛下恭敬地进行郊祭，上天回报，赏赐这只独角兽，大概就是麒麟。"于是将独角兽献给五畤，每畤的祭物增加一头牛，用火焚化。用白金赏赐诸侯，向他们暗示造白金为瑞应是合乎天意的。

于是济北王以为天子且封禅，乃上书献太山及其旁邑，天子以他县偿之。常山王有罪，迁，天子封其弟于真定，以续先王祀，而以常山为郡，然后五岳皆在天子之郡。

◎**大意** 这个时候济北王以为武帝将要举行封禅大典，就上书把泰山和附近的城邑献于武帝，武帝赏赐其他几县给他作为补偿。常山王犯罪，被贬除王爵，迁往别处，武帝另封他的弟弟为真定王，以继承对先王的祭祀，而把常山国改成郡，这样一来，五岳都在天子直接管辖的郡内了。

其明年，齐人少翁以鬼神方见上。上有所幸王夫人，夫人卒，少翁以方盖夜致王夫人及灶鬼之貌云，天子自帷中望见焉。于是乃拜少翁为文成将军，赏赐甚多，以客礼礼之。文成言曰："上即欲与神通，宫室被服非象神[①]，神物不至。"乃作画云气车，及各以胜日[②]驾车辟（避）恶鬼。又作甘泉宫，中为台室，画天、地、太一诸鬼神，而置祭具以致天神。居岁余，其方益衰，神不至。乃为帛书以饭牛，详（佯）不知，言曰此牛腹中有奇。杀视得书，书言甚怪。天子识其手书，问其人，果是伪书，于是诛文成将军，隐之。

◎**注释** ①〔宫室被服非象神〕宫室器物、服饰仪仗等不与神相似。②〔胜日〕五行相克之日。甲乙为木，丙丁为火，戊已为土，庚辛为金，壬癸为水。如丙丁日乘赤色像火的车子出行，可以避恶鬼之类。

◎**大意** 第二年，齐人少翁以鬼神方术来见武帝，武帝有一位颇受宠爱的王夫人，王夫人已死，少翁用方术使王夫人和灶鬼的形貌在夜间重现，武帝从帷幕中看到了，于是封少翁为文成将军，赏赐他许多财物，以对待宾客的礼节敬重少翁。少翁向武帝进言说：“陛下想要与神仙交往，宫室器物、服饰仪仗这些如果不与神相似，神仙是不会降临的。”于是便制作画有云气的神车，按五行相克的原理，各选择制胜的日期，分别驾着各色神车驱除躲避恶鬼。又建造甘泉宫，在宫中筑起高台，台上建宫室，室内画着天、地、太一等各种鬼神神像，并摆上祭品，以此招致天神。过了一年多，少翁的方术渐渐失灵了，天神总是不来，于是他便在帛上写一行字让牛吃到肚子里，假装不知，诓骗说牛肚子里有古怪。武帝派人宰杀这头牛一看，得到帛书，上面写了一些古怪的词句。而武帝认识少翁的笔迹，派人追查讯问，果然是伪造的帛书，于是杀了少翁，掩盖了这件事。

其后则又作柏梁、铜柱、承露仙人掌之属矣。

◎**大意** 这以后又建造了柏梁、铜柱、承露仙人掌之类的。

文成死明年，天子病鼎湖[①]甚，巫医无所不致，不愈。游水发根[②]言上郡有巫，病而鬼神下之[③]。上召置祠之甘泉。及病，使人问神君。神君言曰：“天子无忧病。病少愈，强与我会甘泉。”于是病愈，遂起，幸甘泉，病良已。大赦，置寿宫神君。寿宫神君最贵者太一，其佐曰大禁、司命之属，皆从之。非可得见，闻其言，言与人音等。时去时来，来则风肃然。居室帷中。时昼言，然常以夜。天子祓[④]，然后入。因巫为主人，关饮食。所以言，行下。又置寿宫、北宫，张羽旗[⑤]，设供具，以礼神君。神君所言，上使人受书其言，命之曰“画法”。其所语，世俗之所知也，无绝殊者，而天子心独喜。其事秘，世莫知也。

◎**注释** ①〔鼎湖〕宫殿名，旧址在今陕西蓝田西。②〔游水发根〕复姓游水，名发根。③〔病而鬼神下之〕发病时鬼神就附到他身上。④〔祓（fú）〕除灾祈福的仪式。⑤〔羽旗〕仪仗队用鸟羽装饰的旗帜。

◎**大意** 少翁死后的第二年，武帝在鼎湖宫病得十分厉害，巫医用尽各种办法，病情始终不见好转。游水发根说上郡有个巫师，正发病时，鬼神附到他的身上。武帝将他召来，在甘泉宫设立祠庙供奉，称为神君。等到武帝患病时，派人去问神君。神君答道："皇上不必为病担心，待您病体稍愈，请振作精神到甘泉宫与我相会。"武帝病情减轻后，就起身驾临甘泉宫，病体果然痊愈。因此武帝颁布大赦令，为神君建造寿宫。在寿宫神君中最尊贵的就是太一神，辅佐它的是大禁、司命之类的神，都跟随着太一。人们看不到众神的模样，但能听到他们的说话声，与人的声音相同。他们有时去有时来，来时风声飒飒，住在室内帐幕中，有时白天也说话，然而常常是在夜间说话。武帝在举行消灾祈福的仪式后才进入寿宫，巫师做主人，关照、领取神君的饮食。神君所说的话，都由巫师传达到下面，又设置寿宫和北宫，在宫中竖起羽旗，摆设盛有祭品的供具，用来供祭神君。神君说的话，武帝派人记录下来，称之为"画法"。他们所说的话，世俗之人都能明白，并无特别深奥的地方，然而武帝心里暗自喜欢。这些事都很隐秘，普通人没有办法知晓。

其后三年，有司言元宜以天瑞命，不宜以一二数。一元曰"建"，二元以长星曰"光"，三元以郊得一角兽曰"狩"云。

◎**大意** 这以后三年，主管官员说纪元应按上天所降下的符瑞命名，不适宜用一二来计数。第一个年号称"建元"，第二个年号因有长星出现而称"元光"，第三个年号因在郊祭时捕获独角兽而称"元狩"。

其明年冬，天子郊雍，议曰："今上帝朕亲郊，而后土无祀，则礼不答也。"有司与太史公、祠官宽舒议："天地牲角茧栗[①]。今陛下亲祠后土，后土宜于泽中圜丘为五坛，坛一黄犊太牢具，已祠尽瘗[②]，而

从祠[③]衣上黄。”于是天子遂东，始立后土祠汾阴脽[④]丘，如宽舒等议。上亲望拜，如上帝礼。礼毕，天子遂至荥阳而还。过雒阳，下诏曰：“三代邈绝，远矣难存。其以三十里地封周后为周子南君[⑤]，以奉其先祀焉。”是岁，天子始巡郡县，侵寻于泰山[⑥]矣。

◎**注释** ①〔天地牲角茧栗〕祭天地要用角如茧、栗般大小的小牛犊。②〔已祠尽瘗〕行完祭礼就全部埋入土中。③〔从祠〕随从天子举行祭祀。④〔脽（shuí）〕山丘，土山。⑤〔周子南君〕周王朝的后代，名姬嘉，封地名子南。⑥〔侵寻于泰山〕渐渐近于泰山。

◎**大意** 第二年冬天，武帝到雍城祭祀天地，与群臣商议说：“如今上帝由我亲自祭祀，却不祭后土，这样做与礼节不合。”主管官员同太史公司马谈、祠官宽舒商议说：“祭天地所用的牲畜，牛角的形状要像蚕茧、板栗那样大，如今陛下要亲自祭祀后土，应在低洼地区建圆形高丘，在圆丘上设五个祭坛，每一坛上供奉一头黄牛犊作为祭牲，外加一猪一羊作为供品，祭祀过后把它们全部埋入地下，随从祭祀的人员身穿黄色衣服。”于是武帝果真东巡，开始在汾阴的山丘上建立后土祠，完全按宽舒等人的建议行事。武帝亲自望祭礼拜，同祭上帝的礼仪相同。祭礼完毕后，武帝驾临荥阳，然后返回京城。他路经雒阳时，下诏书说：“三代距今遥远，他们的祭祀仪式非常难保存，一点影子也看不到。可以将方圆三十里的地方赐封周朝后人为周子南君，以供奉他们的祖先。”这一年，武帝开始巡察郡县，渐渐接近泰山了。

其春，乐成侯上书言栾大。栾大，胶东宫人，故尝与文成将军同师，已而为胶东王尚方[①]。而乐成侯姊为康王后，无子。康王死，他姬子立为王。而康后有淫行，与王不相中，相危以法。康后闻文成已死，而欲自媚于上，乃遣栾大因乐成侯求见言方。天子既诛文成，后悔其蚤（早）死，惜其方不尽[②]，及见栾大，大说（悦）。大为人长美，言多方略，而敢为大言，处之不疑[③]。大言曰：“臣常往来海

中，见安期、羡门之属。顾以臣为贱，不信臣。又以为康王诸侯耳，不足与方。臣数言康王，康王又不用臣。臣之师曰：‘黄金可成，而河决可塞，不死之药可得，仙人可致也。’然臣恐效文成[4]，则方士皆奄（掩）口，恶敢言方哉！”上曰：“文成食马肝死耳。子诚能修其方，我何爱乎！”大曰：“臣师非有求人，人者求之。陛下必欲致之，则贵其使者，令有亲属，以客礼待之，勿卑，使各佩其信印，乃可使通言于神人。神人尚肯邪不（否）邪。致尊其使，然后可致也。”于是上使验小方[5]，斗棋，棋自相触击。

◎**注释** ①〔尚方〕负责配制药物的官吏。②〔惜其方不尽〕惋惜他的方术没有全部献出来。③〔处之不疑〕说大话时煞有介事，像真的一样。④〔恐效文成〕担心步文成将军自取灭亡的后尘。⑤〔验小方〕用小法术做试验。

◎**大意** 这年春季，乐成侯上书武帝，推荐栾大。栾大是胶东王的宫人，过去曾与少翁求学于同一个老师，后来成为负责为胶东王配制药物的官吏。乐成侯的姐姐是胶东康王的王后，没有生子。康王死后，其他姬妾的儿子继位而康后作风淫乱，与新王的矛盾很大，彼此借法律手段明争暗斗。康后听说少翁已死，就想讨好武帝，派栾大通过乐成侯以方术求见武帝。武帝处死少翁后，很后悔他死得太早，惋惜他的方术没有全部献出来，因此见到栾大心中十分高兴。栾大高大俊美，言谈中多有机巧，敢说大话，而且说大话时煞有介事，像真的一样。他自吹说：“臣常往来于海中，见过安期生、羡门高这些仙人。而他们因为臣的地位微贱，所以不相信我的话。况且康王只是一个诸侯，不值得将神仙法术传授给他。臣多次向康王禀告，但他不信臣所说的一切。我的师父说：‘黄金可以炼成，黄河的决口可以堵塞，长生不死的药可以得到，仙人可以招来。’臣担心步文成将军自取灭亡的后尘，那样就会使方士个个掩口不言，怎敢再谈方术呢？”武帝说：“文成将军是吃马肝中毒死的，并非朕杀了他。先生如若真心实意地整理他的方术，朕有什么可吝惜的呢？”栾大说：“臣的师父不是有求于人，而是别人有求于他。陛下若要召见他，就要尊重他的使者，使者有家眷，用宾客之礼接待，绝不能轻视怠慢，让他佩戴各种印信，才能让他向神仙传话。即使如此，神仙肯来不肯来，仍不能确定。只有尊崇神仙的使者，才能请来神仙。”于是武帝令他使用一小方术当场验证，栾大就使棋子在棋盘上自相撞击。

是时上方忧河决，而黄金不就，乃拜大为五利将军。居月余，得四印，佩天士将军、地士将军、大通将军印。制诏御史：“昔禹疏九江，决四渎。间者河溢皋陆，堤繇（徭）不息①。朕临天下二十有（又）八年，天若遗朕士而大通焉。《乾》称‘蜚（飞）龙’，‘鸿渐于般（磐）’②，朕意庶几与焉。其以二千户封地士将军大为乐通侯③。”赐列侯甲第，僮千人。乘舆④斥车马帷幄器物以充其家。又以卫长公主妻之，赍金万斤，更命其邑曰当利公主。天子亲如五利之第。使者存问，供给相属于道。自大主将相以下，皆置酒其家，献遗之。于是天子又刻玉印曰“天道将军”，使使衣羽衣，夜立白茅上，五利将军亦衣羽衣，夜立白茅上受印，以示不臣⑤也。而佩“天道”者，且为天子道天神也。于是五利常夜祠其家，欲以下神。神未至而百鬼集矣，然颇能使之。其后装治行，东入海，求其师云。大见（现）数月，佩六印，贵震天下，而海上燕、齐之间，莫不扼捥（腕）而自言有禁方，能神仙矣。

◎**注释** ①〔堤繇不息〕为修筑河堤而征发的劳役接连不断。繇，通“徭”，徭役。②〔《乾》称“蜚龙”，“鸿渐于般”〕《周易》中《乾卦》九五爻辞说“飞龙在天”，《渐卦》六二爻辞说“鸿渐于般”。前者谓得道术如龙飞于天，此指栾大；后者谓大雁飞行渐进于磐石之上，此指武帝自称得栾大而道术可以大进。般，通“磐”。③〔通侯〕原称彻侯，秦汉二十等爵之最高一级，避武帝讳改称通侯，或称列侯。④〔乘舆〕皇帝专用的车马服饰等物，有用人力的辇车。⑤〔不臣〕不作臣子看待。栾大自称有道术的方外之士，不是天子的百姓。

◎**大意** 这时武帝正在忧虑黄河决口的事，而炼黄金未成功，于是封栾大为五利将军，过了一个多月，栾大得到四枚印章，佩上五利将军印、天士将军印、地士将军印、大通将军印。武帝颁布诏书给御史说："从前大禹疏导九江，开通四渎。这几年来河水泛滥，淹没了岸边的陆地，为修筑河堤而征发的劳役接连不断。朕治理天下已二十八年，上天应当委派士人辅佐我，而栾大可以上通天意。《易·乾卦》说'飞龙在天'，《渐卦》说'鸿渐于般'。我得到栾大的境遇也许与此类似吧。故应以二千户赐封地士将军栾大为乐通侯。"赐给他列侯一级的上等宅第和奴仆千人，以及天子所用的车马、衣服、器械、百物等，充塞了他的居室。还把卫皇后所生的长公主嫁给他，赐给他黄金万斤，将他所住的城邑更名为当利公主邑。武帝亲临栾大的府第。使者慰问，赏赐的物品在路上接连不断。从大长公主、将相以下，都到他家设宴庆贺，进献礼品。这时，武帝又刻制一枚"天道将军"的玉印，派使者身穿羽衣，栾大也身穿羽衣，夜里站在白茅上接受五印，以表示不是天子的臣子。而佩戴"天道将军"印，是将替天子引导天神降临的意思。于是栾大常夜晚在家中祭祀，欲求神仙下降，神仙没有降临，各种鬼却聚集而来，但栾大能够驱使众鬼。此后他收拾行装上路，说要到东边海上寻找他的师父。栾大出现的几个月中，佩戴了六枚大印，声名显赫，地位尊贵，使天下震动，因此燕齐一带的众多方士，无不激动振奋，都自言有秘方，能够招致神仙。

其夏六月中，汾阴巫锦为民祠魏脽后土营[1]旁，见地如钩状，掊视[2]得鼎。鼎大异于众鼎，文镂无款识[3]，怪之，言吏。吏告河东太守胜，胜以闻。天子使使验问巫得鼎无奸诈，乃以礼祠，迎鼎至甘泉，从行，上荐之。至中山，曣晶[4]，有黄云盖焉。有麃过，上自射之，因以祭云。至长安，公卿大夫皆议请尊宝鼎。天子曰："间者河溢，岁数不登，故巡祭后土，祈为百姓育谷。今岁丰庑未报，鼎曷为出哉？"有司皆曰："闻昔泰帝兴神鼎一，一者一统，天地万物所系终也。黄帝作宝鼎三，象天地人。禹收九牧之金，铸九鼎。皆尝亨（烹）鬺[5]上帝鬼神。遭圣则兴，鼎迁于夏、商。周德衰，宋之社亡，鼎乃沦没，伏而不见（现）。《颂》云'自堂徂基，自羊徂牛；鼐鼎及鼒[6]，不吴（虞）不骜，胡考之休'。今鼎至甘泉，光润龙变，

承休无疆。合兹中山，有黄白云降盖，若兽为符，路弓乘矢，集获坛下，报祠大享。唯受命而帝者心知其意而合德焉。鼎宜见（现）于祖祢，藏于帝廷，以合明应。”制曰：“可。”

◎**注释** ①〔营〕区域，边界。②〔掊（póu）视〕扒开来看。掊，用手或工具扒物或掘土。③〔文镂无款识〕文镂，铸有纹饰。款识，古代铜器铭文，阴文叫款，阳文叫识。④〔曣嗢（yàn wēn）〕天气和暖。⑤〔亨鬺（pēng shāng）〕烹煮。⑥〔鼐（nài）鼎及鼒（zī）〕鼐，大鼎。鼒，小口的鼎。

◎**大意** 这年夏季六月间，汾阴一个名叫锦的巫师在魏脽后土祠旁为百姓祭祀，看到地下有一个形状似钩的东西，挖开一看，得到一个鼎。那个鼎尺寸很大，与大多数的鼎完全不同，上面刻有花纹，而没有铸刻文字。巫师感到很奇怪，告诉了当地官吏。官吏转告河东郡太守胜，太守胜又将此事上报朝廷。武帝派人查问巫师得鼎的详细经过，弄清中间并无作伪奸诈之事后，就按照礼仪祭祀，于甘泉宫亲迎宝鼎，百官随从，武帝献祭。迎鼎队伍行至中山时，天气晴和，鼎的上空出现一片黄云。恰好有一只狍子在跑，武帝一箭射死它，索性用作祭鼎的牲礼。到长安后，公卿大夫都议论着请求尊奉宝鼎的事。武帝说道：“最近几年，河水泛滥成灾，连年收成不好，因此朕才出巡郡县，祭祀后土，祈求神灵为百姓养育庄稼，今年丰收，还没有来得及酬谢神灵，这只宝鼎究竟为什么会出现呢？”有关官员说：“听说昔日泰帝制作了一只神鼎，一就是一统的意思，正是天地万物统一的象征。黄帝制作三只宝鼎，象征着天、地、人。大禹收集九州的金属，铸成九鼎。他们都曾经用鼎烹煮牲牢，祭祀天地鬼神。遇到名主盛世宝鼎就会出现，宝鼎传到了夏、商二朝。到周朝末年德政衰败，宋国的社坛被毁以后，宝鼎就沉没隐伏；不再出现。《诗经·周颂·丝衣》说‘从堂上到门槛外，从牲羊到牲牛，大鼎小鼎，全都验过，牲肥鼎洁，不喧哗不傲慢，既恭敬又肃穆，求得长寿又多福’。现今宝鼎已经来到甘泉宫，色泽光润，变化奇特，大汉将承受的吉祥无穷无尽。符合此前行至中山时有黄白云盖降落在鼎上的征兆，原来这只狍子是同它相应的符瑞，陛下用大弓和四支一套的利箭射死狍子，陈列在祭坛下，以此酬谢天帝，只有承受天命而为帝的人才能心知天意而与天德相合，所以宝鼎应当献给祖庙，珍藏在甘泉宫天帝殿，以与上述各种神明的瑞应相合。”武帝诏书说：“可行。”

入海求蓬莱者，言蓬莱不远，而不能至者，殆不见其气。上乃遣望气佐候其气云。

◎**大意** 到海上寻找蓬莱山的人，说蓬莱仙境并不遥远，而不能到达的原因，大概是看不到仙山的云气。于是武帝便派遣望气的官吏帮着他们观察云气。

其秋，上幸雍，且郊。或曰“五帝，太一之佐也，宜立太一而上亲郊之”。上疑未定。齐人公孙卿曰：“今年得宝鼎，其冬辛巳朔旦冬至[①]，与黄帝时等。”卿有札书曰：“黄帝得宝鼎宛朐，问于鬼臾区。鬼臾区对曰：‘黄帝得宝鼎神策，是岁己酉朔旦冬至，得天之纪，终而复始。’于是黄帝迎日推策[②]，后率二十岁复朔旦冬至，凡二十推，三百八十年，黄帝仙登于天。”卿因所忠欲奏之。所忠视其书不经，疑其妄书，谢曰：“宝鼎事已决矣，尚何以为！”卿因嬖人奏之。上大说（悦），乃召问卿。对曰：“受此书申公，申公已死。”上曰：“申公何人也？”卿曰：“申公，齐人。与安期生通，受黄帝言，无书，独有此鼎书。曰‘汉兴复当黄帝之时’。曰‘汉之圣者在高祖之孙且曾孙也。宝鼎出而与神通，封禅。封禅七十二王，唯黄帝得上泰山封’。申公曰：‘汉主亦当上封，上封则能仙登天矣。黄帝时万诸侯，而神灵之封居七千[③]。天下名山八，而三在蛮夷，五在中国。中国华山、首山、太室、泰山、东莱，此五山黄帝之所常游，与神会。黄帝且战且学仙。患百姓非其道者，乃断斩非鬼神者。百余岁然后得与神通。黄帝郊雍上帝，宿三月。鬼臾区号大鸿，死葬雍，故鸿冢是也。其后黄帝接万灵明廷。明廷者，甘泉也。所谓寒门者，谷口也。黄帝采首山铜，铸鼎于荆山下。鼎既成，有龙垂胡髯下迎黄帝。黄帝上骑，群臣后宫从上者七十余人，龙乃上去。余小臣不得上，乃悉持龙髯，龙髯

拔，堕，堕黄帝之弓。百姓仰望黄帝既上天，乃抱其弓与胡髯号，故后世因名其处曰鼎湖，其弓曰乌号。’”于是天子曰：“嗟乎！吾诚得如黄帝，吾视去妻子如脱躧耳。”乃拜卿为郎，东使候神于太室。

◎**注释** ①〔其冬辛巳朔旦冬至〕这年冬季第二个月的辛巳日是朔日，其日凌晨交冬至节。②〔迎日推策〕以蓍草为筹策推演日历。迎日，预推朔望。③〔神灵之封居七千〕相传，黄帝时诸侯万数，有七千成仙，神灵享受山川之封。

◎**大意** 这年秋季，武帝亲临雍城，准备行郊祭五帝的大礼。有人说：“五帝是太一神的辅佐，应设立太一庙，由天子亲自祭祀。”武帝犹豫未决。齐地人公孙卿说：“今年得到宝鼎，冬季辛巳日是初一，早晨恰逢冬至节，与黄帝制作宝鼎的时间节令一样。”公孙卿有一块木简，上面写着：“黄帝在宛朐城得到宝鼎后，向鬼臾区问这件事。鬼臾区回答：‘黄帝得到宝鼎和神策，今年是己酉朔日早晨交冬至，从此进入天纪，循环往复，周而复始。’于是黄帝推算朔望，以后大致每隔二十年再轮到朔日早晨为冬至节，共推算二十次，合计三百八十年，黄帝成仙上天了。”公孙卿想通过所忠将此事上奏武帝，所忠看公孙卿书上所写的话荒诞不经，不合常理，怀疑是伪造的，便推辞说：“宝鼎的事已经确定无疑，还说什么呢？”公孙卿只好通过武帝的私宠上奏，武帝听闻后十分高兴，立即召见公孙卿问及此事。公孙卿回答：“这木简是申公传授给我的，申公已经去世。”武帝说：“申公是什么人？”公孙卿接着答道：“申公是齐地人，与安期生有来往，接受黄帝的言论，没有别的书，只有这本关于鼎的书。上面说：‘汉朝的兴盛应再次与黄帝得鼎时相合。’又说：‘汉朝的圣主出现在高祖的孙子或曾孙一代，宝鼎出现后就能与神沟通，应举行封禅礼。自古以来举行封禅的有七十二个帝王，唯有黄帝登上泰山顶祭天。’申公说：‘汉朝皇帝也应当上泰山行封禅大礼，能上泰山封祭，就可以成仙登天了。黄帝时有数万个诸侯国，而主持祭祀山川的封国占七千。天下有八座名山，其中三座在蛮夷地带，五座在中原地区。中原地区有华山、首山、太室、泰山、东莱山，这五座山是黄帝经常游观并与诸侯相会的地方。黄帝一边作战，一边学习仙道。他害怕百姓非议他的仙道，于是断然处死那些诽谤鬼神的人。他经过百余年的修炼，方得以与神仙往来。黄帝在雍城郊祭上帝，住了三个月。鬼臾区号称大鸿，死后葬在了雍城，所以那里才有鸿冢。此后黄帝在明廷与万千神灵约会。明廷，就是甘泉山。所谓寒门，就是谷口。黄帝采挖首山的铜，在荆山脚下铸鼎。鼎铸成后，云里有一条龙垂下长长的胡须来迎接黄帝。黄帝骑在龙背上，群臣、姬妾跟随黄帝登上龙背的有七十多人，龙当即起飞上天。有些小臣上不去，他们手抓着龙的须毛，龙的须髯被拔掉，小臣们掉了下来，黄帝的弓也落了下来。百姓望着黄帝缓缓飞上天，抱着他失落的弓和被拉断的龙须号啕大哭。因此后人把这个地方叫作鼎湖，称那把落下的弓为乌号。’”于是武帝说：“哎呀！我若真的有黄帝这样升天的机会，我必定把舍弃妻子儿女看得像脱鞋子一样容易。”任命公孙卿为郎官，命他往东到太室山迎候神仙。

上遂郊雍，至陇西，西登崆峒，幸甘泉。令祠官宽舒等具太一祠坛，祠坛放（仿）薄忌太一坛，坛三垓。五帝坛环居其下，各如其方，黄帝西南，除八通鬼道。太一，其所用如雍一畤物，而加醴枣脯之属，杀一狸牛以为俎豆牢具。而五帝独有俎豆醴进。其下四方地，为醊[1]食群神从者及北斗云。已祠，胙[2]余皆燎之。其牛色白，鹿居其中，彘在鹿中，水而洎[3]之。祭日以牛，祭月以羊彘特。太一祝宰则衣紫及绣。五帝各如其色，日赤，月白。

◎**注释** ①〔醊（zhuì）〕祭祀时把酒洒在地上。②〔胙（zuò）〕宗庙祭祀时所用的肉。③〔洎（jì）〕浸泡。

◎**大意** 武帝接着到雍城郊祭，到达陇西，再西行登上崆峒山，驾临甘泉宫。他命令祠官宽舒等人修建太一祠坛，祭坛仿照薄忌设计的太一坛，坛分三层。五帝坛围绕在太一坛的下面，五帝各自所在方位与所主方位相同。黄帝坛在西南方，开辟八方通鬼神道。祭祀太一神所用的祭品与雍城五畤的祭品相同，另增加甜酒、枣、干肉之类，还杀一头牦牛把它的肉放在祭器中，而五帝坛只有甜酒和俎豆进献。坛下四方的地基，作为连续祭祀随从的群神和北斗星的处所。祭祀完毕后，剩余的胙肉用火焚化。牛是白色的，将鹿放入牛的腹腔中，再把小猪塞入鹿的腹腔中，用水浸泡。祭祀日神的祭品用牛，祭祀月神的祭品用羊、猪各一头。

太一坛的司祭官员祝宰穿紫色及五彩绣衣的礼服。五帝坛祝、宰的礼服各按五帝所主的颜色，日神的司祭官员穿红色衣服，月神的司祭官员穿白色衣服。

十一月辛巳朔旦冬至，昧爽，天子始郊拜太一。朝朝日，夕夕月，则揖；而见太一如雍郊礼。其赞飨曰："天始以宝鼎神策授皇帝，朔而又朔，终而复始，皇帝敬拜见焉。"而衣上黄。其祠列火满坛，坛旁亨（烹）炊具。有司云"祠上有光焉"。公卿言"皇帝始郊见太一云阳，有司奉瑄玉嘉牲荐飨。是夜有美光，及昼，黄气上属天"。太史公、祠官宽舒等曰："神灵之休，祐福兆祥，宜因此地光域立太畤坛以明应。令太祝领，秋及腊间祠。三岁天子一郊见。"

◎**大意**　十一月辛巳初一日早晨冬至到来，天刚拂晓，武帝开始郊祭太一神行跪拜礼。早晨朝拜太阳神，晚间朝拜月亮神，都揖首而不跪；而朝见太一神时就按照雍州城外的郊祭礼节。赞礼的人宣读颂词："天开始将宝鼎神策授予皇帝，此后初一日又逢初一日，终而复始地传下去，皇帝恭敬地拜见天神。"陪祭的官员都穿黄色衣服，祭坛上布满火炬，坛的旁边备有烹饪用的炊具。主管官员说"祭坛上有光出现了"。公卿也说"皇上当初在云阳宫郊祭太一神时，主管官员供奉着六寸大的玉璧和上等的牲品献给太一神。当天夜空有很美的光辉出现，一直到第二天的白昼，黄气上升与天相连"。太史公、祠官宽舒等人说："神灵的美德是保佑福祚、预兆吉祥的象征，适宜在出现光彩的地方设立太畤坛，用来报答上天的眷顾。命太祝管理，在秋天和腊月间祭祀，每隔三年，天子郊祭朝拜一次。"

其秋，为伐南越，告祷太一。以牡荆画幡日月北斗登龙，以象太一三星，为太一锋，命曰"灵旗"。为兵祷，则太史奉以指所伐国。而五利将军使不敢入海，之泰山祠。上使人随验，实毋所见。五利妄言见其师，其方尽，多不雠。上乃诛五利。

◎**大意** 这年秋季，为了征伐南越，向太一神祷告。以牡荆为幡杆，幡上画有日、月、北斗、登龙，用来代表太一神三星，作为太一神的锋旗，命名为“灵旗”。为出征而祈祷时，由太史官捧着灵旗指向被征伐的国家。而栾大被派往求仙，却不敢入海，竟到泰山祭祀。武帝派人紧盯着他，观察他的行踪，实际上什么也没有见到。栾大谎称见到了自己的师父，他的方术已尽，所说的话大多不能应验。于是，武帝杀掉了栾大。

其冬，公孙卿候神河南，言见仙人迹缑氏城上，有物如雉，往来城上。天子亲幸缑氏城视迹。问卿：“得毋效文成、五利乎？”卿曰：“仙者非有求人主，人主者求之。其道非少宽假，神不来。言神事，事如迂诞，积以岁乃可致也。”于是郡国各除道，缮治宫观名山神祠所，以望幸也。

◎**大意** 这年冬天，公孙卿在河南迎候神仙，说在缑氏城上看到了仙人的足迹，还有一神物很像野鸡，在城上走来走去。武帝亲自到缑氏城察看仙人足迹。武帝质问公孙卿：“你不会效法少翁、栾大吧？”公孙卿答：“不是仙人有求于陛下，而是陛下有求于仙人。所以求仙之法，如不能宽限时日，神仙是不会来的。谈论神仙的事，好像迂阔怪诞，然而积累年限就能请到神仙。”于是郡国各自整理清扫道路，修缮宫观和名山的神祠，希望武帝到来。

其春，既灭南越，上有嬖臣李延年以好音见（现）。上善之，下公卿议，曰：“民间祠尚有鼓舞乐，今郊祀而无乐，岂称乎？”公卿曰：“古者祠天地皆有乐，而神祇可得而礼。”或曰：“太帝使素女鼓五十弦瑟，悲，帝禁不止，故破其瑟为二十五弦。”于是塞南越，祷祠太一、后土，始用乐舞，益召歌儿，作二十五弦及空侯[①]琴瑟自此起。

◎**注释** ①〔空侯〕乐器名，即箜篌。

◎**大意** 这年春天，灭掉南越以后，武帝有一位宠信的臣子李延年献上优美动听的乐曲。武帝十分赞赏，提出问题交给公卿讨论，说："民间的神祠还有鼓舞配合的乐章，如今朝廷进行郊祭却无音乐，这难道相称吗？"公卿答道："古时祭祀天地都有乐章，所以神祇才来享受祭祀。"有人说："太帝命素女弹奏五十弦瑟，音调过于悲切，太帝禁止不得，所以破开了瑟上的弦，变成二十五弦瑟。"于是为了庆祝征伐南越战争的胜利，祭祀太一神和后土神，开始采用乐舞，广召歌手，从这时开始制作二十五弦瑟和箜篌。

其来年冬，上议曰："古者先振兵泽（释）旅，然后封禅。"乃遂北巡朔方，勒兵十余万，还祭黄帝冢桥山，释兵须如。上曰："吾闻黄帝不死，今有冢，何也？"或对曰："黄帝已仙上天，群臣葬其衣冠。"既至甘泉，为且用事泰山，先类祠太一。

◎**大意** 第二年冬天，武帝提议说："古代先整顿军备，然后解散军队，才举行封禅大礼。"于是向北巡视朔方郡，统率十余万军队，回来时在桥山祭拜黄帝陵，在须如遣散军队。武帝说："我听说黄帝没有死，现在有黄帝冢，是什么原因呢？"有人对答说："黄帝已经成仙升天，群臣安葬了他的衣冠。"到了甘泉宫后，为了要在泰山举行祭祀天地的活动，先特地祭祀了太一神。

自得宝鼎，上与公卿诸生议封禅。封禅用希（稀），旷绝莫知其仪礼，而群儒采封禅《尚书》《周官》《王制》之望祀射牛[①]事。齐人丁公年九十余，曰："封禅者，合不死之名也。秦皇帝不得上封。陛下必欲上，稍上即无风雨，遂上封矣。"上于是乃令诸儒习射牛，草封禅仪。数年，至且行。天子既闻公孙卿及方士之言，黄帝以上封禅，皆致怪物与神通，欲放（仿）黄帝以上接神仙人蓬莱士，高世比德于九皇[②]，而颇采儒术以文之。群儒既已不能辨明封禅事，又牵拘于《诗》《书》古文而不能骋[③]。上为封禅祠器示群儒，群儒或曰"不与

古同”，徐偃[4]又日“太常[5]诸生行礼不如鲁善”，周霸属图封禅事，于是上绌（黜）偃、霸，而尽罢诸儒不用。

◎**注释** ①〔射牛〕帝王祭祀天地宗庙，亲自射牲，以示隆重。②〔九皇〕传说中的远古帝王。③〔骋〕驰骋，指任意创制。④〔徐偃〕当时的博士官。⑤〔太常〕九卿之一，掌礼乐和郊庙社稷的祭祀。

◎**大意** 自从获得宝鼎后，武帝与王公大臣及儒生共议封禅一事。封禅大礼历史上很少举行，年代久远，没有人知道它的仪式，儒生就建议采用《尚书》《周官》《王制》中记载的遥望祭祀和天子亲自射牛的仪式来举行封禅大礼。齐地人丁公九十多了，说：“封禅之礼正应了帝王永不磨灭的盛名。当年秦始皇没能登上泰山祭天。陛下如真想上泰山，稍微坚持向上攀登一点，如果没有风雨，就可以上山封禅了。”武帝于是命令众儒生练习射牛，演练封禅的仪式。几年后，到了要封禅的时间。武帝曾听到公孙卿与方士们的议论，说旧时黄帝举行封禅，都招来奇异的东西与神灵相通，于是也想仿效黄帝以前接待神仙使者蓬莱方士之事，超凡脱俗，德行可与上古的帝王媲美，并采用儒家学说加以美化。儒生们本来对封禅事宜就不太清楚，又拘守《诗》《书》古经而不知变通。武帝将准备封禅用的器物拿给众儒生看，有的儒生说“与古时不同”，徐偃又说“太常所掌典的礼仪不如鲁国完善”，周霸正好在谋划封禅事宜，于是武帝斥退了徐偃、周霸，并罢黜众儒生一概不用。

三月，遂东幸缑氏，礼登中岳太室。从官在山下闻若有言“万岁”云。问上，上不言；问下，下不言。于是以三百户封太室奉祠，命日崇高邑。东上泰山，泰山之草木叶未生，乃令人上石立之泰山巅。

◎**大意** 三月，武帝东行亲临缑氏，遵循礼仪登上中岳太室山。随从官员在山下听到仿佛有呼“万岁”的声音。问山上的人，说是没人呼喊；问山下的人，也说是没人出声。于是武帝拨出三百户人家专门作为太室山的封邑，供奉祭祠，并命名为崇高邑。接着东行上泰山，泰山上的草木还没长出新叶，于是武帝派人在泰山顶上竖立石碑。

上遂东巡海上，行礼祠八神。齐人之上疏言神怪奇方者以万数，然无验者。乃益发船，令言海中神山者数千人求蓬莱神人。公孙卿持节[①]常先行候名山，至东莱，言夜见大人，长数丈，就之则不见，见其迹甚大，类禽兽云。群臣有言见一老父牵狗，言“吾欲见巨公”，已忽不见。上即见大迹，未信，及群臣有言老父，则大以为仙人也。宿留海上，予方士传车及间使求仙人以千数。

◎**注释**　①〔节〕使者所持天子颁发的表明身份的凭证。

◎**大意**　武帝于是向东巡视海上，行礼祭祀八神。齐地人上书说有神奇方术的数以万计，但没有应验的。于是增派许多船只，命令那些说海上有神仙的几千人去寻访蓬莱山仙人。公孙卿带着使者的符节常常先到名山前等候，到了东莱，说是夜晚看见一个巨人，有几丈高，走近些就不见了，看见他脚印很大，像巨禽大的野兽的脚印。群臣中也有人说见到一个老头牵着条狗，说了声“我想见伟人”，转眼又不见了。武帝看到大脚印，还不相信，等到群臣提及老头的事，就以为真有仙人了。他驻留在海边，赐给方士们车辆，并派出一千多人四处去寻访仙人。

四月，还至奉高[①]。上念诸儒及方士言封禅人人殊，不经，难施行。天子至梁父，礼祠地主。乙卯，令侍中儒者皮弁荐（搢）绅[②]，射牛行事。封泰山下东方，如郊祠太一之礼。封广丈二尺，高九尺，其下则有玉牒书，书秘。礼毕，天子独与侍中奉车子侯上泰山，亦有封。其事皆禁。明日，下阴道。丙辰，禅泰山下趾东北肃然山，如祭后土礼。天子皆亲拜见，衣上黄而尽用乐焉。江、淮间一茅三脊为神藉。五色土益杂封。纵远方奇兽蜚（飞）禽及白雉诸物，颇以加礼。兕牛犀象之属不用。皆至泰山祭后土。封禅祠；其夜若有光，昼有白云起封中。

◎注释 ①〔奉高〕县名，治所在今山东泰安东。或说即指泰山。②〔侍中儒者皮弁荐绅〕侍中，侍从皇帝左右，能出入宫廷的官员。皮弁，用白鹿皮做的帽子。荐绅，在腰带间插笏。荐，通“搢”，插。绅，腰带。

◎大意 四月回到奉高，武帝考虑到儒生和方士谈及的封禅仪式各不相同，不合常理，难以施行。武帝来到梁父山，拜祭地神。乙卯日，命担任侍中的儒生头戴鹿皮帽，身穿腰带插笏的官服，射牛行礼。在泰山下的东方设坛祭祀，和郊祭太一神的礼仪相同。坛宽一丈二尺，高九尺，坛下放着玉雕文书，内容保密。行礼完毕，武帝独自与侍中奉车都尉子侯登上泰山，也设坛拜祭。这些事都秘不外传。第二天，从北边的道路下山。丙辰日，又祭泰山下东北方的肃然山，和祭后土的礼仪相同。武帝都亲自拜见，穿黄色衣服，并配着音乐。用江、淮一带出产的一种有三棱脊的茅作为神灵的垫席。用五色泥土封坛。放出远方进贡的奇兽飞禽和白毛野鸡等动物，用以增加祭祀气氛。不用兕牛、犀象一类的兽。武帝一行都到泰山参加后土祭典。祭祀天地的那天，晚上好像有光芒闪耀，白天有云朵从祭天坛中升起。

天子从禅还，坐明堂，群臣更上寿。于是制诏御史：“朕以眇眇之身承至尊，兢兢焉惧不任。维德菲薄，不明于礼乐。修祠太一，若有象景光[①]，屑如有望，震于怪物，欲止不敢，遂登封泰山，至于梁父，而后禅肃然。自新，嘉与士大夫更始，赐民百户牛一、酒十石，加年八十孤寡布帛二匹。复[②]博、奉高、蛇丘、历城，无出今年租税。其大赦天下，如乙卯赦令。行所过毋有复作。事在二年前，皆勿听治[③]。”又下诏曰：“古者天子五载一巡狩，用事泰山，诸侯有朝宿地。其令诸侯各治邸泰山下。”

◎注释 ①〔景光〕盛大明亮之光。②〔复〕免除徭役。③〔听治〕审讯判决。

◎大意 武帝祭天回来，坐在明堂内，群臣一一上前祝福。于是下诏书给御史：“我以微小之身，位居至尊，兢兢业业，唯恐不能担此重任。而又德行微薄，不明悉礼乐制度。祭祀太一神时，仿佛有吉祥之光出现，有这种非常之景象，我感到恐惧，想终止祭祀又不敢，于是登上泰山，行封禅大礼，又祭礼了梁父山，而后再祭肃然山。我修德自新，很乐于与众卿重新开始，赏赐百姓每百户一头牛，十石酒，凡年满八十又孤寡无依的另加两匹布帛。博、奉高、蛇丘、历城四地免除今年的徭役。大赦天下，和乙卯年赦令相同。我巡行所到之处，免除一切劳役。凡在两年前犯事的人，不再追究。”接着又下诏书说：“古代天子每五年出巡一次，并到泰山祭祀天地，诸侯都有拜天时的住所。现令诸侯各自在泰山下修宅第。”

天子既已封泰山，无风雨灾，而方士更言蓬莱诸神若将可得，于是上欣然庶几遇之，乃复东至海上望，冀遇蓬莱焉。奉车子侯暴病，一日死。上乃遂去，并海上，北至碣石，巡自辽西，历北边至九原。五月，反（返）至甘泉。有司言宝鼎出为元鼎，以今年为元封元年。

◎**大意** 武帝在泰山祭天后，并未遇到风雨之灾，而方士们进一步鼓吹蓬莱诸神似乎可以求见，于是武帝满怀希望地盼着遇到神仙，就又东行至海上，想寻到蓬莱仙岛。这时奉管车驾的子侯突然得病，一天就死了。于是武帝离去，沿海而上，向北到达碣石，再从辽西开始巡视，经过北边到达九原郡。五月，回到甘泉宫。主管官员说宝鼎出现那年改为元鼎，因今年封禅，而改为元封元年。

其秋，有星茀（孛）[①]于东井。后十余日，有星茀（孛）于三能（台）[②]。望气王朔言：“候独见填（镇）星出如瓜，食顷复入焉。”有司皆曰“陛下建汉家封禅，天其报德星”云。

◎**注释** ①〔茀（bèi）〕即“孛”，彗星。②〔三能〕也作“三台”，星名。

◎**大意** 这年秋天，有彗星出现于东井宿区。十多天后，有彗星出现于三台宿区。观测天象的王朔说：“我观测到光芒四射的土星出现，如瓜一样大，一顿饭的工夫又隐没了。”主管官员都说“陛下确立了汉朝的封禅制度，所以上天用德星来回报”之类的话来奉承。

其来年冬，郊雍五帝。还，拜祝祠太一。赞飨曰：“德星昭衍，厥维休祥。寿星仍出，渊耀光明。信星昭见（现），皇帝敬拜太祝之享。”

◎**大意** 第二年冬天，武帝到雍州城外郊祭五帝。返回时，拜祝太一神。礼赞官员的赞词说：“德星光芒四射，是汉朝吉祥的象征。南极寿星也一再出现，光芒远照。这些星宿应时出现，皇帝将太祝准备的祭品恭敬地进献给各位神灵。”

其春，公孙卿言见神人东莱山，若云“欲见天子”。天子于是幸缑氏城，拜卿为中大夫。遂至东莱，宿留之数日，无所见，见大人迹云。复遣方士求神怪采芝药以千数。是岁旱。于是天子既出无名，乃祷万里沙，过祠泰山。还至瓠子，自临塞决河，留二日，沉祠而去。使二卿将卒塞决河，徙二渠，复禹之故迹焉。

◎**大意** 这年春天，公孙卿说在东莱山见到了神仙，似乎还听到神仙说“想见天子”。武帝于是巡幸缑氏城，任命公孙卿为中大夫。接着他来到东莱，停留了几天，没有看到神仙，只看到巨人的脚印。他便又派数千方士寻访神灵，采集灵芝草药。这一年天气干旱。这时，武帝因出巡没有正当名义，便前去万里沙祷告求雨，途中又祭泰山。他回到瓠子口，来到二十年来曾堵塞的黄河决口处，停留了两天，将白马、玉璧沉入河中祭河神后离去。他派两位大臣率领士卒堵塞了黄河决口，将黄河分成两条水道，恢复了大禹治水时的旧河道。

是时既灭两越，越人勇之乃言“越人俗鬼，而其祠皆见鬼，数有效。昔东瓯王敬鬼，寿百六十岁。后世怠慢，故衰秏（耗）”。乃令越

巫立越祝祠，安台无坛，亦祠天神上帝百鬼，而以鸡卜[1]。上信之，越祠鸡卜始用。

◎**注释** ①〔鸡卜〕用鸡骨进行占卜。

◎**大意** 这个时候已灭掉了两越，越人勇之说“越人的习俗信鬼，祭祀时都能见到鬼，屡次有应验。过去东瓯王敬奉鬼，活到一百六十岁。后世怠慢了鬼神，所以没落”。武帝便命令越地巫师建立越式祠庙，有台而无坛，也祭祀天神、上帝和众鬼，并用鸡骨占卜。武帝笃信，越式祠庙和鸡骨占卜开始使用起来。

公孙卿曰：“仙人可见，而上往常遽，以故不见。今陛下可为观，如缑城，置脯枣，神人宜可致也。且仙人好楼居。”于是上令长安则作蜚廉、桂观，甘泉则作益延寿观，使卿持节设具而候神人。乃作通天茎台，置祠具其下，将招来仙神人之属。于是甘泉更置前殿，始广诸宫室。夏，有芝生殿房内中。天子为塞河，兴通天台，若见有光云，乃下诏：“甘泉房中生芝九茎，赦天下，毋有复作。”

◎**大意** 公孙卿说：“仙人是可以见到的，而陛下总是匆忙往求，因此没有见到。现在陛下修一座楼观，像缑氏城，陈列干肉、枣子等祭品，神仙应当可以招来。而且仙人喜欢住楼房。”于是武帝下令在长安兴建蜚廉观和桂观，在甘泉宫建益寿观和延寿观，让公孙卿手持符节设好供品而专候神仙。又建了通天茎台，在台下设置祭祀供品，想以此招来神仙。于是又在甘泉宫加修前殿，自此增建了许多宫室。夏天的时候，有灵芝草长在殿内房中。武帝因为堵塞了黄河决口，兴建了通天台，恍惚看到天空出现光芒，于是下诏：“甘泉殿内长出九株灵芝草，特此大赦天下，免除一切劳役。”

其明年，伐朝鲜。夏，旱。公孙卿曰：“黄帝时封则天旱，干封三年。”上乃下诏曰：“天旱，意干封乎？其令天下尊祠灵星焉。”

◎**大意**　第二年，攻打朝鲜。夏天，干旱。公孙卿说："黄帝封禅时，也曾遭遇天旱，旱三年，封土才能干燥。"于是武帝下诏书说："天旱，是为了晒干封土吧？特令天下敬重祭祀灵星。"

其明年，上郊雍，通回中道，巡之。春，至鸣泽，从西河归。

◎**大意**　第二年，武帝到雍州城外举行郊祀，开通了回中的通道，巡行视察。春天到了鸣泽，从西河回长安。

其明年冬，上巡南郡，至江陵而东。登礼灊[①]之天柱山，号曰南岳。浮江，自寻阳出枞阳[②]，过彭蠡，礼其名山川。北至琅邪，并海上。四月中，至奉高修封焉。

◎**注释**　①〔灊（qián）〕汉县名。在今安徽霍山东北。②〔枞（zōng）阳〕汉县名。即今安徽枞阳。

◎**大意**　第二年的冬天，武帝巡视南郡，到江陵向东行，登上灊县境内的天柱山举行祭祀，号称南岳。过长江，从寻阳出枞阳，经过彭蠡，礼祀沿途的名山大川。向北到琅琊，沿海而上。四月中，又到奉高行封祭大礼。

初，天子封泰山，泰山东北阯古时有明堂处，处险不敞。上欲治明堂奉高旁，未晓其制度。济南人公王带[①]上黄帝时明堂图。明堂图中有一殿，四面无壁，以茅盖，通水，圜宫垣，为复道[②]，上有楼，从西南入，命曰昆仑，天子从之入，以拜祠上帝焉。于是上令奉高作明堂汶上，如带图。及五年修封，则祠太一、五帝于明堂上坐，令高皇帝祠坐对之。祠后土于下房，以二十太牢。天子从昆仑道入，始拜明堂如郊礼。礼毕，燎堂下。而上又上泰山，自有秘祠其巅。而泰山

下祠五帝，各如其方，黄帝并赤帝，而有司侍祠焉。山上举火，下悉应之。

◎**注释** ①〔公玊（sù）带〕人名。复姓公玊，名带。②〔复道〕楼阁间或山岩险峻处的架空通道。

◎**大意** 先前，武帝在泰山封禅，泰山的东北脚下古时曾建有明堂，地势险要不宽阔。武帝想在奉高附近修建明堂，但不清楚明堂格局。济南人公玊带奉献上黄帝时的名堂图样。图上画有一大殿，四面没有墙壁，上面用茅草盖顶，四周通水，围绕宫墙修建空中通道，其上有楼，从西南角进入，命名昆仑，天子从那里进入，拜祀上帝。于是武帝下令在奉高的汶水旁建明堂，就依照公玊带的图样。等到五年后行封祭时，在明堂上座祭祀太一和五帝，使高皇帝的灵位与之正相对。在下房祭后土，用二十套祭牲。武帝从昆仑道进入，开始按郊祭礼仪在明堂拜祀。祭礼完毕，在堂下烧柴再祭。而武帝又登上泰山，在山顶还有秘密的祠堂。在泰山下按五帝各自的方位祭祀五帝，黄帝与赤帝在同一方位，而由主管官员主持祭礼。祭祀时山上烧火，山下也举火与之相应。

其后二岁，十一月甲子朔旦冬至，推历者以本统。天子亲至泰山，以十一月甲子朔旦冬至日祠上帝明堂，毋修封禅。其赞飨曰："天增授皇帝太元神策，周而复始。皇帝敬拜太一。"东至海上，考入海及方士求神者，莫验，然益遣，冀遇之。

◎**大意** 这以后的两年，十一月甲子初一早晨冬至到来，推算历法的人用这一天作为起点。武帝亲到泰山，十一月甲子初一早晨在明堂祭祀上帝，没有举行封禅大典。祝词说："上天加授皇帝太元神策，周而复始。皇帝敬拜太一神。"又东到海上，查问入海和方士寻求神仙的事，没有应验，但还是派更多人去寻求，希望能遇到神仙。

十一月乙酉，柏梁灾。十二月甲午朔，上亲禅高里，祠后土。临勃海，将以望祀蓬莱之属，冀至殊廷焉。

◎**大意** 十一月乙酉日，柏梁台发生火灾。十二月甲午初一日，武帝亲自封祀高里山，礼祭后土。他亲临渤海，遥望礼祀蓬莱等仙山，希望能到神仙洞府。

上还，以柏梁灾故，朝受计[①]甘泉。公孙卿曰："黄帝就青灵台，十二日烧，黄帝乃治明廷。明廷，甘泉也。"方士多言古帝王有都甘泉者。其后天子又朝诸侯甘泉，甘泉作诸侯邸。勇之乃曰："越俗有火灾，复起屋必以大，用胜服之。"于是作建章宫，度为千门万户。前殿度高未央。其东则凤阙，高二十余丈。其西则唐中[②]，数十里虎圈。其北治大池，渐台高二十余丈，命曰太液池，中有蓬莱、方丈、瀛洲、壶梁，象海中神山龟鱼之属。其南有玉堂、璧门、大鸟之属。乃立神明台、井干楼，度五十丈，辇道相属焉。

◎**注释** ①〔受计〕接受郡国献上的计簿。②〔唐中〕池名。

◎**大意** 武帝返回长安，因柏梁台发生火灾，在甘泉宫接受各地方官吏的计簿。公孙卿说："黄帝建成青灵台后，十二日就被烧毁，黄帝就又建了明廷。明廷就是甘泉宫。"方士们都说古代帝王有建都于甘泉的。这之后武帝又在甘泉宫会见诸侯，并在甘泉修建诸侯邸舍。越人勇之说："越人的风俗，遭火灾后，再建的屋子一定比原先的大，以此制服邪气。"于是建造了建章宫，设计了千门万户。前殿的规模比未央宫还高大。它的东边是凤阙，高二十多丈。西边就是唐中池，有数十里虎圈。它的北边挖了一个大池子，池中建筑渐台，高达二十多丈，命名为太液池，池中还营造蓬莱、方丈、瀛洲、壶梁等假山，模仿海中的神山、鱼龟之类。南边建有玉堂、璧门、大鸟等建筑。又立神明台和井干楼，约有五十丈高，用天桥互相连通。

夏，汉改历，以正月为岁首，而色上黄，官名更印章以五字，为太初元年。是岁，西伐大宛。蝗大起。丁夫人、雒阳虞初等以方祠诅匈奴、大宛焉。

◎**大意** 夏天，汉朝更改历法，把正月当作一年的开始，颜色崇尚黄色，官府的印章改为五个字，年号改为太初元年。这一年向西讨伐大宛。发生了严重的蝗灾。丁夫人和雒阳虞初等人用方术祈鬼诅咒匈奴和大宛。

其明年，有司上言雍五畤无牢熟具[①]，芬芳不备。乃令祠官进畤犊牢具，色食所胜，而以木禺（偶）马代驹焉。独五月尝驹，行亲郊用驹。及诸名山川用驹者，悉以木禺（偶）马代。行过，乃用驹。他礼如故。

◎**注释** ①〔牢熟具〕烹煮成的祭祀供品。

◎**大意** 第二年，主管官员上书说雍州的五祭不用煮熟的供品，不够芳香。于是武帝下令祠官今后改用熟牛犊作供品进献五畤，按五行相克的原理，选择各方天帝能相克的毛色，用木偶马代替小马驹作祭品。只有五月尝祭时用少壮马，武帝亲自祭天地时也用少壮马。各名山大川用少壮马的，全部用木偶马代替。武帝巡行经过的地方祭祀用少壮马。其他的祭祀礼仪和以前一样。

其明年，东巡海上，考神仙之属，未有验者。方士有言“黄帝时为五城十二楼[①]，以候神人于执期[②]，命曰迎年[③]”。上许作之如方，命曰明年。上亲礼祠上帝焉。

◎**注释** ①〔五城十二楼〕相传黄帝曾在昆仑山建五座金台、十二座玉楼。②〔执期〕传说中的地名。③〔迎年〕表示祈求长寿。

◎**大意**　第二年，武帝东巡海上，考察海上求仙的方士，没有应验的。有方士说："黄帝时建造五城十二楼，在执期之地等候神仙，命名为迎年祠。"武帝特令按这个方士所说修楼，称其为明年祠。武帝亲自在那里祭拜上帝。

公王带曰："黄帝时虽封泰山，然风后、封巨、岐伯令黄帝封东泰山，禅凡山，合符[①]，然后不死焉。"天子既令设祠具，至东泰山，东泰山卑小，不称其声，乃令祠官礼之，而不封禅焉。其后令带奉祠候神物。夏，遂还泰山，修五年之礼如前，而加以禅祠石闾。石闾者，在泰山下阯（址）[②]南方，方士多言此仙人之闾也，故上亲禅焉。

◎**注释**　①〔合符〕与天降祥瑞相协调。②〔阯〕同"址"，山脚。

◎**大意**　公王带说："黄帝时虽然在泰山封坛祭天，但风后、封巨、岐伯让黄帝到东泰山筑坛拜天，到凡山祭地，与天降祥瑞相协调，才可长生不死。"武帝于是下令准备好祭品，来到东泰山，东泰山矮小，与它的名声不符，便让祠官祭祀它，而不行封禅大典。之后让公王带供奉祭品，迎候神灵。夏天又回到泰山，依照旧例行五年一次的封禅大典，另外在石闾祠祭地神。石闾在泰山脚下南边，方士都说是现在仙人居住的地方，所以武帝亲自行祭礼。

其后五年，复至泰山修封。还过祭恒山。

◎**大意**　这以后五年，武帝又到泰山祭祀天地。返回途中，顺路又祭祀了恒山。

今天子所兴祠，太一、后土，三年亲郊祠，建汉家封禅，五年一修封。薄忌太一及三一、冥羊、马行、赤星，五，宽舒之祠官以岁时致礼。凡六祠[①]，皆太祝领之。至如八神诸神，明年、凡山他名祠，行过则祠，行去则已。方士所兴祠，各自主，其人终则已，祠官不主。

他祠皆如其故。今上封禅，其后十二岁而还，遍于五岳、四渎矣。而方士之候祠神人，入海求蓬莱，终无有验。而公孙卿之候神者，犹以大人之迹为解，无有效。天子益怠厌方士之怪迂语矣，然羁縻不绝，冀遇其真。自此之后，方士言神祠者弥众，然其效可睹矣。

◎**注释**　①〔凡六祠〕指上文所述五祠加后土祠。

◎**大意**　武帝所兴建的祠庙，有太一祠、后土祠，每三年亲自郊祭一次；封禅大典，每五年举行一次。薄忌建议设立的太一及三一、冥羊、马行、赤星等祠，共五座，由宽舒属下的祠官每年按时祭祀。这五座祠庙再加上后土祠，共六座祠庙，都由太祝管理。而八神各祠庙，明年、凡山等著名祠庙，天子巡行经过则祭，离开后就作罢了。方士兴建的祠堂，由他们自己主管，本人过世就算了，祠官不管理。其他祠庙都照旧。武帝从初次封禅后，十二年以来，五岳、四渎基本上都祭拜过了。而方士立祠迎候神仙，到海上寻访蓬莱仙境，最终没有应验。公孙卿迎候神仙，还拿巨人的足印作为借口，终究也没有应验。武帝渐渐厌恶方士们的奇谈怪论，但仍加以笼络，存有幻想，总希望真能遇到神仙。从此以后，方士们谈论建祠祭神的事越来越多，但是效果可想而知了。

太史公曰：余从巡祭天地诸神名山川而封禅焉。入寿宫[①]侍祠神语，究观方士祠官之意，于是退而论次自古以来用事于鬼神者，具见其表里[②]。后有君子，得以览焉。若至俎豆珪币之详，献酬[③]之礼，则有司存。

◎**注释**　①〔寿宫〕武帝所立神祠，奉太一之神。②〔表里〕祭祀的礼仪制度和真实目的。③〔献酬〕进献祭品报答神灵降福的恩德。

◎**大意**　太史公说：我跟随皇上出巡，祭祀天地众神和名山大川，并参加封禅大典。又进入寿宫陪祭而听到祝官的颂词，仔细推究方士祠官的意图，于是停下来罗列自古以来祭祀鬼神的史实，详细披露它们的形式和内涵。后世若有博学君子，那他们就可以看到我的这些记载。至于俎豆、珪币等祭祀神仙的细节和献酬的流程，各主管部门都有具体的条文规定。

◎知识拓展

所谓“封禅”，原是古代两种特殊的祭祀天地的仪式。君主即位后，在泰山上筑土为坛祭天，表示报答上天之功，称为“封”；在泰山下的小山梁父分划区域祭地，表示报答大地之功，称为“禅”。这是帝王礼神活动的最高形式。“封禅”也成了此类有关活动的代称。《封禅书》记载了从上古直到汉武帝三千年间帝王祭祀天地山川鬼神的传闻和史实，着重写了汉武帝时封禅、崇尚鬼神和求仙求长生的种种活动，是一部较为系统的上古君主礼神活动的简史。尤为难能可贵的是，司马迁在翔实的史料中，明确寄寓了对方士怪迂之事和汉武帝求仙迷信之迹的批判。可以说，这篇书从人神关系的角度较为集中地反映了司马迁信奉的“究天人之际，通古今之变，成一家之言”的历史观，因而《封禅书》也是研究司马迁思想的重要文献。

河渠书第七

从夏禹治水的神话传说开始，合理地治水、用水就成为历代王朝面对的现实问题。由于水利设施在传统农业中发挥着重要作用，人们很早就开始治理江河，并挖渠引水灌溉农田。《河渠书》就是从夏禹到汉武帝时的水利发展简史。

夏禹的功绩是治理黄河水患，将黄河水疏导至九条河流来减缓水势，最后汇合流入渤海。春秋战国时期是水利建设史上的高潮之一，各个诸侯国积极开挖沟渠引水灌溉，极大地促进了农业生产。当时兴修水利的主要事件有，在荥阳下引黄河水修成鸿沟，西部修汉水、云梦渠，东部修邗沟，吴地、齐地修渠，蜀地李冰凿平离碓分岷江为二江，西门豹引漳水灌邺，秦国修郑国渠等，有些水利设施直至今日仍发挥着重要作用。汉武帝时期国力强盛，水利事业又有了大发展。如从长安至黄河修渠，修龙首渠引汾河、黄河水，发明隧洞竖井施工法，堵塞黄河瓠子决口，关中地区修辅渠、灵轵渠郡，朔方郡、西河郡、酒泉郡修渠引黄河水，汝南郡、九江郡修渠引淮水，东海郡修渠引巨定泽水，泰山下修渠引汶水，等等。这些水利设施发挥了灌溉、运输等功能，意义重大。

《夏书》[1]曰：禹抑洪水十三年，过家不入门。陆行载车，水行载舟，泥行蹈毳（橇），山行即桥（轿）。以别九州，随山浚川，任土作贡。通九道，陂九泽，度九山。然河灾衍溢，害中国也尤甚。唯是为务[2]。故道（导）河自积石历龙门[3]，南到华阴，东下砥柱[4]，及孟津、雒汭，至于大邳。于是禹以为河所从来者高，水湍悍，难以行平地，数为败，乃厮二渠以引其河。北载之高地，过降水，至于大陆，播为九河[5]，同为逆河[6]，入于勃海。九川既疏，九泽既洒，诸夏艾（乂）安，功施于三代。

◎**注释** ①〔《夏书》〕《尚书》的一部分，有《禹贡》《甘誓》两篇记载夏代史迹。②〔唯是为务〕只把治理黄河当作重要的事情。③〔龙门〕龙门山，在今山西河津西北及陕西韩城东北。相传为禹所开凿，故又称禹门。④〔砥柱〕砥柱山，在今河南三门峡东三十里黄河中，山在水中若柱，故名。⑤〔九河〕一说确指九条河，一说泛指黄河下游众多的支流。⑥〔逆河〕指黄河入海处的一段河流，以迎受海潮而得名。

◎**大意** 《尚书·夏书》说：夏禹治理洪水十三年时间，即使路过自己的家门也不进去。他在陆路上行走就乘车，在水路上行走就坐船，在泥泞中行走就踏着木橇，在山路上行走就坐轿。他划分九州的疆界，依山势疏通河道，凭据土地的特点规定贡赋。他开通九州的道路，给各个湖泊修筑堤防，度量各处山地的走势以疏导河流。但黄河泛滥成灾，中原最严重。夏禹只把治理黄河作为重要的事情。

他疏导黄河，自积石山经过龙门山，南到华阴，东下砥柱山和孟津、雒汭，直到大邳山。这时，夏禹认为黄河上游地势高，水流湍急，不宜直接流向平原，否则会经常冲毁堤防，于是把黄河分成两支东流入海，其主干道北上流经高地，穿过降水，到达大陆泽，分为众多河道，都因海潮倒灌而成为逆河，最终流入大海。九州的大河川既已疏通，九州的湖泊既已分流，中原各地因而安宁，他的治水功效惠及夏、商、周三代。

自是之后，荥阳下引河东南为鸿沟①，以通宋、郑、陈、蔡、曹、卫，与济、汝、淮、泗会。于楚，西方则通渠②汉水、云梦③之野，东方则通鸿沟江淮之间④。于吴，则通渠三江、五湖。于齐，则通菑、济之间。于蜀，蜀守冰凿离碓⑤，辟沫水之害，穿二江成都之中。此渠皆可行舟，有余则用溉浸，百姓飨其利。至于所过，往往引其水益用溉田畴之渠，以万亿计，然莫足数也。

◎**注释** ①〔鸿沟〕战国魏惠王时开通的古运河，引黄河水至今天的河南淮阳入颍水。②〔通渠〕开通人工河道。③〔云梦〕云梦泽，在今湖北江陵以东长江、汉水之间。④〔通鸿沟江淮之间〕“鸿”字衍文。沟，指邗沟，春秋时吴王夫差开凿的连通江淮的古运河。⑤〔蜀守冰凿离碓（duī）〕蜀守，蜀郡的最高长官。冰，李冰，秦昭王时任蜀郡守。碓，小山。

◎**大意** 从此以后，有人从荥阳引黄河水东流，名为鸿沟，通过宋国、郑国、陈国、蔡国、曹国、卫国，与济水、汝水、淮水、泗水相会。在楚地西部的汉水、云梦泽一带开挖沟渠，在东部有邗沟连通长江、淮河。在吴地有渠道连通三江和五湖。在齐地有渠道连通淄水、济水之间。在蜀地，蜀郡的郡守李冰开凿离碓山，用来避免沫水的祸害，又在成都开通了两条江。这些渠道都可以行船，多余的水用来灌溉，百姓享受了渠道带来的好处。至于主干渠道流经的地方，人们往往又把水引到用来灌溉农田的沟渠，数量以万亿计，无法细数。

西门豹引漳水溉邺，以富魏之河内。

◎**大意**　西门豹引漳水灌溉邺县农田，魏国的河内地区得以富饶起来。

而韩闻秦之好兴事，欲罢（疲）之[1]，毋令东伐，乃使水工郑国[2]间说秦，令凿泾水自中山西邸瓠口为渠，并北山东注雒三百余里，欲以溉田。中作而觉，秦欲杀郑国。郑国曰："始臣为间，然渠成亦秦之利也。"秦以为然，卒使就渠。渠就，用注填阏（淤）之水，溉泽卤之地四万余顷，收皆亩一钟[3]。于是关中为沃野，无凶年，秦以富强，卒并诸侯，因命曰郑国渠。

◎**注释**　①〔罢之〕使之疲乏，即使秦国劳民伤财。②〔郑国〕战国末期韩国人，水利专家，于秦王嬴政十年，被韩国派遣去秦国游说秦王兴修水利。③〔收皆亩一钟〕收成都达到每亩六石四斗。钟，量器，一钟合六石四斗。

◎**大意**　韩国听说秦国好为土木之事，想使秦国疲敝衰败，不再向东侵伐，于是派遣水利专家郑国做间谍游说秦国，使秦国开凿渠道引泾水自中山西行抵达瓠口，沿着北部的山势东流注入雒水，长三百多里，打算凿成后用来灌溉农田。在开凿过程中，郑国的间谍活动被发觉，秦王想要杀掉郑国。郑国说："起初我是间谍，但渠道开凿成功对秦国也是有利的。"秦王认为这话有道理，最终让郑国凿成渠道。渠道凿成后，用含有泥沙的渠水灌溉四万多顷盐碱地，收成达每亩六石四斗。于是关中变成沃野，没有饥荒的年景，秦国因而富强，最终吞并了齐、楚、燕、赵、韩、魏等诸侯国，所以将此渠命名为郑国渠。

汉兴三十九年[1]，孝文时河决酸枣，东溃金堤，于是东郡大兴卒塞之。

◎**注释**　①〔汉兴三十九年〕指文帝十二年。

◎**大意**　汉朝兴起三十九年，孝文帝时黄河在酸枣县决堤，向东冲垮了金堤，于是东郡发动大量士卒堵塞决口。

其后四十有余年[①]，今天子元光之中，而河决于瓠子，东南注巨野[②]，通于淮、泗。于是天子使汲黯、郑当时[③]兴人徒塞之，辄复坏。是时武安侯田蚡为丞相，其奉邑食鄃[④]。鄃居河北，河决而南则鄃无水灾，邑收多。蚡言于上曰："江、河之决皆天事，未易以人力为强塞，塞之未必应天。"而望气用数者亦以为然。于是天子久之不事复塞也。

◎**注释** ①〔四十有余年〕《汉书·沟洫志》作"三十六岁"。文帝十二年决东河，武帝元光三年又决濮阳，泛三十六郡。两次决口相隔正好三十六年。②〔巨野〕又名大野泽，在今山东巨野北，古代为济、濮等各条水所汇注，五代后逐渐湮没。③〔汲黯、郑当时〕汲黯，汉武帝时为东海郡太守，有政绩，后任主爵都尉，列于九卿。后又任右内史。最后拜淮阳太守。郑当时，汉武帝时曾任济南太守、右内史、大司农等职。详见《汲郑列传》。④〔奉邑食鄃（shū）〕奉邑，汉代列侯受封的食邑。依照地位高低，奉邑户数多少不等。鄃，鄃县，今山东平原西南。

◎**大意** 这以后四十多年，当今皇上元光年间，黄河在瓠子决堤，流向东南，注入巨野泽，与淮水、泗水相通。于是皇帝派遣汲黯、郑当时发动民众堵塞决口，但堵好后又被冲毁。这时武安侯田蚡任丞相，他的一块领地在鄃县。鄃县在黄河北岸，黄河决口南流，鄃县没有水灾，领地收入多。田蚡对皇帝说："江、河决堤都是上天决定的，不能轻易用人力强行堵塞，堵塞了不一定符合天意。"而一些占测云气、讲求术数的方士也这样认为。于是皇帝很长时间不再提堵塞黄河决口的事。

是时郑当时为大农[①]，言曰："异时关东漕粟从渭中上[②]，度六月而罢，而漕水道九百余里，时有难处。引渭穿渠起长安，并南山下，至河三百余里，径，易漕，度可令三月罢；而渠下民田万余顷，又可得以溉田：此损漕省卒，而益肥关中之地，得谷。"天子以为然，令齐人水工徐伯表，悉发卒数万人穿漕渠[③]，三岁而通。通，以漕，大便利。其后漕稍多，而渠下之民颇得以溉田矣。

◎**注释** ①〔大农〕官名。汉武帝太初元年改大农令为大司农，简称大农，掌管全国的租赋和财政收支，兼管农业、手工业和商业经营。②〔上〕指向西运输而逆水上行。③〔漕渠〕供水路运输的人工河道。

◎**大意** 这时，郑当时任大农令，建言："从前关东地区经由渭水运粮西上，估计六个月才能完成，水路长达九百多里，时常有险厄之处。如果开凿渠道，自长安引渭水东流，沿着南山，到黄河才三百多里，路直，容易运输，估计三个月就能完成；而渠道两侧一万多顷农田，又可以得到灌溉。这样可以缩短运输时间，节省劳力，又可使关中的土地更加肥沃，增收粮食。"皇帝认为有道理，派齐地的水利专家徐伯进行勘察并树立标记，发动数万士卒开凿漕渠，经过三年，渠道开通了。渠道开通后，用来运粮十分便利。此后运粮逐渐增多，水渠两侧的民众多能用这条渠中的水灌溉农田。

其后河东守番系言："漕从山东西，岁百余万石，更砥柱之限，败亡甚多，而亦烦费。穿渠引汾溉皮氏、汾阴下，引河溉汾阴、蒲坂下，度可得五千顷。五千顷故尽河壖弃地[①]，民茭牧[②]其中耳，今溉田之，度可得谷二百万石以上。谷从渭上，与关中无异，而砥柱之东可无复漕。"天子以为然，发卒数万人作渠田。数岁，河移徙，渠不利，则田者不能偿种。久之，河东渠田废，予越人，令少府[③]以为稍入。

◎**注释** ①〔河壖（ruán）弃地〕河道东侧的废弃土地。壖，这里指河边空地。②〔茭（jiāo）牧〕割草放牧。③〔少府〕官名。掌管山泽、陂池、市肆的租税收入，供皇室日常生活和祭祀、赏赐开支，为皇帝的私府，又兼管皇帝衣食、器用、医药、娱乐、丧葬等事宜。

◎**大意** 这以后，河东郡守番系建言："从山东用船运粮西上，每年有一百多万石，要经过砥柱激流的险地，船毁人亡的情况很多，耗费也很大。如果开挖渠道引汾水灌溉皮氏、汾阴的土地，引黄河灌溉汾阴、蒲坂的土地，估计可以得到五千顷良田。这五千顷原来都是河边荒弃的土地，民众在这里面割草放牧，现在灌溉成田，估计可以得到二百万石以上的粮食。粮食从渭水运往长安，和关中没有差别，而砥柱以东可以不必再运粮了。”皇帝认为有道理，发动数万士卒开渠垦田。几年之后，黄河水道变迁，水渠引水不力，收获的粮食还抵不上所费的种子。时间一长，河东郡渠田荒废，交给越地移民，只取少量租税用来充实少府的收入。

其后人有上书欲通褒斜道及漕[1]事，下御史大夫张汤。汤问其事，因言：“抵蜀从故道，故道多阪，回远。今穿褒斜道，少阪，近四百里；而褒水通沔，斜水通渭，皆可以行船漕。漕从南阳上沔入褒，褒之绝水至斜，间百余里，以车转，从斜下下渭。如此，汉中之谷可致，山东从沔无限，便于砥柱之漕。且褒斜材木竹箭之饶，拟于巴、蜀。”天子以为然，拜汤子印为汉中守，发数万人作褒斜道五百余里。道果便近，而水湍石，不可漕。

◎**注释**　①〔通褒斜道及漕〕修治褒斜道的交通，并开渠连通褒水、斜水。褒斜道，道路建在褒水、斜水的河谷间，故得名。

◎**大意**　这以后，有人呈上书面意见，想修治褒斜道并开渠连通褒、斜二水以运送粮食，武帝将此事下交御史大夫张汤处理。张汤问询了这事，然后对武帝说：“到蜀地走故道，故道多斜坡，迂回辽远。现在修治褒斜道，少有斜坡，路程缩短四百里；如果褒水与沔水相通，斜水与渭水相通，都可以行船运粮。运粮船自南阳逆沔水而上，进入褒水，从褒水源头至斜水，相距一百多里，再用车转运，沿斜水而下进入渭水。这样一来，汉中的粮食可以运来，山东的货物经由沔水运输没有险阻，比经过砥柱运输方便。而且褒斜道一带盛产材木竹箭，可以和巴蜀地区相比。”武帝认为有道理，任命张汤的儿子张印为汉中郡守，发动几万人修褒斜道，全长五百多里。道路果然又近又方便，但水流湍急而且多石，不能运粮。

其后庄熊罴言：“临晋[1]民愿穿洛以溉重泉[2]以东万余顷故卤地。诚得水，可令亩十石。”于是为发卒万余人穿渠，自徵[3]引雒水至商颜

下。岸善崩，乃凿井，深者四十余丈。往往为井，井下相通行水。水颓以绝商颜，东至山岭十余里间。井渠之生自此始。穿渠得龙骨，故名曰龙首渠。作之十余岁，渠颇通，犹未得其饶。

◎**注释** ①〔临晋〕县名，在今陕西大荔朝邑西南。②〔重泉〕县名，在今陕西大荔西北。③〔徵（chéng）〕古地名。在今陕西澄城西南。

◎**大意** 这以后，庄熊罴上书："临晋县民众愿意开渠引雒水灌溉重泉县以东一万多顷盐碱地。如果这些盐碱地果真得到水的灌溉，亩产可收十石。"于是武帝发动一万多士卒开挖渠道，自徵县引雒水到商颜山下。两岸土质疏松容易崩塌，便开凿竖井，深的有四十多丈。连续挖了很多井，井下流水相通。水从地下穿流经过商颜山，东到山岭十多里。井和渠并用由此开始。挖渠时发现了龙骨，所以命名为龙首渠。挖了十多年，渠水通畅了，但还没真正发挥功效。

自河决瓠子后二十余岁，岁因以数不登，而梁、楚之地尤甚。天子既封禅巡祭山川，其明年，旱，干封[①]少雨。天子乃使汲仁、郭昌发卒数万人塞瓠子决。于是天子已用事万里沙，则还自临决河，沉白马玉璧于河，令群臣从官自将军已（以）下皆负薪窴（填）决河。是时东郡烧草，以故薪柴少，而下淇园之竹以为楗[②]。

◎**注释** ①〔干封〕上天为晒干新筑的祭坛而大旱。②〔楗（jiàn）〕堵塞决口所用的木桩。

◎**大意** 黄河在瓠子决口后的二十多年，粮食连年歉收，而梁地、楚地特别严重。武帝已完成封禅巡祭山川，第二年，天旱，据说是上天为了晒干封禅的土而减少降雨。武帝于是派遣汲仁、郭昌发动几万士卒堵塞瓠子决口。这时，武帝已在万里沙举行了祭祀，返回时亲自来到黄河决口处，把白马玉璧沉入黄河，命令随从大臣自将军以下都背负薪柴填堵决口。当时东郡民众把野草都烧了，因此薪柴稀少，于是砍伐淇园的竹子来做堵塞决口所用的木桩。

天子既临河决，悼功之不成，乃作歌曰：“瓠子决兮将奈何？皓皓旰旰[①]兮闾殚为河！殚为河兮地不得宁，功无已时兮吾山平。吾山平兮巨野溢，鱼沸郁兮柏（迫）冬日。延道[②]弛兮离常流，蛟龙骋兮方（旁）远游。归旧川兮神哉沛[③]，不封禅兮安知外！为我谓河伯兮何不仁，泛滥不止兮愁吾人？啮桑[④]浮兮淮、泗满，久不反兮水维缓。”一曰：“河汤汤兮激潺湲[⑤]，北渡污兮浚流难。搴长茭兮沉美玉，河伯许兮薪不属。薪不属兮卫人罪，烧萧条兮噫乎何以御水！颓林竹兮楗石菑[⑥]，宣房塞兮万福来。”于是卒塞瓠子，筑宫其上，名曰宣房宫。而道（导）河北行二渠，复禹旧迹，而梁、楚之地复宁，无水灾。

◎**注释** ①〔皓皓（hào）旰旰（hàn）〕盛大貌。②〔延道〕“延”字误。应从《汉书·沟洫志》作“正道”，即正常的河道。③〔沛〕盛大，此处指神力巨大。④〔啮（niè）桑〕地名，即啮桑亭，在今江苏沛县西南。⑤〔潺湲（chán yuán）〕水势汹涌的样子。⑥〔菑（zì）〕树立，插入。

◎**大意** 武帝来到黄河决口处后，因常年治河不见功效而悲伤，于是作歌唱道：“黄河在瓠子决口呀，该怎么办？水势浩大呀，州县成河！都成了河呀，大地不得安宁，治河不见休止呀，鱼山的山冈已被挖平。山冈已被挖平呀，巨野泽又洪水泛滥，水中鱼儿盛多呀，时节又迫近冬天。正常的河道被毁坏呀洪水横溢，蛟龙得意呀正远游。水回旧道呀神灵保佑，如不到泰山封禅呀怎知道外面的水灾！替我告诉河伯呀为什么这样狠心，泛滥不止呀使我们发愁？啮桑亭被水漂浮呀，淮水、泗水满盈，长久不回旧道呀堤岸已经崩溃。”又唱道：“河水平满呀波涛滚滚，水面辽远难以北渡呀，疏通河道困难。用竹索来堵塞决口呀，把美玉沉入河中，河神虽应许呀但柴薪不够。堵塞决口的柴薪不够呀全是卫地人的过错，烧光草木呀用什么防御洪水！砍掉淇园的竹林呀加石为桩，堵住宣房宫的决口呀众福都来。”于是最终堵塞了黄河在瓠子的决口，在上面建筑宫殿，名叫宣房宫。从而引导河水分流北行进入两条渠中，恢复了夏禹时的旧河道，梁地、楚地又归于安宁，没有水灾。

自是之后，用事者争言水利。朔方、西河、河西、酒泉皆引河及川谷以溉田；而关中辅渠、灵轵引堵水；汝南、九江引淮；东海引巨定；泰山下引汶水：皆穿渠为溉田，各万余顷。佗（他）小渠披山通道者，不可胜言。然其著者在宣房。

◎**大意** 从此以后，掌权的人争相谈论水利。朔方郡、西河郡、河西郡、酒泉郡都导引黄河和川谷的水来灌溉田地；而关中的辅渠、灵轵渠就导引各条河流；汝南郡、九江郡导引淮水；东海郡导引巨定泽，泰山脚下导引汶水：都开挖渠道用来灌溉田地，各有一万多顷。其他开山引水的小水渠为数繁多，不可尽言。但其中最著名的是在宣房一带。

太史公曰：余南登庐山，观禹疏九江，遂至于会稽太湟，上姑苏，望五湖；东窥雒汭、大邳，迎河，行淮、泗、济、漯雒渠；西瞻蜀之岷山及离碓；北自龙门至于朔方。曰：甚哉，水之为利害也！余从负薪塞宣房，悲《瓠子》之诗而作《河渠书》。

◎**大意** 太史公说：我在南方时登上庐山，观览夏禹疏导的九江，又到会稽太湟，登上姑苏山，遥望五湖；在东方察看了雒水、大邳山，逆黄河而上，巡视淮水、泗水、济水、漯雒水渠；在西方观瞻了蜀地的岷山和离碓山；在北方从龙门游历到朔方郡。感叹道：厉害呀，水带来的利益或灾害！我随从皇帝背负柴草填塞宣房宫附近的黄河决口，有感于皇帝所作的《瓠子》诗而作了《河渠书》。

◎**知识拓展**

《河渠书》记述河道、水渠开凿和治理的过程，阐述人们变水害为水利的伟大行动。司马迁记述历代治水行为，主要关注治理水害、修筑漕渠和灌溉三部分内容。在行文叙事中，司马迁以极大的热情记述了许多成功的事例和经验，也对豪门的阻挠、世人的迷信观念等进行了揭露，从一个方面对西汉弊政进行了鞭拙。司马迁在写《河渠书》时，曾进行了长期的大量的实地考察和研究，许多地方三言两语便切中肯綮，真实性强。如写由于“岸善崩”而开凿井渠，写褒斜道失败是由于“水湍石”等，都准确反映出该地区的土壤、地形特征。这是很少有人提出的问题，司马迁不但提出来了，而且给出了正确的解答。

平准书第八

西汉初年，经济凋敝，为了恢复经济，西汉统治者采取了许多措施，尤其是休养生息、重农抑商政策，收到一定效果。汉武帝时期，国力强盛，发动了一系列对外、对内战争，造成国家经济困难，于是采取了改铸货币、盐铁官营、算缗告缗、平准法等措施，以缓解经济困难。《平准书》记录的就是西汉初年至汉武帝时期社会经济发展变化的情况，可分为六个部分进行解读。

自“汉兴，接秦之弊”至“物盛而衰，固其变也”为第一部分，概述汉初社会经济的发展、社会制度和社会风气的变化。自“自是之后”至“是岁费凡百余巨万”为第二部分，叙述汉武帝对外发动战争，造成国家经济凋敝，以及由此带来的国家官吏选拔制度的败坏。自“初，先是往十余岁河决观”至“敢犯令，没入田僮”为第三部分，承接上一部分，记述汉武帝时期为了解决国家经济困难而采取的一系列措施，如铸新钱、盐铁官营、实行算缗等。自“天子乃思卜式之言”至“益广关，置左右辅”为第四部分，记述汉武帝任用卜式，重用酷吏，推行告缗，加紧搜刮，吏治进一步败坏，造成民不聊生的局面。自“初，大农筦盐铁官布多”至“亨弘羊，天乃雨”为第五部分，总写汉代统治者骄奢淫逸、好大喜功，为进一步敛财而实行平准法。自“太史公曰”至本篇末为第六部分，总论经济发展与社会政治关系，指出经济法则对社会发展的决定作用，总结了社会经济发展的规律。

《平准书》在宏观纵论中分析并总结汉武帝推行的一系列财税政策的原因、利弊。司马迁结合汉武帝发动的一系列战争，揭示出沉重的财税负担的背景，讨论为解决财政问题而采取的改铸货币、盐铁官营、算缗告缗等经济手段。这些政策的推行，一定程度上缓解了财政压力，但也带来了一些社会问题。司马迁意在探索社会经济发展的内在规律，集中反映出他的朴素唯物史观。《平准书》开启了正史专篇记述经济发展史的体例，此后为历代纪传体史书所效仿，影响深远。

汉兴，接秦之弊，丈夫从军旅，老弱转粮饷，作业剧而财匮，自天子不能具钧（均）驷[①]，而将相或乘牛车，齐民无藏盖[②]。于是为秦钱重难用，更令民铸钱，一黄金一斤[③]，约法省禁。而不轨逐利之民，蓄积余业以稽（计）市物[④]，物踊腾粜[⑤]，米至石万钱，马一匹则百金。

◎**注释** ①〔钧驷〕毛色相同的四匹马。②〔无藏盖〕没有蓄积。盖，掩，藏。③〔一黄金一斤〕一金之数为黄金一斤重。④〔蓄积余业以稽市物〕商人把市场上较多的商品囤积起来，考察市场上商品的价格，有利可图的时候才卖出。⑤〔粜（tiào）〕卖粮食。这里泛指卖出东西。

◎**大意** 汉朝建立，承接秦朝的凋敝局面，青壮男子从军，老弱运输军粮，兴办的事情繁多而物资匮乏，连皇帝都没有四匹毛色纯一的马驾车，将军丞相中有人乘坐牛车，平民生活贫乏无积蓄。这时，由于秦朝铸的钱分量重，难以流通，改令另铸钱币，一金之数为黄金一斤重，废除法规，简省禁令。而不守法令、追逐利益的人，囤积货物，操纵市价，造成物价飞涨，一石米卖到一万钱，一匹马价值百金。

天下已平，高祖乃令贾人不得衣丝乘车，重租税以困辱之。孝惠、高后时，为天下初定，复弛商贾之律，然市井之子孙亦不得仕宦为吏。量吏禄，度官用，以赋于民。而山川园池市井租税之入，自天子以至于封君汤沐邑[①]，皆各为私奉养焉，不领于天下之经费。漕转山东粟，以给中都官，岁不过数十万石。

◎**注释** ①〔汤沐邑〕用封邑的收入作为私人用度。

◎**大意** 天下平定之后，汉高祖下令商人不得穿丝绸衣服，也不得乘坐马车，并加重赋税来抑制他们。汉惠帝、吕后当政时期，因为天下刚刚安定，又放松了限制商贾的律令，但商人子弟不能做官。估量官吏的俸禄，计算官府的费用开支，据此向平民征收租税。将利用封地的山川从事生产和经营工商业征收来的租税，作为皇帝、王侯日常的生活费用，不再向国家财政领取俸禄。由水路转运崤山以东的粮食，供应京城中的官府人员，每年不过数十万石。

至孝文时，荚钱[①]益多，轻，乃更铸四铢钱，其文为“半两”，令民纵得自铸钱。故吴，诸侯也，以即山铸钱，富埒天子，其后卒以叛逆[②]。邓通[③]，大夫也，以铸钱财过王者。故吴、邓氏钱布天下，而铸钱之禁生焉。

◎**注释** ①〔荚（jiá）钱〕汉初流行的一种又轻又薄的钱币。②〔其后卒以叛逆〕吴王刘濞自行铸钱，使得吴国很富有。至汉景帝三年，吴国联合济南、菑川、胶西、胶东、楚、赵等国打出“诛晁错、清君侧”旗号，起兵叛乱。③〔邓通〕汉文帝的弄臣。汉文帝允许邓通私自铸钱，所以他富比王侯。

◎**大意** 至汉文帝时，荚钱越来越多，分量也轻，于是改铸四铢钱，钱上铭文为“半两”，下令放任百姓私自铸钱。所以，吴国不过是诸侯国，因依仗矿山采铜铸钱，富裕等同天子，后来因此而谋反。邓通不过是大夫之官，因铸钱而财产超过王侯。所以吴国、邓通铸造的钱遍布天下，于是禁止私人铸钱的禁令就产生了。

匈奴数侵盗北边，屯戍者多，边粟不足给食当食者。于是募民能输及转粟于边者拜爵，爵得至大庶长[①]。

◎**注释** ①〔大庶长〕爵位，汉二十等爵位制中的第十八等。

◎**大意** 匈奴屡次侵扰、盗掠北方边境，汉朝驻军众多，边地的粮食不够给这些人吃。于是朝廷招募能够捐献或转运粮食到边地的百姓，赐给其爵位，爵位能够升到大庶长。

孝景时，上郡以西旱，亦复修卖爵令，而贱其价以招民；及徒复作[①]得输粟县官以除罪。益造苑马以广用，而宫室列观舆马益增修矣。

◎**注释** ①〔徒复作〕囚徒免除服刑役。

◎**大意** 汉景帝时，上郡以西发生旱灾，朝廷又重新修订卖官爵的法令，并降低官爵的卖价用来吸引百姓；囚徒有想免除服刑役的可向政府输纳粮食赎罪。增设苑囿养马来扩充军用，而宫室楼观车马也日益增多了。

至今上即位数岁，汉兴七十余年之间，国家无事，非遇水旱之

灾，民则人给家足，都鄙廪庾[①]皆满，而府库余货财。京师之钱累巨万，贯朽而不可校[②]。太仓之粟陈陈相因，充溢露积于外，至腐败不可食。众庶街巷有马，阡陌之间成群，而乘字牝者傧（摈）而不得聚会。守闾阎者食粱肉，为吏者长子孙，居官者以为姓号。故人人自爱而重犯法，先行义而后绌（黜）耻辱焉[③]。当此之时，网疏而民富，役[④]财骄溢，或至兼并豪党之徒，以武断于乡曲。宗室有土公卿大夫以下，争于奢侈，室庐舆服僭于上，无限度。物盛而衰，固其变也。

◎**注释** ①〔都鄙廪庾〕都鄙，都城和边邑。廪庾，有屋之仓曰廪，露积之仓曰庾。这里泛指仓库。②〔校〕点数。③〔先行义而后绌耻辱焉〕先，看重，讲究。后绌，放弃不取。④〔役〕支配，占有。

◎**大意** 至武帝即位多年，汉朝已建立七十多年，国家没有战事，如果不遇到水旱灾害，百姓家家衣食丰足，城市和乡村的仓库都堆满粮食，国库里财货充裕。京城里储藏的铜钱累积上亿，串钱的绳子腐朽断了，已点不清准确数目。太仓里的陈粮上又堆积着陈粮，仓内塞满了只好露天堆放，甚至腐朽不能食用。大街小巷都有马，田野之间马匹成群，大家爱骑公马，乘母马的人被排斥，不得参加人们的聚会。看守里门的百姓可以吃细粮，食肉，官吏职位延及子孙。有的官吏因为久居其职，就以官名作为自己的姓氏名号。所以，人们都爱惜自己的名誉而惧怕犯法，崇尚礼义而鄙视和排斥耻辱的行为。在这个时候，法律宽松，百姓富足，而占有财产的人骄奢放纵，役使别人，大肆兼并土地，以威势横行乡里，欺压百姓。皇帝宗亲、有封地的诸侯、公卿大夫以下的官僚，竞相追求奢侈的生活，宅第、车马、服饰超越应有的等级规定，没有限度。事物兴盛之后转向衰败，这是固有的变化规律。

自是之后，严助、朱买臣等招来（徕）东瓯，事两越，江、淮之间萧然烦费矣。唐蒙、司马相如开路西南夷，凿山通道千余里，以广巴、蜀，巴、蜀之民罢（疲）焉。彭吴贾灭朝鲜，置沧海之

郡，则燕、齐之间靡然发动。及王恢设谋马邑，匈奴绝和亲，侵扰北边，兵连而不解，天下苦其劳，而干戈日滋。行者赍，居者送，中外骚扰而相奉，百姓抏[①]弊以巧法，财赂衰耗而不赡。入物者补官，出货者除罪，选举陵迟，廉耻相冒[②]，武力进用，法严令具。兴利之臣自此始也。

◎**注释** ①〔抏（wán）〕钻取空子。②〔廉耻相冒〕相互欺诈没有廉耻。

◎**大意** 从此以后，严助、朱买臣等人招徕东瓯族内迁，江淮地区骚动，百姓烦扰，耗费巨大。唐蒙、司马相如开发西南夷地区，凿山开路一千多里，扩大了巴蜀地区的辖境，巴蜀的百姓因此疲惫不堪。彭吴想通过开辟商路灭掉朝鲜，在沧海地区设了郡，致使燕齐地区普遍骚动。等到王恢提出马邑之谋，匈奴断绝和亲，侵扰北边地区，兵连祸结而局势不可缓解，天下苦于徭役征发，大动干戈，战事越来越多了。士卒出征要自带衣粮，后方的劳动力要转运粮饷，远近地区为支持战争都遭到骚扰。百姓只得玩弄手段以规避法令，大量财物因战争消耗而衣食愈加不足了。向政府交纳物资的人可以做官，献出钱物的人可以除罪，选拔官吏的原则被败坏，人们相互欺诈没有廉耻，有武艺勇力的人就被任用，法令日益严厉苛细，专以谋利为务的官吏从此被重用了。

其后，汉将岁以数万骑出击胡，及车骑将军卫青取匈奴河南地，筑朔方。当是时，汉通西南夷道，作者数万人，千里负担馈粮[①]，率十余钟[②]致一石，散币于邛僰以集之。数岁道不通，蛮夷因以数攻，吏发兵诛之。悉巴、蜀租赋不足以更之，乃募豪民田南夷，入粟县官，而内受钱于都内。东至沧海之郡，人徒之费拟于南夷。又兴十万余人筑卫朔方，转漕甚辽远，自山东咸被其劳，费数十百巨万，府库益虚。乃募民能入奴婢得以终身复，为郎增秩，及入羊为郎[③]，始于此。

◎**注释** ①〔馈粮〕征集运送粮食。②〔钟〕计量单位，一钟合六石四斗。③〔入羊为郎〕捐献一只羊就可以做郎官。

◎**大意** 此后，汉朝将领每年率领数万名骑兵出击胡人，到车骑将军卫青时，收复了被匈奴占据的河南地，修筑了朔方城。在这个时候，西汉用于开凿通向西南夷道路的人有几万，为此，要从千里之内征集运输粮食，十余钟粮食运到时只剩下一石。无奈，只好发散钱币在邛僰一带筹集。几年之后道路还没有开通，少数民族因此屡次进攻，官府派兵镇压反叛，把巴蜀地区的租赋全部拿出来也不够抵偿军费开支。不得不再招募豪强在南夷地区开垦土地，向官府交纳粮食，从都内领取钱币。为在东部沧海地区设郡，人力、物力的消耗与开通南夷地区相当。又征发十几万人修筑、守卫朔方城，从遥远的地方转运粮食，崤山以东地区为此付出了艰巨的劳作，花费了数十亿以至数百亿的钱财，国库日益空虚。于是又向民间募集能献出奴婢的人，可以终身免除其徭役，已经是郎官的增加秩等。献羊的人可以做郎官的规定，也是从这时开始的。

其后四年，而汉遣大将将六将军[①]、军十余万击右贤王，获首虏万五千级。明年，大将军将六将军仍再出击胡，得首虏万九千级。捕斩首虏之士受赐黄金二十余万斤，虏数万人皆得厚赏，衣食仰给县官；而汉军之士马死者十余万，兵甲之财转漕之费不与焉。于是大农陈藏钱经耗，赋税既竭，犹不足以奉战士。有司言：“天子曰‘朕闻五帝之教不相复而治，禹、汤之法不同道而王，所由殊路，而建德一也。北边未安，朕甚悼之。日者，大将军攻匈奴，斩首虏万九千级，留滞无所食。议令民得买爵及赎禁锢免减罪’。请置赏官，命曰武功爵[②]。级十七万，凡直三十余万金。诸买武功爵官首者试补吏，先除；千夫如五大夫；其有罪又减二等；爵得至乐卿：以显军功。”军功多用越等，大者封侯卿大夫，小者郎吏。吏道杂而多端，则官职耗废。

◎**注释** ①〔大将（jiāng）将（jiàng）六将（jiāng）军〕大将军带领六位将军。大将将，“大将”后疑脱“军”字，指大将军卫青，后一“将”是动词，率领。②〔武功爵〕汉武帝时，政府为筹集军费而设的爵位。

◎**大意** 此后四年，汉朝派遣大将军卫青带领六位将军和十多万军队，出击右贤王，斩获敌人首级一万五千级。第二年，卫青率领六位将军再次出击匈奴，斩获敌人首级一万九千级。捕获和消灭敌人的士兵所受的黄金有二十多万斤，投降的几万人都得到优厚的赏赐，穿衣吃饭都由政府供应；而汉军损失十几万士兵、战马，兵器铠甲所需的资财和运送粮食的费用尚未计算在内。于是大司农报告说，钱库支出告罄，赋税已经用尽，还不足以供应士兵的费用。有关部门说：“天子说‘朕听说五帝的教令不相重复，都能治理好国家，禹汤的治国方法不同，都能称王天下，所经历的不是同一道路，但建立的功德是一样的。北方边地没有安定，朕非常关切。前些时候，大将军进攻匈奴，斩获敌人首级一万九千级，屯守在边地，没有粮食吃。主管部门讨论决定允许百姓买爵位、花钱解除禁锢及减免处罚。’请设置赏官，名为‘武功爵’，每级十七万钱，总共价值三十余万金。那些买武功爵第五级官爵以上的可以试用为候补官吏，有空缺时优先录用；买千夫的人与五大夫的权力相当，有罪时可以减二等。买武功爵能够到乐卿，用来褒奖军功。”军功多的人往往越等授爵，大的封侯或授职卿大夫，小的为郎或为吏。任用官吏的途径因此芜杂而多样，官职混乱败坏。

自公孙弘以《春秋》之义绳臣下取汉相，张汤用峻文决理为廷尉，于是见知之法[①]生，而废格沮诽穷治之狱用矣。其明年，淮南、衡山、江都王谋反迹见（现），而公卿寻端治之，竟其党与，而坐死者数万人，长吏益惨急[②]而法令明察。

◎**注释** ①〔见知之法〕处置知道别人犯罪而不告发者的法令。②〔惨急〕残忍，苛暴。

◎**大意** 自从公孙弘用《春秋》的义理约束臣下而取得汉丞相的位置，张汤用严刑酷法审断狱讼而成为廷尉，于是处置知道别人犯罪而不告发者的法令产生了，而严厉惩处破坏、阻挠、诽谤国家法令的人。第二年，淮南王、衡山王、江都王谋反的行迹败露，而公卿寻找事端审理此案，追查出全部党羽，连坐而死的达几万人，官吏执法愈发严苛，法律条文也越来越严。

当是之时，招尊方正贤良文学之士，或至公卿大夫。公孙弘以汉相，布被，食不重味[1]，为天下先。然无益于俗，稍骛于功利矣。

◎**注释** ①〔食不重（chóng）味〕吃饭只有一种菜。

◎**大意** 在这个时候，朝廷延揽尊崇方正、贤良、文学之士，有的人为官甚至升为公卿大夫。公孙弘身为汉丞相，盖的是麻布被子，每餐只有一个菜，为全国做表率。但这并不能改变奢靡的世俗风气，人们渐渐追求功利了。

其明年，骠骑仍再出击胡，获首四万。其秋，浑邪王率数万之众来降，于是汉发车二万乘迎之。既至，受赏，赐及有功之士。是岁费凡百余巨万。

◎**大意** 第二年，骠骑将军霍去病再次出击匈奴，斩获首级四万。这年秋天，匈奴浑邪王率领数万名部众前来降附，于是汉朝廷发动两万辆车去迎接。这些降人到达之后，受到了赏赐，有功之士也受到厚赏。这一年的财政支出达到一百多亿。

初，先是往十余岁河决观[1]，梁、楚之地固已数困，而缘河之郡堤塞河，辄决坏，费不可胜计。其后番系欲省底（砥）柱之漕，穿汾、河渠以为溉田，作者数万人；郑当时为渭漕渠回远，凿直渠自长安至华阴，作者数万人；朔方亦穿渠，作者数万人：各历二三期，功未就，费亦各巨万十数。

◎**注释** ①〔河决观〕黄河在观县决堤。

◎**大意** 早在十几年前黄河决口于观县，梁地、楚地本来已经多次受灾，而沿河各郡筑堤堵塞决口，再加上屡堵屡坏，财政费用的支出多得无法计算。此后，番系想要省掉经过砥柱山的那段运粮水路，开凿了渠道引汾河、黄河水来灌溉土地，派出的劳役有几万人。郑当时认为经由渭水运粮的水道迂回遥远，于是开凿从长安到华阴的直渠，派出的劳役有几万人；朔方郡也开挖水渠，派出的劳役有几万人。这些工程各自都经过两三年，尚未竣工，财政费用的支出也都达到十几亿。

天子为伐胡，盛养马，马之来食长安者数万匹，卒牵掌者①关中不足，乃调旁近郡。而胡降者皆衣食县官，县官不给，天子乃损膳，解乘舆驷，出御府禁藏②以赡之。

◎**注释** ①〔卒牵掌者〕士兵中掌管马匹的人，即马夫。②〔御府禁藏〕皇帝的私人财库。

◎**大意** 武帝为了讨伐匈奴，提倡大量养马，在长安一带养的马有数万匹，关中地区管理马匹的士卒不够用，于是从附近郡县征调。而归降的匈奴人都由官府负责供给衣食，官府无力负担，武帝只好削减自己的膳食，减少御用的车马，拿出内库的财物来供养他们。

其明年，山东被水灾，民多饥乏，于是天子遣使者虚郡国仓廥①以振贫民。犹不足，又募豪富人相贷假。尚不能相救，乃徙贫民于关以西，及充朔方以南新秦中，七十余万口，衣食皆仰给县官。数岁，假予②产业，使者分部护之，冠盖相望③。其费以亿计，不可胜数。

◎**注释** ①〔廥（kuài）〕粮仓。②〔假予〕授予。③〔冠盖相望〕使者络绎不绝。

◎**大意** 第二年，崤山以东地区遭受水灾，百姓大多饥饿贫乏，于是武帝派遣使者倾尽郡国的粮仓来赈济贫民，还是不够，又从富豪人家借粮救济灾民。还是不能救济全部饥民，只好将贫民迁徙到关西地区，并以其中七十多万人充实朔方郡以南的新秦中地区，衣食需用都依赖当地官府供给。数年之内，国家供给生产和生活物资，派使者分地域管护，使者络绎不绝。这些花费数以亿计，多得数不清。

于是县官大空[①]，而富商大贾或滞财役贫，转毂百数[②]，废居居邑，封君皆低首仰给。冶铸煮盐，财或累万金，而不佐国家之急，黎民重困。于是天子与公卿议，更钱造币以赡用，而摧浮淫并兼之徒。是时禁苑有白鹿而少府多银锡。自孝文更造四铢钱，至是岁四十余年，从建元以来，用少，县官往往即多铜山而铸钱，民亦间盗铸钱，不可胜数。钱益多而轻，物益少而贵。有司言曰："古者皮币[③]，诸侯以聘享。金有三等，黄金为上，白金为中，赤金为下。今半两钱法重四铢，而奸或盗摩钱里取鋊[④]，钱益轻薄而物贵，则远方用币烦费不省。"乃以白鹿皮方尺，缘以藻缋[⑤]，为皮币，直四十万。王侯宗室朝觐聘享，必以皮币荐璧[⑥]，然后得行。

◎**注释**　①〔县官大空〕官府财政亏空得很厉害。②〔转毂百数〕几百辆运粮车。③〔皮币〕用珍贵的兽皮作为货币。④〔鋊（yù）〕铜屑。⑤〔缘以藻缋〕四周画上彩画。⑥〔必以皮币荐璧〕用珍贵兽皮垫璧进献。

◎**大意**　于是官府财政匮乏，富商大贾却有人乘机囤积财物役使穷人，拥有几百辆运粮车，贱买贵卖，以求厚利，连受封的诸侯都俯首帖耳，仰赖商贾供给。商人冶铁铸钱煮盐，有的财产累计万金，却不愿帮助国家摆脱财政危机，百姓生活贫困。于是，武帝与公卿商议，变更币制，制造新币以补充国用，并打击从事商业活动来兼并土地的人。这时禁苑里有白鹿，少府有很多银锡。自文帝改造四铢钱，到这年已经四十多年。从武帝建元以来，用四铢钱的少，地方官府往往到产铜多的矿山采铜铸钱，百姓也有偷偷铸钱的，数量多得无法计算。钱越多就越贬值，物资越少价格就越贵。主管部门宣布："古代的皮币，诸侯间来往聘问时使用。金有三个等级，金钱为上等，银钱为中等，铜钱为下等。现在半两钱按法令规定重量为四铢，而奸猾之徒暗地盗磨钱的背面来取得铜屑，钱币变轻，而且变薄，物价很贵，到较远的地方去采购物资，使用货币就十分麻烦，很不经济。”现在用边长一尺的正方形白鹿皮，四周画上彩画，制成皮币，价值四十万，王侯宗室人员朝会觐见或交往聘问时，必须用珍贵兽皮垫璧进献，才能通行。

又造银锡为白金。以为天用莫如龙，地用莫如马，人用莫如龟，故白金三品：其一曰重八两[①]，圜（圆）之，其文龙，名曰“白选”，直三千；二曰以重差小，方之，其文马，直五百；三曰复小，撱（椭）之，其文龟，直三百。令县官销半两钱，更铸三铢钱，文如其重[②]。盗铸诸金钱罪皆死，而吏民之盗铸白金者不可胜数。

◎**注释** ①〔其一曰重八两〕“曰”字衍文。下文“二曰以重差小”之“曰以”、“三曰复小”之“曰”亦为衍文。②〔文如其重〕钱上标的字样与其实际重量相等。

◎**大意** 又铸造银锡合金的银币。认为行于天上的没有什么比得上龙，行于地上的没有什么比得上马，用于人事的没有什么比得上龟，所以银币有三个等级：一等重八两，圆形，花纹是龙形，叫作“白选”，价值三千钱；二等重量稍轻，方形，花纹是马形，价值五百钱；三等重量又轻，椭圆形，花纹是龟形，价值三百钱。下令各级官府销毁半两钱，改铸三铢钱，铭文与重量一致。偷着铸造各种金钱的人都定死罪，但偷铸银币的官吏百姓还是多得不能计数。

于是以东郭咸阳、孔仅为大农丞[①]，领盐铁事；桑弘羊以计算用事，侍中。咸阳，齐之大煮盐，孔仅，南阳大冶，皆致生[②]累千金，故郑当时进言之。弘羊，雒阳贾人子，以心计，年十三侍中。故三人言利事析秋豪（毫）矣。

◎**注释** ①〔大农丞〕汉代设置的专管盐铁事务的官员。②〔致生〕获利。生，利润，利息。

◎**大意** 于是任命东郭咸阳、孔仅为大农丞，管理煮盐冶铁事务；桑弘羊因会算账牟利而受重用，担任侍中之职。东郭咸阳是齐地的大盐商，孔仅是南阳的大冶铁商，获利积累到千金，所以郑当时向武帝推荐他们。桑弘羊是雒阳商人的儿子，因善于计算，十三岁就任侍中。因此这三个人讨论如何谋利的事情极细心、精明。

法既益严，吏多废免。兵革数动[①]，民多买复及五大夫，征发之士益鲜。于是除千夫五大夫为吏，不欲者出马；故吏皆適（谪）令伐棘上林，作昆明池。

◎**注释** ①〔兵革数动〕战争屡次发生。

◎**大意** 法令日益严密，小吏多被免职。战争屡次发生，百姓纷纷买官爵，甚至高到五大夫一级，以求逃避徭役，能够征发的士兵越来越少。于是官府征调任命爵位为千夫、五大夫的人为官吏，不愿任职的出一匹马；以前被免职的官吏都被贬谪到上林苑砍除荆棘，或开挖昆明池。

其明年，大将军、骠骑大出击胡，得首虏八九万级，赏赐五十万金，汉军马死者十余万匹，转漕车甲之费不与焉。是时财匮，战士颇不得禄矣。

◎**大意** 第二年，大将军卫青、骠骑将军霍去病率领大队人马出击匈奴，斩首俘虏八九万人，朝廷赏赐五十万金，汉朝军队损失十几万马匹，运粮和军事装备的费用尚未计算在内。这时，因为财政困难，常有战士领不到俸禄。

有司言三铢钱轻，易奸诈[①]，乃更请诸郡国铸五铢钱，周郭其下，令不可磨取鋊[②]焉。

◎**注释** ①〔易奸诈〕容易被伪造。②〔磨取鋊〕磨下铜屑，用以再造钱。

◎**大意** 主管部门认为三铢钱分量轻，容易被伪造，就请求下令诸郡国改铸五铢钱，在钱背外圈铸上一道边，防止钱被磨下铜屑，用以再造钱。

大农上盐铁丞孔仅、咸阳言："山海，天地之藏也，皆宜属少府，陛下不私，以属大农佐赋[①]。愿募民自给费，因官器作煮盐[②]，官与牢盆[③]。浮食奇民欲擅管山海之货，以致富羡，役利细民。其沮事之议，不可胜听。敢私铸铁器煮盐者，钛[④]左趾，没入其器物。郡不出铁者，置小铁官，便属在所县。"使孔仅、东郭咸阳乘传举行天下盐铁[⑤]，作官府，除故盐铁家富者为吏[⑥]。吏道益杂，不选，而多贾人矣。

◎**注释** ①〔佐赋〕辅助财赋收入。②〔因官器作煮盐〕用政府提供的工具煮盐。③〔牢盆〕煮盐工具。④〔钛（dì）〕古代脚镣类刑具，用以钳脚趾。⑤〔乘传举行天下盐铁〕乘坐驿馆的车子巡视全国盐铁生产。⑥〔除故盐铁家富者为吏〕任用以前的盐铁富商为官吏。

◎**大意** 大农令向武帝转奏盐铁丞孔仅、东郭咸阳的建议说："山海是天地的宝藏，都应该归少府管理。陛下没有私心，才归大农府用来补充财政收入。希望招募百姓，自筹经费，官府提供煮盐器具，百姓用官府的器具煮盐。不从事农业生产的工商业者想垄断山海资源，以致富有，并驱使利用百姓，破坏盐铁专卖的议论，多得听不过来。敢于私自铸铁煮盐的人，用铁镣钳住左脚趾作为处罚，没收其生产工具。不出铁的郡，设置小铁官，归所在县管辖。"朝廷派遣孔仅、东郭咸阳乘驿车巡视天下盐铁生产的情况，设置盐官，任用过去的盐铁富商为吏。选官的途径因此更加杂乱，不再经过选拔，官吏多是商人出身。

商贾以币之变，多积货逐利。于是公卿言："郡国颇被灾害，贫民无产业者，募徙广饶之地。陛下损膳省用，出禁钱以振元元，宽贷赋，而民不齐出于南亩，商贾滋众。贫者畜积无有，皆仰县官。

异时算轺车贾人缗钱皆有差[①]，请算如故。诸贾人末作贳贷[②]卖买，居邑稽诸物，及商以取利者，虽无市籍，各以其物自占，率缗钱二千而一算[③]。诸作有租及铸，率缗钱四千一算。非吏比者三老、北边骑士，轺车以一算；商贾人轺车二算；船五丈以上一算。匿不自占，占不悉，戍边一岁，没入缗钱。有能告者，以其半畀之[④]。贾人有市籍者，及其家属，皆无得籍名田[⑤]，以便农。敢犯令，没入田僮。”

◎**注释**　①〔算轺（yáo）车贾人缗钱皆有差〕算轺车，让有轺车的人纳税。轺车，马拉的轻便小车。缗钱，指资产。差，等级，规定。②〔贳（shì）贷〕将钱货赊贷于人。③〔算〕计量单位。一百二十钱为一算。④〔以其半畀（bì）之〕把被告发者的一半钱财赏给告发者。畀，赐，分给。⑤〔皆无得籍名田〕都不能登记姓名占用民田。

◎**大意**　商人乘着币制的变更，多囤积货物用来追逐利润。于是公卿进言：“郡国多遭受灾害，没有产业的贫民，应招募他们迁到人口稀少、土地肥沃的地区。陛下节食省用，拿出禁中的钱财赈济百姓，宽减贷款和赋税，但百姓并非全都愿意从事农业生产，商人越来越多。贫民没有积蓄，全都依靠政府。昔日征收有轺车者和商人的财产税有规定，请照旧征收。凡是富商大贾、高利贷者、从事交易活动者、囤积货物赢利者，即使不在商贾户籍，也要各自估算财物的价值向官府申报，一律按两千资财缴纳一算的比例纳税。各项需交纳租金者和从事铸造业者，按四千资财缴纳一算的比例纳税。不享受官吏待遇的三老、北方边地骑士，一辆轺车纳一算，商人则一辆纳二算，船长五丈以上纳一算。隐匿不估报、估报不实者，罚戍边一年，没收所有钱财。有能告发的，拿出被告发人的一半财产奖励。有市场执照的商人及其家属，都不许登记占有田地，使之便于农民生产。有敢于犯令的，没收他们的田地和僮仆。”

天子乃思卜式之言，召拜式为中郎，爵左庶长，赐田十顷，布告天下，使明知之。

◎**大意** 武帝于是想起卜式的话，征召并任命卜式为中郎，赐爵左庶长，赐田十顷，并向天下宣布，让百姓都知道这件事。

初，卜式者，河南人也，以田畜为事。亲死，式有少弟，弟壮，式脱身出分[①]，独取畜羊百余，田宅财物尽予弟。式入山牧十余岁，羊致千余头，买田宅。而其弟尽破其业，式辄复分予弟者数矣。是时汉方数使将击匈奴，卜式上书，愿输家之半县官助边。天子使使问式："欲官乎？"式曰："臣少牧，不习仕宦，不愿也。"使问曰："家岂有冤，欲言事乎？"式曰："臣生与人无分争。式邑人[②]贫者贷之，不善者教顺之，所居人皆从式，式何故见冤于人！无所欲言也。"使者曰："苟如此，子何欲而然？"式曰："天子诛匈奴，愚以为贤者宜死节于边，有财者宜输委[③]，如此而匈奴可灭也。"使者具其言入以闻。天子以语丞相弘。弘曰："此非人情。不轨之臣，不可以为化而乱法，愿陛下勿许。"于是上久不报式，数岁，乃罢式。式归，复田牧。岁余，会军数出，浑邪王等降，县官费众，仓府空。其明年，贫民大徙，皆仰给县官，无以尽赡。卜式持钱二十万予河南守，以给徙民。河南上富人助贫人者籍[④]，天子见卜式名，识之，曰"是固前而欲输其家半助边"，乃赐式外繇（徭）四百人。式又尽复予县官。是时富豪皆争匿财，唯式尤欲输之助费。天子于是以式终长者，故尊显以风（讽）百姓。

◎**注释** ①〔脱身出分〕单人由家中分出。②〔邑人〕同乡之人。③〔输委〕献出财物给国家。④〔籍〕名册。

◎**大意** 起初，有个叫卜式的，是河南人，以耕田放牧为业。父母死后，卜式有个年幼的弟弟。弟弟长大后，卜式就和他分家，自己离开了家，只留下一百多头羊，将田地房屋财物都给了弟弟。卜式到山里放羊十几年，羊群达到一千余头，又买了田地房屋。而他的弟弟耗尽家产，卜式又多次把田产分给弟弟。这时汉朝多次派兵出击匈奴，卜式给武帝上书，愿献出一半家产给政府以支援边疆的战事。武帝派遣使者问卜式：“想当官吗？”卜式说：“我从小放牧，不熟悉做官，不愿意。”使者又问：“家里难道有冤屈，想要申讼吗？”卜式说：“我平生与别人没有争端。同乡的穷人我借钱物给他们，有恶习的我教导他们，邻居们都听从我，我怎么会被人冤枉？没有什么要申诉的。”使者问：“既然如此，您为什么要这样做呢？”卜式说：“天子正讨伐匈奴，我以为贤良的人应该战死边疆，有钱的人应该捐献财产，这样匈奴就可以被消灭。”使者把他的话详细上报给武帝。武帝把此事告诉了丞相公孙弘。公孙弘说：“这不是人之常情。这种不守法度的臣子，不应该作为榜样教化民众，以免淆乱法令，请皇上不要准许。”于是武帝很久没有批复卜式的上书。过了几年，才通知卜式上书的事不被采纳，令其回家。卜式回到家乡，依旧耕田放牧。过了一年多，正赶上军队数次出征，浑邪王等投降，耗费巨大，仓廪府库空虚。第二年，贫民大规模迁徙，都依靠政府供给生活，政府无力全部供给。卜式拿出二十万钱给河南郡守，用来迁徙贫民。河南郡上报富人帮助穷人的名单，武帝见到卜式的名字，记起了他，说：“这本是要求捐献半数家产补助边事的人。”于是赏赐卜式相当于四百人的劳役费。卜式又将钱都捐献给政府。当时富豪都争相隐匿财产，只有卜式想捐献钱财补助国家财政。武帝认为卜式是品德高尚的人，所以尊敬和表扬他，用以劝导百姓。

初，式不愿为郎。上曰：“吾有羊上林中，欲令子牧之。”式乃拜为郎，布衣屩[①]而牧羊。岁余，羊肥息[②]。上过，见其羊，善之。式曰：“非独羊也，治民亦犹是也。以时起居；恶者辄斥去，毋令败群。”上以式为奇，拜为缑氏令试之，缑氏便之。迁为成皋令，将漕最[③]。上以为式朴忠，拜为齐王太傅。

◎**注释**　①〔屩（juē）〕草鞋。②〔羊肥息〕羊又肥又多产羊羔。息，生。③〔将漕最〕管理漕运成绩最好。

◎**大意** 起初，卜式不愿为郎。武帝说："朕的上林苑中有羊，想要让您去放牧。"卜式才受拜为郎，穿着布衣草鞋去放羊。过了一年多，羊都长得肥壮而且繁殖增多。武帝经过时见到卜式放的羊，认为卜式干得很好。卜式说："不只是放羊，治理民众也是这样。按时劳作和休息；发现害群的立即清除，不要让它败坏群体。"武帝认为卜式不简单，任命他为缑氏县令，用来检验他的才能，缑氏县的民众很适应卜式的管理方式。卜式转任成皋县令，管理漕运考绩最优。武帝认为卜式为人朴实忠厚，任命他为齐王府的太傅。

而孔仅之使天下铸作器，三年中拜为大农，列于九卿。而桑弘羊为大农丞，管诸会计事[①]，稍稍置均输以通货物[②]矣。

◎**注释** ①〔管诸会计事〕管理各项收入的会计核算。②〔置均输以通货物〕设置均输令负责货物流通。均输，汉武帝时实行的一项经济措施，在大司农属下置均输令、丞，统一征收、买卖和运输货物。

◎**大意** 孔仅督导全国铸造生产工具，三年内升任大农令，位列九卿。而桑弘羊出任大农丞，管理各项收入的会计核算，开始设置均输令负责货物流通。

始令吏得入谷补官[①]，郎至六百石。

◎**注释** ①〔入谷补官〕交纳谷物进补官职。

◎**大意** 开始下令官吏可以交纳谷物进补官职，官职的范围是从郎到六百石。

自造白金五铢钱后五岁，赦吏民之坐盗铸金钱死者数十万人。其不发觉相杀者，不可胜计。赦自出者[①]百余万人。然不能半自出，天下大抵无虑皆铸金钱矣。犯者众，吏不能尽诛取，于是遣博士褚大、徐偃等分曹循行郡国，举兼并之徒守相为利者[②]。而御史大夫张汤方隆贵用事，减宣、杜周等为中丞，义纵、尹齐、王温舒等用惨急刻深

为九卿，而直指[3]夏兰之属始出矣。

◎**注释** ①〔赦自出者〕赦免主动投案的人。②〔举兼并之徒守相为利者〕检举兼并土地的不法商人和非法牟利的官员。③〔直指〕即绣衣直指，官名，是汉朝廷派出巡视地方官府的官员。

◎**大意** 在铸造白金币和五铢钱后的五年中，朝廷赦免因偷铸金钱而犯罪的人多达几十万。没被官府发觉却因争利相杀的盗铸者更是不计其数。赦免主动投案的人有一百多万，但自首的还不到一半，天下人大致都在铸造金钱。犯法的人众多，官吏不能全部捕杀拘获，于是派遣博士褚大、徐偃等分批巡行郡国，检举兼并土地的不法商人和非法牟利的官员。而御史大夫张汤正显贵掌权，减宣、杜周等出任中丞，义纵、尹齐、王温舒等因为执法残忍苛暴而位列九卿，而绣衣直指官夏兰之流也开始出现。

而大农颜异诛。初，异为济南亭长，以廉直稍迁至九卿。上与张汤既造白鹿皮币，问异。异曰："今王侯朝贺以苍璧[1]，直数千，而其皮荐[2]反四十万，本末不相称。"天子不说（悦）。张汤又与异有隙，及有人告异以它议，事下张汤治异。异与客语，客语初令下有不便者，异不应，微反唇。汤奏当[3]异九卿见令不便，不入言而腹诽，论死。自是之后，有腹诽之法比，而公卿大夫多谄谀取容矣。

◎**注释** ①〔苍璧〕深蓝色的玉璧。②〔皮荐〕用兽皮制作的包垫。③〔奏当〕将审判定罪的结果上奏皇帝。当，判处。

◎**大意** 大农颜异被诛杀。起初，颜异是济南亭长，因为廉洁正直逐渐升任九卿。武帝与张汤已经制作了白鹿皮币，询问颜异。颜异说："现在王侯到京城朝见拜贺使用苍璧，价值仅数千，而作衬垫用的皮币却价值四十万，本末不相称。"武帝听了不高兴。张汤平日又和颜异有矛盾，等到有人告发颜异别的事情，正好由张汤审问颜异。颜异曾和客人谈话，客人说新法令有不便的地方，颜异没有回答，只是嘴唇微微动了一下。张汤上奏颜异身为九卿，见国家法令不合适却不上奏，而是心怀不满，定了死罪。自此之后，有了心怀不满就判罪的案例，因此公卿大夫大多谄媚奉迎以求自保。

天子既下缗钱令而尊卜式，百姓终莫分财佐县官，于是杨可[①]告缗钱纵矣。

◎**注释** ①〔杨可〕主管全国告缗之事的官员。
◎**大意** 武帝已经下达征收财产税的缗钱令，并尊崇卜式，百姓却始终没人肯拿出财产帮助政府，于是杨可告发他人上报资产不实的事情盛行起来。

郡国多奸铸钱，钱多轻，而公卿请令京师铸钟官赤侧[①]，一当五，赋官用非赤侧不得行。白金稍贱，民不宝用，县官以令禁之，无益。岁余，白金终废不行。

◎**注释** ①〔钟官赤侧〕钟官铸造的赤侧钱。
◎**大意** 郡国大多违法私自铸钱，所铸的钱分量不够，因而公卿请求下令京城地区仿照钟官造赤侧钱来铸钱，一枚赤侧钱兑换五枚旧钱币，交纳赋税非赤侧钱不能通行。白金币逐渐贬值，民众不愿使用，政府下令禁止，也不见成效。一年多后，白金币终于废止不再通行。

是岁也，张汤死，而民不思。

◎**大意** 这一年，张汤被杀，而民众没人怀念他。

其后二岁，赤侧钱贱，民巧法用之，不便，又废。于是悉禁郡国无铸钱，专令上林三官铸。钱既多，而令天下非三官钱不得行，诸郡

国所前铸钱皆废销之，输其铜三官。而民之铸钱益少，计其费不能相当，唯真工大奸乃盗为之。

◎**大意** 此后两年，赤侧钱贬值，民众钻法令的空子使用赤侧钱，但不便于流通，又被废止。于是朝廷下令禁止郡国铸钱，命令上林三官专门掌管铸造。钱铸得多了，又下令全国除三官钱外其他钱币不能通行，各郡国以前所铸的钱都废止销熔，将熔成的铜块运送到三官。而民众铸钱的就更少了，因为计算铸钱的费用大于币值，只有熟悉铸钱技术的奸巧之徒才有能力私自铸钱。

卜式相齐，而杨可告缗遍天下，中家以上大抵皆遇告。杜周治之，狱少反者。乃分遣御史廷尉正监分曹往，即治郡国缗钱，得民财物以亿计，奴婢以千万数，田大县数百顷，小县百余顷，宅亦如之。于是商贾中家以上大率破，民偷甘食好衣，不事畜藏之产业，而县官有盐铁缗钱①之故，用益饶矣。

◎**注释** ①〔盐铁缗钱〕专营盐铁和算缗钱。

◎**大意** 卜式为相于齐国，杨可带头搞的告缗在全国推行，中等财产以上的人家大多遭到告发。杜周审理此类案件，很少有能平反的。于是朝廷分别派遣御史、廷尉正和廷尉监分批巡行，到各郡国就地审理告缗案件，没收得到的百姓的财物数以亿计，奴婢数以千万计，大县没收的土地几百顷，小县一百多顷，住宅的数量也与此相当。因此中等以上的商人大都破产，民众苟且度日，吃好的穿好的，不再积蓄财产经营产业，而政府因为有盐铁官营和算缗钱的收入，钱财更加充足。

益广关，置左右辅。

◎**大意** 扩大关中地区，设置了左右辅。

初，大农管盐铁官布多，置水衡[1]，欲以主盐铁；及杨可告缗钱，上林财物众，乃令水衡主上林。上林既充满，益广。是时越欲与汉用船战逐，乃大修昆明池，列观环之。治楼船，高十余丈，旗帜加其上，甚壮。于是天子感之，乃作柏梁台，高数十丈。宫室之修，由此日丽。

◎**注释** ①〔水衡〕官名，水衡都尉的简称。

◎**大意** 起初，因为大农令主管盐铁的官员分布太广，设置了水衡都尉，想要主管盐铁。等到杨可推行告缗令后，上林苑财物众多，就命令水衡都尉主管上林苑。上林苑已经堆满财物，又扩建上林苑。这时越国想和汉朝军队用战船交锋，于是汉朝大力修建昆明池，建了许多宫观把昆明池环绕起来。制造楼船，高十几丈，上面树立旗帜，非常壮观。于是武帝为之感慨，就修建柏梁台，高几十丈。宫室的修建，从此日益华丽。

乃分缗钱诸官，而水衡、少府、大农、太仆各置农官，往往即郡县比没入田田之。其没入奴婢，分诸苑养狗马禽兽，及与诸官。诸官益杂置多，徒奴婢众，而下河漕度四百万石，及官自籴乃足。

◎**大意** 于是将缗钱分给各官府，而水衡、少府、大农、太仆等都设置农官，一般到各地管理不久前没收的田地组织耕种。没收来的奴婢，分到各个园囿里饲养狗马禽兽，有的分给各级官府。各级官府杂设了许多官职，刑徒奴婢众多，要经由黄河下游运输大约四百万石粮食，加上官府买入粮食才够吃。

所忠言："世家子弟富人或斗鸡走狗马，弋猎博戏，乱齐民。"乃征（惩）诸犯令[1]，相引数千人，命曰"株送徒[2]"。入财者得补郎，郎选衰矣。

◎**注释** ①〔征诸犯令〕拘役违反法令的人。②〔株送徒〕犹言“株连犯”。

◎**大意** 所忠说：“贵族子弟和富人，有人斗鸡，赛狗赛马，狩猎赌博，扰乱百姓。”于是把违反法令的人拘役收押，牵连了几千人，叫“株送徒”。捐献财产的人可以补为郎官，于是选任郎官的制度衰败了。

是时山东被河灾，及岁不登数年，人或相食，方一二千里。天子怜之，诏曰：“江南火耕水耨[1]，令饥民得流就食[2]江、淮间，欲留，留处。”遣使冠盖相属于道，护之，下巴、蜀粟以振（赈）之[3]。

◎**注释** ①〔耨（nòu）〕锄草。②〔得流就食〕可以四处游走谋食。③〔下巴、蜀粟以振之〕运来巴蜀的粮食救济灾民。

◎**大意** 这时崤山以东遭受黄河水患，粮食歉收几年，出现了人吃人的现象，受灾地区方圆一二千里。武帝怜悯灾民，下诏说：“江南烧草为肥，在水中锄草，便于生存，可让灾民到江淮地区谋生，想长期住在那里的，就让他们住。”并派遣大量使者护送饥民迁徙，运来巴蜀的粮食赈济他们。

其明年，天子始巡郡国。东度（渡）河，河东守不意行至，不辨（办），自杀。行西逾陇，陇西守以行往卒（猝），天子从官不得食，陇西守自杀。于是上北出萧关，从数万骑，猎新秦中，以勒边兵而归[1]。新秦中或千里无亭徼[2]，于是诛北地太守以下，而令民得畜牧边县，官假马母，三岁而归，及息什一，以除告缗，用充仞新秦中。

◎**注释** ①〔勒边兵而归〕检阅边防部队，然后回京。②〔亭徼〕边境上的防御工事。

◎**大意** 第二年，武帝开始巡视郡国。东渡黄河，河东郡守没想到武帝会来，未准备好迎接工作，自杀。武帝车驾往西越过陇山，陇西郡守因为武帝来得仓促，没法供应随从人员的吃喝，自杀。于是武帝北行出萧关，上万骑士随从，在新秦中射猎，检阅边防军队，然后回京师。新秦中的一些地段千里之间不设防御工事，武帝于是诛杀了北地太守与其下属的官吏。他命令百姓可以在边地畜牧，官府借给母马，三年后归还母马及所生马驹数量的十分之一。用废除告缗令为条件，招募民众充实新秦中。

既得宝鼎，立后土、太一祠，公卿议封禅事，而天下郡国皆豫治道桥，缮故宫，及当驰道县，县治官储，设供具，而望以待幸①。

◎**注释** ①〔待幸〕等待皇帝的来临。

◎**大意** 武帝得到宝鼎后，设立后土祠和太一祠，公卿讨论封禅的事情，而全国各地都预先架桥铺路，修缮原有的宫室，驰道经过的各县，都准备好接待天子的物资，设置供天子使用的器具，而期待武帝的来临。

其明年，南越反，西羌侵边为桀①。于是天子为山东不赡，赦天下，因南方楼船卒二十余万人击南越，数万人发三河以西骑击西羌，又数万人度（渡）河筑令居。初置张掖、酒泉郡，而上郡、朔方、西河、河西开田官，斥塞卒六十万人戍田之。中国缮道馈粮，远者三千，近者千余里，皆仰给大农。边兵不足，乃发武库工官兵器以赡之。车骑马乏绝，县官钱少，买马难得，乃著令，令封君以下至三百石以上吏，以差出牝马②天下亭，亭有畜牸马③，岁课息④。

◎**注释** ①〔桀〕横暴。②〔差出牝（pìn）马〕按照等级提供母马。③〔牸（zì）马〕育驹的母马。牸，哺乳。④〔岁课息〕每年征收利息。

◎**大意** 第二年，南越谋反，西羌侵扰边境为暴。武帝因为山东衣食不足，赦免天下囚犯，让他们随同二十多万南方楼船士卒攻击南越，征发三河以西几万骑兵反击西羌，又派数万人渡过黄河建造令居城。开始设置张掖、酒泉郡。在上郡、朔方郡、西河郡、河西郡设置屯田官吏，六十万斥候兵和戍塞兵在那里一边垦田一边守边。中原地区修路运输粮饷，远的地方有两千里，近的有一千多里，都依靠大农供给。边境兵器不够，于是调拨武库工官制造的兵器来补充。驾车和骑乘用的马匹缺乏，官府钱少，买马困难，于是颁布法令，命令封君以下到三百石以上的官吏，按等级拿出不同数量的母马送到各地的乡亭，乡亭都养着育驹的母马，官府每年征收子马作为税收。

齐相卜式上书曰：“臣闻主忧臣辱。南越反，臣愿父子与齐习船者往死之。”天子下诏曰：“卜式虽躬耕牧，不以为利，有余辄助县官之用。今天下不幸有急，而式奋愿父子死之，虽未战，可谓义形于内。赐爵关内侯，金六十斤，田十顷。”布告天下，天下莫应。列侯以百数，皆莫求从军击羌、越。至酎①，少府省金②，而列侯坐酎金失侯者百余人。乃拜式为御史大夫。

◎**注释**　①〔酎（zhòu）〕诸侯助祭的金钱。②〔省金〕检查酎金的成色和分量。

◎**大意**　齐相卜式给武帝上奏说：“我听说皇上忧虑是臣子的耻辱。南越谋反，我和儿子愿意和齐地会驾船的人去那里为国捐躯。”武帝下诏书说：“卜式虽然亲身耕田放牧，但不用来牟利，有余财就捐献给政府使用。现在天下不幸有了危难，卜式奋起发愿要父子参战，虽然没有实际前往参加战斗，但可以说是忠义发自内心了。赐爵关内侯，赏赐黄金六十斤，田地十顷。”通告全国，但没有人响应。当时的列侯数以百计，没有一个请求从军去攻击羌人和南越。到缴纳酎金的时候，少府检查列侯贡献酎金的成色和分量，列侯因为酎金重量成色不合规定而被免掉爵位的有一百多人。于是任命卜式为御史大夫。

式既在位，见郡国多不便县官作盐铁，铁器苦恶，贾（价）贵，或强令民卖买之。而船有算，商者少，物贵，乃因孔仅言船算事。上由是不悦卜式。

◎**大意**　卜式任职之后，发现郡国大多认为官府专营盐铁不便利，铁器质量粗劣，价钱却很高，有的甚至强行命令百姓购买。而征收船税使经商者减少，物价变贵，就请孔仅上言征收船税的事。武帝从此不喜欢卜式。

汉连兵三岁，诛羌，灭南越，番禺以西至蜀南者置初郡十七，且以其故俗治，毋赋税。南阳、汉中以往郡，各以地比给初郡吏卒奉食币物，传车马被具。而初郡时时小反，杀吏，汉发南方吏卒往诛之，间岁万余人，费皆仰给大农。大农以均输调盐铁助赋[1]，故能赡之。然兵所过县，为以訾（资）给毋乏[2]而已，不敢言擅赋法矣。

◎**注释** ①〔调盐铁助赋〕调用盐铁官营的收入支助赋税收入。②〔訾给毋乏〕仅仅能保证供应。

◎**大意** 汉朝连续三年发兵，诛杀羌人，消灭南越，在番禺以西到蜀地南边设置十七个新郡，暂且依照当地旧有的习俗管理，不收赋税。南阳郡、汉中郡以南的各郡，各自给新设郡的吏卒供应粮食财物，为驿站供应车马用具。但新郡时常发生小规模的反叛，杀害官吏。汉朝派南方的官兵去镇压，每年动用一万多人，费用依靠大司农府供应。大司农使用各地均输官的运输力量，调集各地盐铁官营的收入来补充赋税收入，所以能负担得起。但士兵经过的县，仅能保证基本的资财给养，不敢在常法以外加派税收。

其明年，元封元年，卜式贬秩为太子太傅。而桑弘羊为治粟都尉，领大农，尽代仅管天下盐铁。弘羊以诸官各自市，相与争，物故腾跃，而天下赋输或不偿其僦费[1]，乃请置大农部丞数十人，分部主郡国，各往往县置均输盐铁官，令远方各以其物贵时商贾所转贩者为赋，而相灌输。置平准[2]于京师，都受天下委输。召工官治车诸器，皆仰给大农。大农之诸官尽笼天下之货物，贵即卖之，贱则买之。如此，富商大贾无所牟大利，则反本，而万物不得腾踊。故抑天下物，名曰“平准”。天子以为然，许之。于是天子北至朔方，东到太（泰）山，巡海上，并北边以归。所过赏赐，用帛百余万匹，钱金以巨万计，皆取足大农。

◎**注释** ①〔僦（jiù）费〕运费。②〔平准〕官名。主管物资调拨、稳定物价等。

◎**大意**　第二年是元封元年，卜式被降级为太子太傅，而桑弘羊成为治粟都尉，代行大司农令职权，完全取代孔仅管理天下盐铁。桑弘羊认为诸官府各自囤积物资做买卖，相互竞争，物价因而上升。而各地区给国家输送的物资，有的甚至不够支付运费。于是他请武帝下令设置大司农府的部丞几十人，分地区管辖郡国。各个县通常都设有均输盐铁官。命令远方各自在物产价格较高、商贾争相转运贩卖时，征收相关物产为贡赋，互相调剂。在京城地区设置平准官，总管各地物资调拨。征召工官制造车辆等运输工具，费用依靠大司农府供给。大农所属的各官府完全掌握了天下的货物，贵时卖出，贱时买进。像这样，富商就不能牟取暴利，就会回到农业上去，而各种货物也不会涨价。因为平抑了天下物价，命名为“平准”。武帝以为这样很好，批准推行。于是武帝北至朔方郡，东到泰山，巡行海上和北方边地而还。所经过的地区赏赐用帛达一百多万匹，钱币和黄金数以亿计，都由大司农府供应。

弘羊又请令吏得入粟补官[①]，及罪人赎罪[②]。令民能入粟甘泉各有差，以复终身，不告缗。他郡各输急处，而诸农各致粟，山东漕益岁六百万石。一岁之中，太仓、甘泉仓满。边余谷，诸物均输帛五百万匹。民不益赋而天下用饶。于是弘羊赐爵左庶长，黄金再百斤焉。

◎**注释**　①〔吏得入粟补官〕官吏可以缴纳粮食获得官职。②〔罪人赎罪〕犯罪的人缴纳粮食可以减罪。

◎**大意**　桑弘羊又请下令官吏可以缴纳粮食获得官职，犯罪的人缴纳粮食可以减罪。又下令能按一定的等级将粮食交到甘泉的百姓，可以免除终身徭役，不受告缗之害。其他郡的粮食各自输往急需的地方，而各地农官也纷纷送来粮食。从崤山以东漕运到京城地区的粮食增加到每年六百万石。一年之中，太仓和甘泉的粮仓堆满了粮食。边郡地区也有余粮和各种备用物资。各地均输官所储存的布帛达五百万匹。百姓没有增加赋税而国家财用充裕。于是赏赐桑弘羊官爵为左庶长，赏赐黄金二百斤。

是岁小旱，上令官求雨。卜式言曰：“县官当食租衣税而已，今弘羊令吏坐市列肆，贩物求利。亨（烹）弘羊，天乃雨。”

◎**大意** 这一年发生一次不大的旱灾，武帝命令官吏求雨。卜式进言道：“官府的开销应当依靠租税。现在桑弘羊却命令官吏坐在市场上做生意，贩卖货物追逐利益。烹杀桑弘羊，老天就会下雨。”

太史公曰：农工商交易之路通，而龟贝金钱刀布之币兴焉。所从来久远，自高辛氏之前尚矣，靡得而记云。故《书》道唐、虞之际，《诗》述殷、周之世，安宁则长庠序，先本绌（黜）末，以礼义防于利；事变多故而亦反是。是以物盛则衰，时极而转，一质一文，终始之变也。《禹贡》九州，各因其土地所宜，人民所多少而纳职焉。汤、武承弊易变，使民不倦，各兢兢所以为治，而稍陵迟衰微。齐桓公用管仲之谋，通轻重之权，徼（邀）山海之业，以朝诸侯，用区区之齐显成霸名。魏用李克，尽地力，为强君。自是之后，天下争于战国，贵诈力而贱仁义[①]，先富有而后推让。故庶人之富者或累巨万，而贫者或不厌糟糠；有国强者或并群小以臣诸侯，而弱国或绝祀而灭世。以至于秦，卒并海内。虞、夏之币，金为三品，或黄，或白，或赤；或钱，或布，或刀，或龟贝。及至秦，中一国之币为二等，黄金以溢（镒）名[②]，为上币；铜钱识[③]曰半两，重如其文，为下币。而珠玉、龟贝、银锡之属为器饰宝藏，不为币。然各随时而轻重无常。于是外攘夷狄，内兴功业，海内之士力耕不足粮饷，女子纺绩不足衣服。古者尝竭天下之资财以奉其上，犹自以为不足也。无异故云，事势之流，相激使然，曷足怪焉。

◎**注释** ①〔贵诈力而贱仁义〕以奸诈勇力为贵，以道德仁义为贱。②〔黄金以溢名〕计算黄金数量以镒为单位。溢，通“镒”，一镒为二十两，或曰二十四两。③〔识（zhì）〕标志，写明。

◎**大意** 太史公说：农业、工业、商业互相交易的道路畅通，龟甲、贝壳、黄金、钱币、刀布等各种货币就兴起了。这种现象的起源很久远，高辛氏之前的事情太久远，不能够记载了。所以《书》说的唐尧、虞舜时代，《诗》叙述的殷、周时代，社会安宁就重视教育，推崇农事而抑制商业，用礼义防止不正当的谋利。世事多变，相反相成。因此事物发展到顶点就会走向衰落，时代发展到极限就会转变，时而质朴，时而华丽，周而复始地变化着。《禹贡》分天下为九州，按照各自土地适宜种植的作物，和百姓收获的多少来确定所要纳献的赋税。商汤王和周武王承继凋敝局面而变易政治，管理百姓不知疲倦，各自兢兢业业，终于使国家得到治理，而后国家还是走向衰落式微。齐桓公采纳管仲的计谋，操纵物价高低，实行专营盐铁的山海政策，因此使诸侯来朝，齐桓公凭借不大的齐国获得显赫的霸业。魏国任用李克，地尽其用，魏文侯成为强力的国君。从此之后，天下诸侯以武力相互争斗，推崇诈伪勇力而轻视道德仁义，重视富贵而忽视谦让。所以百姓中富有者有的资财累计亿万，而穷人有的连糟糠都吃不饱。强国有的兼并众多小国，以诸侯为臣属，弱国有的断绝祭祀终止世袭，以至于秦国最终统一天下。虞、夏时期的货币，金分为三品，是黄金、白银、赤铜，有钱币、布币、刀币、龟贝币。到了秦朝，统一把全国的货币分为两等：黄金以镒为单位，是上币；铜钱上标有半两，重量同铭文所标的，是下币。而珠玉、龟贝、银锡之类作为器具饰物和珍藏品，不再是货币。这些东西在不同的时间、地域贵贱不同。这时对外驱逐夷狄，对内兴建工程，全国的男子竭力耕种还不足以供应粮饷，妇女尽力纺线织布还不足以供应衣服。从前曾经竭尽天下的钱财物资供应掌握政权的阶层，掌权者尚且自以为不够用。没有其他的缘由，事物形势发生了变化，互相激荡导致这种局面，对此没有什么好奇怪的。

◎知识拓展

“平准”实际就是汉朝廷强化财政控制的手段。面对汉初诸侯王强势分裂的局面，汉朝廷收回铸币权，增加国家财政收入，加强盐铁控制，也是为了削弱地方势力、维护集权统治的新措施。同时，这种措施能够更好地积聚国力，应对外患。汉武帝时期取得一系列对外、对内战争的胜利，如征伐匈奴、讨伐南越，正是这种财税政策提供了强有力的保障。当然，在这一系列政策实施的过程中，也存在一些问题，如卖官鬻爵，造成官吏队伍素质下降，贪腐成风。这种政策还存在一个重要问题，即强制盐铁买卖的行为实际上就是利用国家强权垄断商业经营，巧取百姓的财富，违背了公平交易的规则。